当惊世界殊：走向复兴的人民中国

当惊世界殊
走向复兴的人民中国

玛 雅

外文出版社
FOREIGN LANGUAGES PRESS

玛雅，生于南京，长于北京，籍贯湖南。当过兵，当过国家公务员。1990年赴澳大利亚学习英文，1992年转赴美国留学，获政治学博士学位。2002年加盟凤凰卫视集团，曾任《凤凰周刊》执行主编、凤凰卫视出版中心主笔。现为中信改革发展研究基金会咨询委员、中信改革发展研究院资深研究员。

主要著作有《战略高度：中国思想界访谈录》《当代中国思想界国是访谈录》（海外版）、《亲历美利坚：家庭写真、社会绘本、政治影像》《道路自信：中国为什么能》《家国大义：共和国一代的坚守与担当》《中国"纽约客"》，英文版《中国道路与中国学派》(The Chinese Path & The Chinese School)；主编《美国的逻辑：意识形态与内政外交》《美国的逻辑，中国可否复制？》（海外版），合编《聚焦当代中国价值观》《人民共和国六十年与中国模式》；英文版译著《农民与市场：中国基层政权与乡镇企业》(Behind China's Economic Miracle：The Coalition of Rural Collective Industries & Grassroots Authorities)；在美国出版英文论著《中国民主转型中的国家与社会》(State and Society in China's Democratic Transition, Routledge, New York)。

《道路自信：中国为什么能》（精编本）获"2014中国好书"和第六届优秀通俗理论读物。

序
为新中国而书

韩毓海

北京大学中文系教授、
北京大学习近平新时代中国特色社会主义思想研究院副院长、
中国科学社会主义学会副会长。
主要著作有
《五百年来谁著史：1500年以来的中国与世界》
《一篇读罢头飞雪，重读马克思》
《伟人也要有人懂：一起来读毛泽东》
《天下：包纳四夷的中国》《龙兴：五千年的长征》等。

1955年9月，法国哲学家让-保罗·萨特和波伏娃访问中国。他们走遍大江南北，亲眼目睹了欣欣向荣的社会主义新中国火热的生活。回法国后，波伏娃写下了巨著《长征》，向世界介绍如日初升的新中国，介绍中国革命与建设走过和正在走的光辉道路，而感慨万千的萨特则写下了《我对新中国的观感》这篇名文。

在这篇注定要在人类历史——人类思想史上占有一席之地的光辉文献中，萨特通过他对新中国的观察，深刻地揭示出：为什么辩证唯物主义和历史唯物主义是正确的，更以中国人民的奋斗，阐释了什么叫做"存在先于本质"。

所谓辩证唯物主义与历史唯物主义的结合，是指中国人民的奋斗既是合逻辑的，也是合目的的。萨特在这篇写给新中国的文章中，这样谈到辩证唯物主义："你们的一切任务都是互相联系着的，都是彼此契合着的，好像在每一件事情里面，任何后果都会反映到原因上来，使原因再起变化。不错，只有发展重工业，才能使农民得到拖拉机来完成农业的集体化和规模化，而反过来说，如果集体化运动不从今天的农村立即做起，那么中国的社会主义工业化就会受到影响。"

从历史唯物主义一方面来说，萨特则指出：在新中国，正像在世界上其他地方一样，虽然每个人、每一代人都必将老去，但是，在新中国的信念里，人民是不会死亡的。正是中国人民为了达到他们的伟大目标所拥有的"历史远见"以及"那种无限的耐性"深深地打动了萨特,他深情地说:在世界的其他地方,生命只是属于现世的人。但中国人民不同,因为他们把个人的一生,与漫长的中国革命和中国道路紧密结合在了一起,因此——"他们确信自己能够走到这条道路的终点。正是因为这个缘故,许多工程师、工人、农民,像未卜先知的人那样,自然地对我们描述一个他们自己看不到、而要等到儿女们替他们看到的未来社会。"

正是从这个意义上说,"中国梦"这一"存在",中国人民和"新中国"这一"存在",要先于作为"本质"——即每一个具体的个人,要大于一时一地的"现实"。

萨特写于1955年的这篇美文,可以看作是一篇写给新中国的情书。今天,我们中国人用70年的奋斗,给萨特、波伏娃回了信,给那些怀着对人类的美好祝愿而祝福新中国的人们回了信,而摆在读者面前的这本《当惊世界殊:走向复兴的人民中国》,就是这回信的一部分。

这本书的采访者和受访者,都出生在萨特和波伏娃访问中国前后——即1955年左右。正像采访者玛雅所说:作为深明家国大义的"共和国一代",他们无论在体制内还是体制外,无论居庙堂之高还是处江湖之远,都把个人与国家和人民的命运紧紧联系在一起,自觉地为国家和人民担当。

"士为知己者死,女为悦己者容"——这是我先民精神中极为光辉的东西。我想,这就是玛雅通过虚心的采访,来给一代人立传，给新中国立传的"初心"所在。梁启超写于1904年10月的《中国之武士道》一书曾经这样归结说："要而论之，则国家重于生命，朋友重于生命，职守重于生命，然诺重于生命，恩仇重于生命，名誉重于生命，道义重于生命，是即我先民脑识中最为高尚纯粹之理想。"如今，玛雅把这些怀抱家国大义的"义士"们之所思所想，把他们的声音汇聚在一起，记录下来，形成了这本皇皇大著。在新中国70华诞之际，当这本书就要与广大的读者见面的时候，玛雅把这些词句滚烫的"书信"交给了我，且托付我写一些学习体会。这托付超出了我的承受能力，但她的好意不容推辞。于是，我只有就此著作的一部分，谈一点意见，就教于读者诸君。

这本书，是以黄平研究员的访谈开篇的。简洁明快，一举抓住事物的本质，这是黄平的一贯风格。他指出：19世纪40年代，世界上发生了两件大事，一个是1840年鸦片战争把中国推向数千年未有之大变局，一个是1848年《共产党宣言》发表，人类历史进入新纪元。对于中国来说，真可谓是危机与契机并存。

马克思主义的一般道理，讲的是经济基础决定上层建筑，而黄平则讲了一个更为复杂的中国道理：为什么中华民族的复兴，是从一场"政治革命"开始，而不是从"经济革命"开始——马克思主义普遍真理必须与中国实际相结合，从这个角度去讲中国道路,可谓言简意赅、先声夺人。

余永定学部委员的谈话,则体现了一种人类命运共同体的视野和虚怀若谷的襟怀。中国是一个大国,中国共产党是世界上最大的政党,大国大党,大就要有大的样子。而所谓"大的样子",就包括这样的人类命运共同体的视野,就包括这种虚怀若谷的襟怀。

近代以来,支撑中华民族伟大复兴和我们党不懈奋斗的因素可谓多矣。但正是因为有了这样的视野和襟怀,我们方才能够抓住各种历史机遇,方才能够不断与时俱进,方才能够永远坚持真理,修正错误,即凡是有利于世界和平、有利于中华民族复兴的东西,我们都不遗余力地去学习之、实践之,凡是不利于人类和平、不利于中华民族伟大复兴的东西,我们都坚决地去改变之、摒弃之。说到道路自信,我想,这就是中国的大道——"大道之行,天下为公"。

说余永定这一代人有"大家风范",我想,这就是指新中国赋予了他以及他这一代人这样的优良品格:为了国家和人民的利益,随时准备坚持真理,也随时准备修正错误。一切从国家和人民的好恶出发,而不是从一己之好恶、一个集团之利益出发,方才能始终做到虚怀若谷,实事求是。

中国共产党和新中国的一项伟大成就,是把中国由一个农业国,变成了一个现代化的工业国。在难以想象的严酷的国际环境之中,我们的前人在伟大领袖毛泽东同志领导下,自力更生发愤图强，实现了社会主义工业化，建立了完善的工业体系和国民经济体系。本书中高梁研究员的谈话揭示了一个深刻的道理：如果没有现代生产资料的生产体系的建立，就不会有中国人民站起来、富起来、强起来；如果没有完善的工业体系和国民经济体系作为基础，就谈不上国家治理体系和治理能力的现代化；如果没有强大的制造能力，就不会有大规模的消费资料的生产。今天中国超大规模的市场优势，就是建立在集中力量办大事的制度优势的基础之上的，而只有在生产资料生产与消费资料生产之间保持良好的比例，中国经济才能健康发展——这是马克思主义经济学的基本原理，它已经为中国人民的奋斗成就所充分印证。

高梁深刻指出：现代生产资料生产，是一个包括原材料（钢）、母机（主要是机床）、机器生产各个环节有机组成的体系。只有以辩证唯物主义为指导，才能建立起这样的国民经济体系，而只有把人民从思想和精神上高度组织起来，才能完成中国社会主义工业化——没有红，就没有专；离开了专，红就没有了着落；离开了红，专就丧失了方向。

高梁是我国杰出的马克思主义经济学家顾准同志的儿子。顾准先生一家两代人，为新中国国民经济体系的建立殚精竭虑、前赴后继。他们坚持真理、勇于斗争，这个典型的"共和国之家"的家史，也是中国国家历史的生动写照。

正如苏力教授在接受采访时所深刻指出的："像周恩来

那样终其一生无私奉献的人,其实每个时代都有。你看邓英淘,他做的那些事,哪怕所有的最后都不能实现,但他在20世纪八九十年代所思考的那些问题,就是我们大家今天思考的问题。这就是中国历代政治精英和文化精英应该做的事。"

我想,正是因为有了这样的民族脊梁,有了这样前赴后继的无私者,作为共和国脊梁的中国工业体系,才能巍然屹立于世界。

我们的事业不是说出来的,而是干出来的。小平同志指出,与其在纸面上、口头上去抽象地争论姓"社"姓"资",不如去干、去实践。实践才是检验真理的标准,不干,就一点儿马克思主义、一点儿社会主义都没有。我想,对于小平同志上述论断的认识,向文波先生在谈话中阐述得尤为深刻。

作为民营企业家,三一重工总裁向文波——他的见识、他朴素的语言,比许多抽象的教条都深刻有力,因为他的学问不是书本上得来的,而是从实践中长出来的。他深刻指出:多种所有制形式,就是从中国特色社会主义制度里生长出来的。没有社会主义革命和建设打下的基础,就不会有中国民营企业的蓬勃发展。因为如果没有中国革命造就的土地公有制,就不会有我们如此大规模的基础设施建设的成就,而如果没有国家大规模基础建设激发出的强大需求,也就不会催生出三一重工这样的装备制造企业的不断创新与发展。中国特色社会主义是基础，三一重工是从中国特色社会主义的沃土中产生出来的。从根本上说，中国的民营企业，它的性质，毫无疑问也是社会主义的。他说：何必炒作国营民营，三一重工永远属于中国。我们干的是共同的事业，就是中国特色社会主义。

李玲教授是新中国女性的一位杰出代表。她是北京市优秀教师，曾经为中央政治局集体学习授课。留美归国近20年来，她把青春韶华完全地投入到为人民的健康而奋斗的事业之中。在北京大学，我们骄傲地称她为"人民的经济学家"。

李玲正是以不懈的奋斗，践行着习近平总书记"为人民做学问"的嘱托。习总书记指出，实现伟大梦想，必须进行伟大斗争。近20年来，李玲一直是在斗争中忘我工作的。在访谈中，她深刻指出了我国医疗改革一度所陷入的思维误区："人类社会探索到今天，要么实行全民医疗制度，就是国家办医院；要么是全民医保制度，国家通过医保管控医院。而我们却是用大量的财政资金办医保，把钱'分给'千家万户，再让医院从医保中收费，去挣这个钱，我说这叫'反弹琵琶'。"

她说，中国道路的优势与特殊性，与其说在于经济发展道路，不如说在于政治革命、社会革命与经济革命的结合。推动国家治理体系现代化，就包括医疗卫生健康体系的现代化。党管医疗，把人民的健康当作硬道理，建立国家卫生健康委员会，这是党的十九大以来一项重要改革举措，是体现了我们社会主义本质的举措。

革命人永远是年轻。多年来，李玲老师一直以她奋斗者的形象鼓舞着作为同事的我。北大的学生和同事们说，李老师一直是年轻美丽的。这就是因为她一直生活在斗争中，生活在奋斗里，生活在为人民服务中。读着她的谈话，我深深地感到，正因为我们党有这样的党员，正因为我们学校有这样的教师，我们的党、我们的北京大学、我们的事业，才会永远年轻。

章百家同志是我的学长。毕业于北京大学历史系的他是"学者型官员"，是那种三言两语就可以使人醍醐灌顶的人。百家同志的视点是极高的，他谈新中国外交史，是从毛主席1946年下半年提出的"两个阵营、一个中间地带"讲起。这既具有深刻的历史意义，又有广阔的世界视野。今天，如果从总书记倡议的"人类文明互鉴"的角度去看世界，就会看到，毛主席当年的判断，依然具有深刻的当代意义。因为当今世界有两大文明圈，一个是产生于地中海地区的西欧文明圈（美国实际上属于这个文明圈），一个是以中华文明为基础的东亚文明圈。虽说这不是当年的"两大阵营"，但这两大文明圈和"中间地带"的基本结构，今天依然存在。而在这两大文明圈之间那个"中间地带"，主要就是指我们所说的"一带一路"相关国家，涵盖了伊斯兰、俄罗斯和作为印欧语系最大族群的斯拉夫文明。习总书记提出构建人类命运共同体，这一恢宏的思想，既牵涉到中华文明与西方文明的对话，也牵涉到这两大文明圈与广阔的"中间地带"的交融与对话。百家从这样的视野回顾新中国外交70年，可谓是继往开来，一以贯之。

玛雅这本访谈录，以道路自信、理论自信、制度自信、文化自信结构成篇，一气呵成，四个部分是一个有机的整体。因为篇幅的原因，我上面的粗浅体会，只是围绕着"道路自信"这部分展开，算作一个不成熟的开篇或者导读，而其余三个部分的内容更加深入、更精彩、更诱人。对于更为精彩的内容，我真诚地希望广大读者能够通过自己的阅读去欣赏、体会。记得马克思曾经说过，一本书应该有"真正的读者"。因此，就不应该在"序言"或者"导读"中，把所有的"结论"都事先告诉大家。他这样说，"因为仔细想来，我觉得事先说出正要证明的结论总是有妨害的，读者如果真想跟着我走，就要下定决心，从个别上升到一般。"

因此，真正的工作，就交给马克思所曾经期待的"真正的读者"吧。

我庆幸，自己生在新中国，长在红旗下。我庆幸，自己生逢伟大的时代。我庆幸，在我学步的道路上，能牵着"共和国一代"的衣襟，踏着他们的脚步，沿着他们的方向，一直向前走。

每一代人有每一代人的长征路,每一代人都要走好自己的长征路。

这是写给人民的答卷——历史和时代是出卷人,我们是答卷人,而人民是阅卷人。

这是宣传队,这是播种机,这是宣言书。它向世界昭示着:中国的昨天已经写进了人类的史册,中国的今天正在14亿中国人民手中创造,中国的明天一定会更美好。它昭示着:世界上没有任何一种力量,可以动摇我们的信心,世界上没有任何一种力量,可以阻挡我们前进的脚步。

目 录

001　道路篇：成功而独特的中国之路

003　为什么实现中国梦必须走中国道路
　　　专访黄平

029　中国的经济发展与经济风险管控
　　　专访余永定

055　挺起脊梁：新中国70年工业化历程
　　　专访高梁

081　中国的强国梦只能靠我们自己来实现
　　　专访向文波

103　新中国的医疗模式与新时代健康中国之路
　　　专访李玲

133　新中国70年外交战略的回顾与展望
　　　专访章百家

161　理论篇：中国的发展理念与发展战略

163　中国的发展奇迹与经济理论体系构建
　　　专访林毅夫

189 为世界创造一个新版的社会主义
   专访李玲

215 风物长宜放眼量：新时代中国战略大视野
   专访乔良

237 "后美国时代"的世界格局与中国战略
   专访王湘穗

263 世界社会主义理论体系中的中国学派
   专访潘维

287 制度篇：一个大国崛起的新模式

289 中国的国家治理与国家能力
   专访王绍光

315 我们的队伍向太阳：新时期中国军队的使命与担当
   专访秦天

339 大国法治：政制架构、社会基础与最终目标
   专访苏力

367　人民政协：中国特有的民主政治与制度优势
　　专访潘维

391　超越历史：中国大陆兴起的全球意涵
　　专访朱云汉

417　文化篇：为人类进步贡献中国智慧

419　历史重任：关于中国共产党"天命"的对话
　　专访曹锦清

445　中国文化自信与普世话语构建
　　专访祝东力

469　民本主义：中国人的民主观实证研究报告
　　专访史天健

491　从历史中走来的新中国，知道向何处去
　　专访王湘穗

515　薪火相传：为了中华民族千秋伟业
　　专访金一南

为什么实现中国梦必须走中国道路
专访黄平

中国的经济发展与经济风险管控
专访余永定

挺起脊梁：新中国70年工业化历程
专访高梁

中国的强国梦只能靠我们自己来实现
专访向文波

新中国的医疗模式与新时代健康中国之路
专访李玲

新中国70年外交战略的回顾与展望
专访章百家

道路篇
成功而独特的中国之路

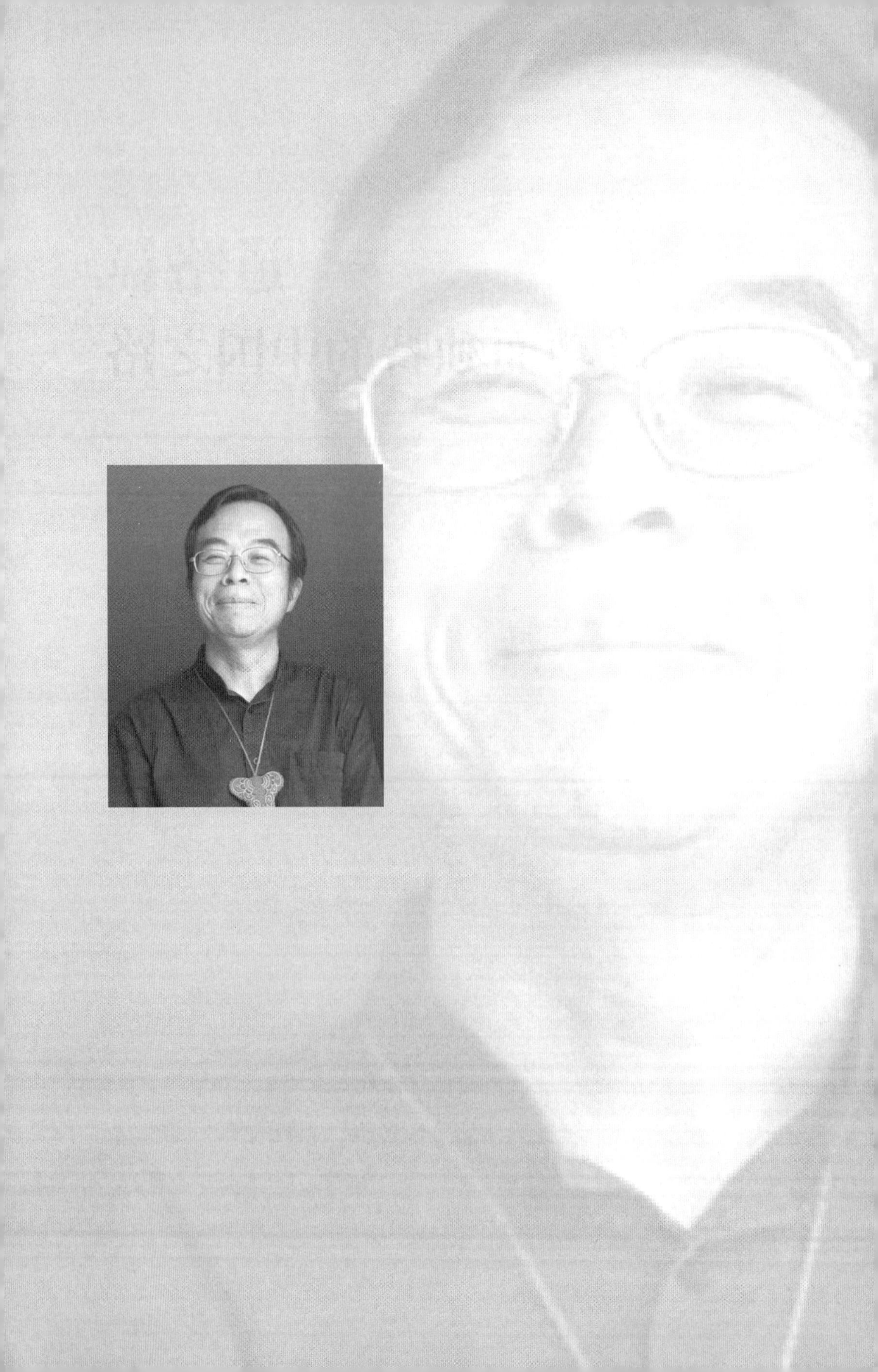

为什么实现中国梦必须走中国道路

黄平

中国社会科学院欧洲研究所所长、研究员。
主要研究方向为欧美政治、国际政治、全球化与中国道路。
主要著作有《误导与发展》
《我们的时代：现实中国从哪里来，往哪里去？》（合著）
《梦里家国：社会发展、全球化与中国道路》等。

中国梦贯穿
中国的过去、今天和未来

玛雅：中共十八大确立了"两个一百年"奋斗目标，也就是中国梦。中共十九大对此有发展性论述，即在建党一百年时全面建成小康社会，在新中国成立一百年时建成富强民主文明和谐美丽的社会主义现代化强国。习近平总书记说，实现中国梦必须走中国道路。你对这个问题如何理解？

黄平：讲中国梦首先应该回到中国近代以来的发展道路上来。中国梦是新一届党中央确定的目标，同时也是历史赋予我们这代人的使命。它是和我们国家走到今天、我们的人民走到今天联系在一起的，也是和下一个30年我们所面临的机遇、挑战和愿景联系在一起的。

玛雅：也就是说，中国梦贯穿中国的过去、今天和未来，折射出中国道路的延续性。

黄平：是的。2009年纪念改革开放30周年的时候，我当时说，我们其实有"三个30年"——从1979年到2009年改革开放这30年，这之前1949年到1979年新中国的前30年，还有再往前1919年到1949年争取民族独立和解放这30年。这三个30年相互区别又相互联系，因为历史是不能割裂的。

因此，要认识中国今天的巨大发展，就要知道在前面两个30年里，中国是怎么走过来的。

玛雅：我记得你当时用了一个非常通俗的表述：在这几个30年，中国要完成的任务就是从解决"挨打"和"挨饿"的问题到解决"挨骂"的问题。

黄平：对。1919年以后，中国面临的任务是怎样赢得独立和解放，改变1840年鸦片战争以来任人宰割、不断挨打的命运，这个任务到1949年完成了。在这第一个30年里，中国共产党领导中国人民浴血奋战，通过武装斗争实现民族独立，建立了新中国，近代以来第一次解决了"挨打"的问题。在1949年到1979年这第二个30年里，新中国通过发展经济、科技、教育和国防，守住了来之不易的独立主权，确保不再"挨打"，同时艰苦而努力地进行社会主义建设的探索，着力解决"挨饿"的问题。1979年以后，中国进入改革开放时代，经济社会和人民生活水平迅速发展提高，到2009年改革开放30周年时已初步实现小康，近代以来"挨饿"的问题也解决了。

现在，我们又进入了第四个30年，这将是实现中国梦伟大目标的30年。这个伟大目标是在已经实现了民族独立、人民解放和经济大发展、社会大变迁，以及中国的世界影响力越来越大的基础上提出的。在这个大背景下提出的中国梦，将是国家的富强、人民的幸福、中华民族的复兴和中国文化的自信。

玛雅：如果说我们已经解决了"挨打"和"挨饿"的问题，在第四个30年，中国的任务是解决"挨骂"的问题？

黄平：可以这么说。解决"挨骂"的问题，就是要确立中国道路的正当性。就是说，中国人不但要活得好，还要活得理直气壮、天经地义。而不能是中国今天发展了，反而被别人看不起，被妖魔化，或者被视为"异类"。

必须指出的是，我们解决"挨骂"问题，绝不是在思想和文化层面向别人求饶，在价值和制度层面缴械投降，而是要向世界证明中华文明本来就有的正当性，让世人看到和认可中国道路的正当性。

玛雅：中国不但要崛起，还要为中华文明正名。纵观人类历史，最普遍认可的正当性是历史正当性。中国几千年的历史延续和文化传承，是我们最大的正当性来源。

黄平：说得对。我们这么一个国家，我们这么一个民族，我们这么一个文化，经过三个30年、300年、3000年……走到今天，成为一个多元一体、和而不同的中华文明。这个文明源源不断、生生不息，不断丰富、不断发展，之所以能从古到今一直走下来，而且在最近70年发展兴盛，一定有它自己的内涵、自己的道理、自己的力量在支撑着它，推动着它。因此，从社会发展、文明传承的脉络来看，我们自己要知晓，而且要让世人知晓，什么是我们中国自己的东西，其中哪些是能够被人分享，也应该被人尊重的。

这就是解决"挨骂"的问题，也是实现中国梦一定要解决的问题。到那个时候，就不只是政治上独立、经济上小康，还要在文化上证明，作为人类文明的一支、一脉，我们中国人这么想、这么活、这么走，是理所当然、天经地义的。我们当然不会强迫别人这么想、这么活、这么走，但是他们也得承认，而且要尊重，中国人的想法、活法、走法，也是人类文明和发展的一种想法、一种活法、一种走法。即使用一个谦虚的说法，中国道路、中国制度、中华文明，至少是世界文明和发展的一个途径、一个选择、一个体系。

中国道路的逻辑发展了马克思主义基本原理

玛雅：中国梦目标提出后，有人解读说，中国梦就是通过先和中国历史"接轨"，实现百年复兴梦想，然后再"并轨"，像美国梦那样，人人分享繁荣，实现个人价值。言外之意，中国梦无非是绕个弯子，最终还是要走美国的路。

黄平：这种解读，可以说对中国道路的逻辑还没弄懂。

按照马克思的经典论述，社会经济的发展，如果没有别的干扰和破坏，是一个自然历史过程，即先发展经济，首先是发展生产力，在此基础上改变生产关系。"随着经济基础的变更，全部庞大的上层建筑也或快或慢地发生变革。"

然而，近代中国的道路却不是一个"自然历史过程"，而是一条革命的道路，即首先通过革命改变社会性质。这不是一个主观选择，而是由中国社会变革的内在动力、性质和特点决定的。严格说，我们是被逼出来的。我们一开始也想循规蹈矩，靠技术、靠实业、靠教育来救国，可是都没走通，不得不选择了革命的道路。但是中国革命与俄国革命不同，由于没有现代大工业和庞大的城市工人阶级，我们走不了城市武装起义的路，只能走农村包围城市的道路。

中国最大的社会群体是农民，所以中国革命的性质只能是农民革命、土地革命，是通过革命来解决农民与土地的关系。又由于一方面农民缺乏组织，另一方面却面对无比强大和残酷的内外敌人，所以只能先搞政治革命，而且是武装斗争，来解决独立和主权、政权和制度的问题。用斯大林的话说，"武装斗争是中国革命的特点之一，也是中国革命的优点之一。"

玛雅：从这个意义说，中国道路不但没有遵循西方道路的逻辑，而且对马克思主义的基本原理也有所突破。

黄平：关于这一点，毛泽东在那个时候就看清了。所以他不信教条，"反对本本主义"，从实践乃至失败中选择了农村包围城市的道路。当毛泽东把中国革命定性为土地革命,因此革命的主力军只能是农民大众的时候,他真正看清了中国社会的性质。

在这样一个社会,所谓中外力量、敌我力量对比如此悬殊,社会环境如此不公,已经不可能是按照经典的说法,经济基础变化在先,而只能是政治革命在先,政治革命又迅速转变为军事斗争。为什么中国没有搞多党制、议会制那套?或者说搞了那么几天,像一场闹剧一样,很快就转入血与火的军事斗争?背后就是这个逻辑:农民太多太分散,对手太狠太强大,不通过武装斗争无法解决土地问题,不反抗侵略者无法解决"挨打"的问题。

玛雅: 我们说井冈山道路、延安道路,称之为"山沟里的马列主义"。准确说,这其实是中国革命的逻辑,是对马克思主义的创造性发展。

黄平: 这个逻辑,既不是俄国革命城市道路的逻辑,也不是英国式"自然历史过程"的逻辑。中国革命的逻辑,是通过发动农民进行土地革命,反帝反封建,建立人民政权,然后在人民政权的领导下,再回过头来发展生产,在物质和技术层面推动经济和社会进步。

显然,这个逻辑不是从本本里抄来的,包括马恩列斯的本本,而是从中国的具体实践中摸索出来的。如果教条地按照洋本本、西本本的那些逻辑,20世纪中国的历史就不是这个样子,中国和亚洲的今天也不是这个样子，那就只能在"自然历史过程"里慢慢爬。

中国道路的普遍意义越来越大

玛雅：新中国 70 年经历了奇迹般的巨大发展，走出了一条既不同于前人，也不同于他人，既是史上，也是世上独一无二的社会主义现代化道路。

黄平：所以邓小平当年讲中国特色是理直气壮的——管你美国模式还是苏联模式，"走中国自己的道路，这就是结论。"但是现在有些人却从字面的意思出发，把"中国特色"说成了中国仅仅是个例外。好像我们偏离了人类文明的主流，偏离了所谓的"普世道路"，是个"异类"。如果是这个逻辑，那就没有正当性，也无法建立文化自觉和自信。

我曾经用牛顿式的语言和标准来说中国道路：世上任一事物，如果它跨越的时间越长、覆盖的空间越大、涉及的个体越多，那么很可能，它所包含的普遍性就越强。把这个命题延伸一下，把中国道路和英国道路、中国经验和英国经验加以对比，你说哪个跨越的时间长、覆盖的空间大、涉及的个体多？那么中国道路究竟是个例外，还是具有更强的普遍性，就很清楚了。老实说，我们的文化自信也早该更坚定。中国道路非但不是个案，而且它的普遍意义越来越大。将来到了"两个一百年"奋斗目标实现的一天，它的普遍意义会更大。

玛雅：中国人经过百年奋斗，从西方列强的压迫下站起来，在一穷二白的基础上富起来，一个曾经积贫积弱的中国成长为具有世界影响力的大国，屹立于世界民族之林。在这个历程中，我们经受了多少苦难，我们战胜了多少苦难，这个苦难辉煌的历程足以证明中国道路的正当性。

黄平：即使不讲"哪里有压迫哪里就有反抗"，不用玫瑰色去描述中国革命的英勇悲壮——事实上确实很英勇、很悲壮，中国道路的正当性也是毋庸置疑的。中国社会孕育发展到今天，成为一个大陆型经济、"文明型国家"、活着的历史、多元的文化以及它巨大的规模效应，几千年一路走过来，中间虽有曲折，有失败，有教训，但是中华民族没有消亡已经是个奇迹，今天居然还在不断繁荣，走向复兴，就更是奇迹中的奇迹。中国近代以来的这场社会大变革——革命、建设和改革，它在三个 30 年中改变社会的广度和力度，远远超过了马克思当年所关注的英国等西欧国家。

也许再过 30 年，到 2049 年"第二个百年"的时候会看得更清楚，中华民族伟大复兴的最大意义是，它改变了过去 300 多年来以西方的发展模式为蓝本，其他国家只能模仿、追赶，甚至跪在地上叩头乞求，不断拜西方为师这样一个过程。

玛雅：中国的崛起正在结束唯西方模式马首是瞻的时代。

黄平：这也在很大程度上说明，中国不是一个偏离主流的个案或特例，更不是什么"异类"。客观上，如果一种制度及其背后的文明、历史和规模，能够使一个国家在如此短的时间里发展如此之快，让十几亿人摆脱贫困，进入小康；而另一种制度搞了 300 多年，其间经历了那么多战争、侵略、殖民、破坏，才解决一些国家那么少一部分人的现代化，而且走到今天非但解决不了其他国家的发展问题，连自身的财政、金融、就业、福利也越来越支撑不下去了，那么这两种制度，究竟哪一种更具有普遍意义呢？

中国道路的正当性
毋庸置疑

玛雅：与西方模式相比，中国的发展模式对于处在相同发展阶段的国家和转型中国家更具有借鉴意义。如果看不到这一点，眼睛只是盯着中国这样那样的问题，对中国道路就没信心。

黄平：不否认中国今天面临各种问题，有的还很严重，比如所谓"新三座大山"——教育、医疗和养老，再加住房。各种各样的问题在经验层面可以罗列一大堆，从环境污染、交通堵塞，到官员腐败、司法不公正……到最后就是中国即将崩溃。但是如果看到中国如今一路走来的这个势头，你的认识和预期就会很不一样。

玛雅：你说的"势头"是发展势头？

黄平：这是直观的一面，更深层的是中华文明的生命力和中国道路的正当性。从世界历史看，通常一个古老文明一旦衰落了，它也就灭亡了，最多是进入博物馆了。而中国不但是唯一一个几千年延续下来的文明国度，它还是唯一一个有"凤凰涅槃"之幸的国家。1840年以后眼看着就要衰落了，到了1949年它居然又再生了。1949年以后新中国一步步往前走，也有过似乎快要不行了的时候，经济生活、社会生活、政治生活都付出了很大的代价，至今还有很多人在控诉人民公社、"大跃进"，批判"反右""文革"等。但是它居然又起来了，如今还走在民族复兴的大路上。

虽然今天有那么多的问题，可是绝大多数中国人很正面地评价我们的时代和未来。这方面的调查很多，而且不是我们自己做的。皮尤中心一年又一年的调查发现，中国人对自己国家现状的满意度是最高的，对未来发展的预期值也是最高的。而且持续多年一直这么高，远远高于其他国家，包括发达国家，这该怎么解释呢？

玛雅：你认为应该怎么解释，中国人的满意度为什么这么高？

黄平：之所以这么高，绝对不仅仅是因为生活水平的改善，经济因素在起作用，这恰恰说明中华文明的生命力和中国道路的正当性。老百姓不是傻子，如果说这条道路、这种制度、这个文明不行，没有基本的正当性，那它根本维系不下去，早就被推翻了。反过来说也一样，为什么迟迟没有改旗易帜，实行西式的议会制、司法制、新闻制？一定是广大人民群众没有这个诉求，不想改变现存的道路、制度和文明。我们说，人民是历史的创造者，群众是真正的英雄，也体现在此。如果人民群众不满意、不拥护、不支持，根本不用等什么势力来发动，等什么"公知"来煽动，早就改变了。反过来，如果人民满意、人民拥护、人民支持，任何势力再发动再煽动也没用。

玛雅：史天健老师[1]调查发现，超过80%的中国老百姓认为民主比专制好，并且认为中国的民主供给相当高。但是中国老百姓要的民主是民本主义——政府要为人民服务，决策要回应民众需求，而不是西方意义上的民主制、议会制。

黄平：一定是这样的。一般来说，"每一历史时代的经济生产以及必然由此产生的社会结构，是该时代政治的和精神的历史的基础。"（《共产党宣言》）当经济发展到一定程度时，人们的文化需求、政治需求就会提高，所谓"仓廪实而知礼节，衣食足而知荣辱"。如果中国亿万老百姓压根儿就不认同我们的道路、制度和文明，真的对西式民主有需求、有追求，以中国今天的经济发展水平和生活水平，早就闹自由，闹选举，甚至"闹革命"了。为什么"颜色革命"在中国闹不起来？不是外力不够，而是人民群众压根儿就对它没兴趣。

包括中国共产党的成功，也正是因为没有西方化，没有教条主义化；反而越是立足中国实际，越是立足自身的实践，就越能"接地气"，越能找到一个大多数人都接受也都能受益的制度安排。

玛雅：事实证明，这个制度安排是适合中国国情的，也为世界未来的发展提供了一个模式选择。因此，就不是只有西方

---

[1] 史天健（1951—2010），生前为美国杜克大学政治学系教授、杜克大学中国研究中心主任。

一种模式,而是若干可能的模式选择,所谓多元一体、和而不同。

黄平:还有一点很重要,就是形势比人强。为什么 1949 年北平和上海的人民那么热情夹道欢迎解放军?其实对于普通老百姓来说,当时最重要的可能还不是国家和民族两种命运的抉择,大多数民众就是因为三年内战造成物质生活极度匮乏、通货严重膨胀,同时国民党政权又腐败不堪。这个时候老百姓自然就选择了共产党,欢迎解放军的到来。所谓水能载舟也能覆舟,这时候就看出来了。

这就是形势比人强。今天的中国也是形势比人强。总体来说,发展的势头在中国,即使增长速度有所放缓。中国道路的前景是光明的,也是因为今后几十年还会在这个势头上。

玛雅:势在这,国运在这,时间在我们一边。

黄平:这真的是势不可挡,谁想挡也挡不住。2010 年中国经济总量刚超过日本时,我们都觉得,刚超过,且还要稳着呢。但是现在你看超过的程度,到 2012 年底,中国经济总量已经超过日本 38%;2014 年中国的 GDP10.2 万亿美元,日本 4.8 万亿美元;2015 年,中国的 GDP10.5 万亿美元,日本不到 4.2 万亿美元,短短几年,我们已经是它两倍还多。

玛雅:有分析认为,从 2016 年到 2020 年,中国保持 6.6% 的平均增速,经济总量会比 2015 年增长 37% 左右,增量为大约 4.2 万亿美元,相当于在 5 年内在地球上再造一个"日本"。

中国就是以这样的势头在向前发展，用不了多长时间就能超过美国，成为世界第一大经济体。

黄平：所以，如果这个文化的生命力是巨大的，这条道路、这个制度也是大多数人认同的，就没有理由说它就要崩溃了，或者不具有"合法性"。

中国革命历史中的人民主体地位

玛雅：回到中国革命话题。中共十九大报告指出："必须坚持人民主体地位，坚持立党为公、执政为民。"从中国革命历史和中国共产党的传统来看，如何理解人民主体地位问题？

黄平：理解中国革命的历史，有一个十分重要的问题，就是人民的主体性。如果把中国共产党领导的革命历程画一个路线图，它先是通过政治革命，尤其是武装斗争，来反抗日本帝国主义的侵略和解决亿万农民的土地问题。而在当时条件下，要通过革命来实现民族独立、建立一个新中国，没有亿万普通民众的参与，只靠少数精英的力量，显然是不可能的。那时候中国的普通民众是谁？他们在哪里？由于中国当时还没有现代大工业，也没有大批城市无产阶级，有的主要是祖祖辈辈生活在乡村的亿万农民，那革命的主力军能是谁？只能是广大农民群众。

但是，农民在旧时代不但是一盘散沙，而且没文化，更没有政治意识。要使他们成为革命的主体，就必须把他们组织起来。于是我们看到，从井冈山到延安，共产党扎根农村，和农民群众打成一片，建立起密切联系群众的优良传统，并且逐步发展出一整套群众路线理论。群众路线与实事求是、独立自主相并列，构成一个辩证统一的整体，成为毛泽东思想的精髓。之所以如此，是因为群众路线不仅是工作作风，也是政治路线、组织路线和认识路线。

玛雅：毛主席当年用种子和土地来比喻党和群众的密切关系。共产党人好比种子，人民好比土地，共产党要在人民中间生根开花。

黄平：这也是中国革命的逻辑。不遵循这个逻辑，中国革命就不可能成功。正是在革命斗争中，中国共产党创立了一个新型的政党和一支新型的人民军队。通过进入这种新型政党、新型军队，把有着几千年传统的小农改造成高度组织化、有觉悟和有牺牲精神的现代人，成为革命的主力军。"小米加步枪"能够夺取全国胜利，是因为这些从农村来的普通战士政治觉悟高，知道为谁扛枪为谁打仗。同时他们是高度组织化的，其组织化程度甚至超过了马克思理想中的城市工人阶级。马克思认为无产阶级最具有组织性，中国的革命斗争如此残酷、如此惨烈，武器装备如此之差，医疗救护用品奇缺，队伍长年在山沟里，甚至还被迫进行二万五千里长征，如果没有高度的组织和觉悟，这样一支农民为主体的军队，早就作鸟兽散了。

这是一次革命性的创造，也是一个奇迹。通过高度的组织和严密的纪律，也通过学习和教育，把普通农民造就成了革命军队的坚强战士，后来成了新中国的组织者、管理者和建设者。

玛雅：新中国成立后，群众路线作为党的优良传统延续了下来，成为一个强有力的制度优势。虽然过去一段时间在市场经济条件下，群众路线被淡化，甚至被淡忘，但实际上，改革开放以来所取得的巨大发展成就，相当程度上得益于这个制度优势积累下来的红利。

黄平：的确。1949年以后，共产党再一次把亿万翻身农民组织起来，用今天的话说，使他们成为具有生产力、竞争力的劳动者。1978年改革开放后外国资本为什么愿意来中国投资？要是没有这样一支几亿人有组织的劳动大军，他们来投什么资？这个劳动大军可不只是便宜，要说便宜，非洲不是更便宜吗，为什么来中国？

毛泽东时代奠定了两个基础，一个是造就了一支有组织、有纪律、有劳动技能的现代化生产大军，再一个是创造了从农田水利、基础设施到独立的工业体系，还有交通运输、教育、医疗等一系列基本条件。改革开放后中国经济快速腾飞,这样的基础是不能被忽视的。

说起毛泽东和他那一代共产党人,确实是我们后来者想绕也绕不开的一座山峰。中国能有今天的成就,既得益于改革开放,也与他那代人的坚强领导和不懈努力奠定的坚实基础分不开。毛泽东那代人留下的财富,包括精神财富,不管你承认不承认,一直到今天我们都在不断汲取、总结和继承。对于我们下一步往哪走、怎么走,对中国的未来是什么样子的,其指导意义和作用都是不可估量的。

对共产党来说,群众路线仍然是根本

玛雅:高山仰止。毛泽东那代人留给我们最宝贵的财富是什么?或者说,实现中国梦必须走中国道路,他所开辟的那条道路,最值得我们珍惜的是什么?

黄平:毛泽东有一个一以贯之的思想,就是坚持人民主体地位。你看他的文章,从早期的《民众的大联合》《湖南农民运动考察报告》到《井冈山的斗争》《星星之火，可以燎原》，再到延安时期那些很成熟的经典文献《实践论》《论持久战》《新民主主义论》《在延安文艺座谈会上的讲话》，等等，都一以贯之体现了这种人民主体性。一直到他晚年，不论当时党内生活和社会经济生活出现了多大的问题，他总是站在人民一边、群众一边。

玛雅：在毛主席的心里，人民为水我为鱼，领袖和人民是鱼水情深的关系。

黄平：中国革命年代创立的群众路线，首先一点就是人民，主要是普通农民。他们是历史的主人，是社会的主体，是推动中国进步和发展的动力。当年毛主席的话我们都记得："人民，只有人民，才是创造历史的动力。"

玛雅："人民是历史的创造者，是决定党和国家前途命运的根本力量。必须坚持人民主体地位，把人民对美好生活的向往作为奋斗目标，依靠人民创造历史伟业。"中共今天的这个表述，继承了毛泽东的人民史观，体现了中国共产党立党为公、以民为本的一贯思想。

黄平：客观上说，今天的中国与毛泽东时代相比已经发生了很大变化。历史发展了，时代进步了，农民正在减少，城市正在扩大，知识、文化、科学、技术、信息成了人们（尤其是青年）日常生活中不可缺少的组成部分。但是千变万变，有一点没有变，那就是，人民仍然是经济生产和社会生活的主体。特别是普通群众，既包括工人农民也包括专业技术人员——知识分子，都不仅是经济生产中的一个"要素"，也不只是社会生活中的一个"分子"，他们也是创造财富和维系社会的基本力量，是改革与创新的主要动力，是中国今后往哪走、怎么走最重要的依靠力量。

玛雅：所以对共产党来说，人民群众永远是执政基础和力量源泉。在今天，相信群众、依靠群众仍然是根本性的。

黄平：这就回到你一开始的问题，为什么实现中国梦必须走中国道路？中国道路成功的秘诀之一，就是以人民为主体，以人民为动力，以人民为目的。这是共产党以少胜多、以弱胜强，最后夺取全国胜利最关键的一点。要是比资金比装备，怎么比都没优势，那还打个啥呀？唯一的优势就是扎根人民，和人民群众融为一体。毛主席那段话是在井冈山反"围剿"的时候写的："真正的铜墙铁壁是什么？是群众，是千百万真心实意拥护革命的群众。"抗日战争、解放战争也是靠这个，军民一致，鱼水情深。甚至有淮海战役的胜利是"老百姓用手推车推出来的"之说。

今天，在市场经济大潮中，人民群众首先是劳动生产者，更应该是财富的创造者和共享者。之所以说群众路线是个政治问题，就是因为人民的主体地位必须确立。而且是在一次分配中得到确立，而不仅仅是在二次分配上做文章。如果那样的话，就算做到头，无非也就是社会民主主义，在不动摇资本主义基本经济制度和社会制度的前提下，通过二次分配来缓解劳资矛盾和贫富差距，维护秩序，稳定社会。中国是共产党领导的国家，以社会主义为导向，所以人民的主体地位是基础。

这方面如果做得不好，国家和人民就会处于疏离、分离、对立的状态。人民不会把国家的事当成自己的事，包括一些大事要事，国家做起来那么坚决，可如果人民只是在一旁看戏，那就不可能持久。国家离了人民，即使GDP再高也是虚胖；人民离了国家，即使收入再高也是散沙。

玛雅：如果那样的话，中国梦就不可能实现，或者只是实现少数人的"美国梦"。

黄平：的确。实现中华民族伟大复兴的中国梦，如果亿万人民不觉得这是自己的事，不能成为筑梦的主体，而只是一个看客，或者是被动的受惠者，中国梦就是一句空话。

人民参与是
实现可持续发展的关键

玛雅：群众路线的精髓是人民主体地位。今天回归群众路线，如果只是停留在整顿作风上，就缺了一个核心。

黄平：从作风和纪律着手是对的，先解决显而易见的、"人民群众深恶痛绝"的问题。中共十八大以来大抓反腐倡廉，这无疑是力度最大也是成果最大的领域。经过一段时间的学习教育，现在已经从落实中共八项规定精神逐步深入到政治纪律、政治规矩、政治底线，但最后还是要解决思想认识问题。

中国不同于其他很多国家最重要的一点，就是坚持人民主体地位和社会主义性质。如果群众路线不是这样一个政治路线、组织路线和认识路线，而只是在姿态上、形式上回归，就不能激活人民群众作为国家主人的那种力量。那种力量以前叫"精神原子弹"，就是用毛泽东思想武装起来的亿万人民群众力量是无穷的。最近这几十年，1998年长江抗洪抢险，还有后来抗击"非典"、抗击冰雪灾、汶川抗震救灾，都展现出这种人民的力量。动员群众、组织群众，有灾有难了，大家团结起来共同抗击，共同担当。喜庆的有北京奥运会、上海世博会、新中国成立60年大庆、纪念抗战胜利70周年，那种普天同庆、万众欢颜，我参与、我自豪的气氛，体现出"人民是主人"的精神风貌和政治力量。

玛雅：这种人民主体性与集中力量办大事的制度优势相得益彰，是中国道路取得成功的关键所在。

黄平：反之，如果我们发展经济只走精英路线再加资本逻辑，忽略工人农民，忽略普通民众，那一件事、一座桥、一条路的"政绩"还是可以干得漂漂亮亮。但那是用钱堆出来的，或者是现代技术做出来的，包括用多媒体搞得非常炫丽。但如果人民群众不买账，不认为是自己的事，他们就不会参与，也不会珍惜，更不会保卫。

玛雅：而且用钱能堆出多少呢？中国8万多个水库大部分是在新中国前30年修建的，如果在今天用给钱的办法来修，那得花多少万亿？堆得出来吗？

黄平：只用钱堆肯定不行。更糟糕的是，这样的"繁荣"很可能是虚假的、虚胖的。所以，人民做主、人民参与、人民共享，是坚持中国特色社会主义的关键，也是下一步坚持可持续发展道路的关键，这比环境、资源、技术层面的问题更重要。

再来看中国革命这个奇迹。从1919年到1949年的历史，是无法用金钱的逻辑来解释的。如果只是金钱的逻辑、资本的逻辑，加上技术和装备的逻辑，那中国共产党和人民军队早就该散伙了。面对日本侵略者，也早就该缴械投降了。如果真是那样，也就没有今天的中国了。

玛雅：你说的，我很有共鸣。2015年夏天在延安参观毛主席住过的窑洞时，我最大的感受是，从当年"山沟里的马列主义"，到今天中国特色社会主义，中国共产党不愧是一个伟大的党，是一个创造奇迹的党。共产党想要干的事，就没有干不成的。

黄平：确实如此。这样一个政党，第一它的权力来自人民。老百姓民心所向，还在夺取全国胜利以前就已经赋予它这个权力。第二，秦汉以来的"大一统"一脉相承至今，不但有组织力、号召力、规划力和执行力，而且有整体的和长远的战略目标。第三，共产党本身具有创造性，从三湾改编、古田会议开始，如此成功地把普通农民组织起来，塑造成新型的人民军队。有没有问题和错误呢？当然有。有些问题还很突出，有些错误还很严重，教训也很深刻。但整体来说，新中国能够在那么差的经济条件下，用30年时间就建立起相对独立完整的国民经济体系，在全国农村建起水利灌溉系统，还使人均预期寿命翻了近一番，从1949年的35岁到1978年的68岁，甚至改变了文化生态和社会道德状况，这一切到哪儿都是了不起的成就。改革开放这40年，中国的发展举世瞩目，在人类历史上第一次，十几亿人的大国用这么短的时间即将全面建成小康社会。

玛雅：中国革命的胜利是奇迹，中国现代化事业的成功也是奇迹。

黄平：这样来看，邓小平当初讲政治改革的那些话确实不是托词,而是多年的经验和智慧之谈。一方面体制和机制要改革,解决好决策民主化、科学化问题;另一方面不能把我们好的东西改掉了。尤其是集中力量办大事的制度优势和最终走向共同富裕的社会主义目标,这些不但不能改,还必须坚持。

玛雅:你曾经说过一句话,给我印象至深。你说:"只要长江长城还在,黄河黄山还在,中国就在,我们的希望就在,就不会失去底气和信心。"

黄平:我现在仍然坚信这一点。再有二三十年,随着经济持续发展,中国将更加强大,更具有世界影响力。因此在接下来的30年,只要我们沿着中国道路坚定不移地走下去,到2049年中国梦实现之日,中国将不但站得更稳,也将站得更高,中国道路、中华文明也会更加受到世界的尊重。

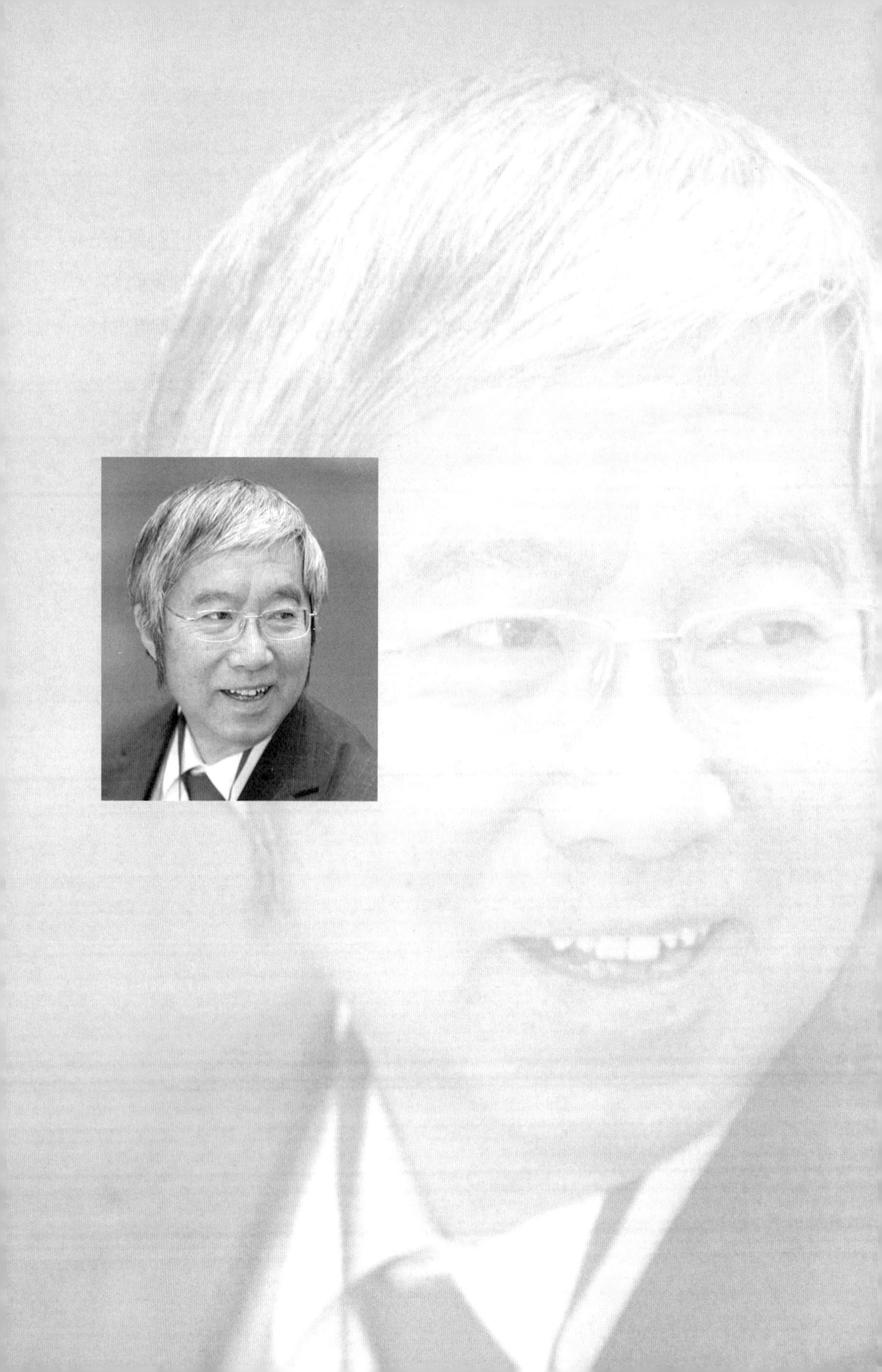

中国的经济发展与经济风险管控

余永定

中国社会科学院学部委员,
曾任中国人民银行货币政策委员会委员。
主要研究方向为宏观经济学、国际金融。
主要著作有《一个学者的思想轨迹》
《见证失衡——双顺差、人民币汇率和美元陷阱》
《最后的屏障:资本项目自由化和人民币国际化之辩》等。

中国为什么能创造出
经济奇迹

玛雅：中国人均GDP已超过9000美元。按世行最新的划分标准，人均GDP高于4000美元，属于"上中等收入"国家。这样来看，中国已是"上中等收入"发展中国家。你长期研究宏观经济，对改革开放40年中国的经济发展如何评价？中国成功的主要原因是什么？

余永定：过去40年，中国经济快速增长，现在已成为全球第二大经济体、第一大贸易国、第一大外汇储备国。毋庸置疑，中国创造了人类经济史上一个奇迹。

为什么能创造出这个奇迹？在我看来，中国的改革开放赶上了一个有利的机遇期。这里有两层含义：首先从政治上来讲，是和平，特别是美国和中国的战略调整带来了两国和平相处的局面；其次从经济上来讲，是西方国家经济发展的阶段性特点与中国的改革开放，恰好具有高度的互补性。

尽管国际冲突不断，局部战争时有发生，中国在改革开放后一直处于和平的环境之中。和平是经济发展的重要保证。中国在1840年以后不断遭受列强入侵，国无宁日。20世纪30年代曾有过较快的经济发展，日本军国主义者打进来，一切毁于一旦。1949年以后新中国又处在冷战的国际环境中，"深挖洞、广积粮"，要准备打仗。再看看其他国家的历史，奥斯曼帝国的马哈茂德二世自1826年开始大力推行改革。但是时运不济，从1826年到1838年，奥斯曼帝国经历了大小6次对外战争。马哈茂德二世在1839年死去，最终一事无成。所以，外部和平对一国经济发展的重要性，怎么强调都不为过。

玛雅：有网友统计，乌克兰由于政治军事动荡，过去几年人均GDP下降非常快——2014年还超过中国约100个城市，2016年只超过中国5个城市。由此可见，和平与发展这两大主题，和平是发展的前提保证。

余永定：国内的政治稳定是中国奇迹的另一个先决条件。改革开放前，中国的政治运动一场接一场，经济建设受到极大干扰。中共十一届三中全会后，执政党摒弃了"以阶级斗争为纲"的理论与实践。但在开始转型之时，中国高度组织化的社会结构并未随之而崩溃。这很重要，保证了改革开放初期的良好社会秩序。有了外部和平和内部稳定，大家就可以专心致志发展经济了。

很快，中国开始了经济体制改革，特别是农村改革。改革是中国经济奇迹的起点，其效果是惊人的。我记得过去每年都搞冬储大白菜，辛苦得不得了。我平常不买菜，改革开放初期有一天，我爱人说，我让你去看看市场经济。我们到了一个自由市场，我简直不敢相信自己的眼睛，这么多人，蔬菜这么丰富！当时投入了什么？没投入什么。就是实行了家庭联产承包责任制，让老百姓自己决定生产什么、怎么生产，挣钱过好日子。中国人勤劳、能吃苦、赚钱欲望强烈，一旦去掉束缚，人的干劲就来了，经济马上就改观了。

在工业领域，从计划经济到承包制再到混合所有制改革、公司治理结构改革、银行的商业化改革和市场体系的建立与完善等等，都激发了劳动者的生产积极性，改善了资源配置。总之，经济体制改革是过去40年中国经济增长的重要动力。

再一个是开放。旧中国长期落后，一个非常重要的原因就是不开放。正如鲁迅先生所说："中国一向是所谓'闭关主义'，自己不去，别人也不许来。"国家的统治精英孤陋寡闻、妄自尊大。鸦片战争打起来了，大清帝国的皇上连英国在哪儿都搞不清楚，这样的国家没法不败。新中国成立70年来，彻底改变了这种状况。特别是1978年以后，对外开放使我们得以引进大量外资和先进的技术、管理方法，也使我们得以发挥比较优势，通过参与国际分工改善资源配置，增加就业。邓小平开放出国留学的政策更是让大批的青年人走出国门，了解和认识世界，促进了中国的思想文化发展。

玛雅：对外开放给中国带来的一个深刻变化，是深度参与全球生产体系，积极吸引外资和开放国内市场，实现了经济的快速发展。

余永定：由于初始条件不同，发展路径可能也有很大不同。改革开放不是中国的发明，很多发展中国家都在走这条路。但为什么并不是所有国家都能成功，而中国成功了？这与中国改革开放的初始条件有关，换言之，与新中国的"前30年"有关。

我在南亚国家访问时，对土地改革问题感受很深。一些国家全国不到10%的人口占有全国90%以上的土地，阶级矛盾尖锐，恐怖袭击不断，何谈经济建设？土地改革比较好的国家也有问题。比如，人们略有些夸张地说，印度没有一条公路是直的。因为土地私有，修路得绕着弯儿走，没办法修一条直的路。印度前驻华大使跟我讲，他出使中国之前他老家那条路就在修，等他几年后回去时还没修好。在中国，北京几个月就修起一条环路，几年的时间就可以修起上万公里的高铁。

玛雅：2004年初，国内媒体追随西方学者的观点，几乎一边倒热炒"崛起的印度赶超中国"，我当时是反驳的。直到今天，我都不认同所谓印度崛起的"体制演进比较优势"之说。

余永定：中国的情况和其他发展中国家不同。先是通过暴力革命没收地主的土地，而后又进行集体化运动，实行土地的集体所有制；在城市，则实行土地的国有制。对于世界第一人口大国的中国来说，土地是最稀缺的资源。但土地的集体所有制和国有制，在理论上可以由政府自由支配或用低廉的价格取得土地。这就为中国的基础设施建设、工业发展和城镇化，创造了其他国家无法比拟的有利条件。所以，无论如何都应当承认，中国以高昂代价换来的土地制度，是改革开放后国家得以走上快速发展道路的一个重要条件。

同样，中国的工业化道路也是代价高昂。但是在改革开放之初，中国已经有了一个比较完整的工业体系，特别是培养了一大批优秀的工程师和聪明能干的技术工人。所有这些都为我们改革开放后的经济腾飞打下了基础，这是其他发展中国家所不具备的优势。

玛雅：所以习近平说，"中国特色社会主义是在改革开放历史新时期开创的，但也是在新中国已经建立起社会主义基本制度并进行了20多年的基础上开创的。"

余永定：另一方面，中国实行计划经济时间不长，商业精神和传统还在，同苏联相比，比较容易推行市场化改革。这也是历史给中国提供的一个有利条件。

如果再说具体些，人口红利也是过去40年中国高速增长的一个重要原因。还有高储蓄率、出口导向政策等等，都可以在不同程度上解释中国的高速增长。

还有一点很重要，改革开放的成功与人的思想解放是不可分的。20世纪80年代初，"真理标准"问题讨论引发了思想解放运动，成为改革开放的强大推动力，带来了后来一系列的改革开放实践。

玛雅：中国的改革开放是从解放思想开始的。没有思想解放，不能在理论和实践上突破各种禁忌，就不会有社会主义的市场经济。

余永定：还要指出一点，就是一直到改革开放的前期，中国都没有一个非常固化的既得利益集团。大家提出一项主张，目标函数都是国家利益的最大化，而不是哪个集团利益的最大化。但现在不是这样了，不同的利益集团已经形成，社会共识在削弱。但这是不可避免的。

没有邓小平，中国不知道还要走多少弯路

玛雅：怎么去维护国家利益，维护社会公平正义，不被利益集团捕获，这对执政党和政府来说是非常大的挑战。所谓不忘初心，牢记使命，就是要代表最广大人民的利益，坚持走共同富裕的道路。在你看来，中国的执政党和政府在经济高速发展中起到了什么作用？

余永定：中国能够取得今天的成就有一个很重要的原因，就是"meritocracy"。这个我没有找到一个很好的中文词来翻译。它包含两层意思：一是官员队伍中有一群受过良好教育的精英；二是这群精英有非常强的行政管理能力，所以政府的运作是高

效的。外国企业家、商人和中国人打交道，都觉得中国官员非常能干。我的感觉是，同其他发展中国家相比，中国官员的平均水平可能是最高的。中国的体制缺陷是靠中国官员的能力和实干精神弥补的。

玛雅：北京大学潘维教授对 meritocracy 有个定义：绩优选拔制，即官员由考试入门，依服务人民福祉的政绩升调奖惩。逢选必考，无功不拔。

余永定：选拔是 meritocracy 一个重要问题。如果选拔机制不行，meritocracy 就无法维持，所谓"君子之泽，五世而斩"。第一代领导人是经过战争考验的，或者经过政治历练，非常成熟，是自然选择出来的。由他们选择第二代，甚至第三代领导人，也都可以。那以后怎么选？以后的领导人没有一个是打过仗、指挥过战争的，也没有一个他原来就能够把握大局、掌控局面，他是沿着官僚阶梯一步步上来的。这个时候，选择就非常难了。

在中国这样的体制下，存在一个很大的问题，就是"sycophancy"（阿谀逢迎）。一个社会普遍存在这样的现象，是非常成问题的。我过去写过一篇文章，认为中国这种权力高度集中的体制，必须要和 meritocracy 相结合。而要维持 meritocracy，就必须要有一个好的选拔机制。如果某个人接触领导多，会溜须拍马，就容易被提拔，meritocracy 就会一代弱过一代。这是我们面临的一个非常大的挑战。

玛雅：但愿中国共产党能有足够的智慧，找到一个好的选拔机制，解决好领导人接班的问题。

余永定：同 meritocracy 弱化相比，更为危险的是"权力与金钱"的结合。一些政府官员一方面保持"政治正确"，另一方面却甘当不法富豪的马仔。公器私用、黑社会化是非常危险的。中国反腐斗争的重点，应该是清除这些附着在国家机器上的肿瘤。

另外我想强调，中国的成功离不开邓小平所起到的特殊作用。邓小平说，如果没有毛主席，中国人民还要在黑暗中摸索更长的时间。我想说，没有邓小平，中国不知道还要走多少弯路。

前面我说了，从世界政治、经济格局来说，中国是幸运的。二战以后，很长时间没有全球性战争了。西方国家乐见中国的崛起，当然是以不超过美国为限。所有这些条件，都有助于中国取得今天的成就；缺一个，中国都取得不了这样的成就。所以中国很幸运，所有这些条件一下子都具备。这可能是百年不遇的，邓小平抓住了这个历史机遇。

最后我想说，中国的经济发展堪称奇迹，这是毫无疑问的。问题是，中国是否可以做得更好些？中国成功的代价是否过高了？中国的增长是否可持续？所有这些问题，都有待历史的回答。

和大的经济体比，
中国的增长还是最快的

玛雅：从1978年到2016年的38年间，中国经济平均每年以9.6%持续高速增长。但是过去几年，增速明显放缓。由于国内外的不确定因素很多，学界和社会上对未来时期的经济走势看法不一，多数经济学家不乐观。也有乐观的，比如林毅夫教授认为，2010年以后的经济增速放缓更多是外部性、周期性的，未来一段时间中国仍有8%的增长潜力。你对未来时期中国的经济发展有何预期？

余永定：我认为，中国确实进入了一个增长速度相对较低的阶段。在制定"十三五"规划时，一般的共识是，中国长期、潜在的经济增长速度是6.5%左右。这个情况要延续很长一段时间。为什么是这样？

看一个国家的经济增长潜力一个最简单的公式是，经济增长速度 = 劳动生产力的增长速度 + 劳动力供给的增长速度。中国现在的情况是，劳动力供给的增长速度很快就会负增长；所谓的劳动年龄人口已经是负增长，劳动供给的增长也会是负增长，至少是零增长。根据各种权威机构的计算，中国劳动生产率的增长速度不超过7%，甚至更低，所以加起来也就是6%左右。这个公式虽然很简单，却很能说明问题。所有发达国家在讨论国家经济增长潜力时，都用这个公式。

玛雅：美国前财政部长劳伦斯·萨默斯曾对中国经济增速悲观定调，称中国经济增速连续几年走低，2015年跌破了7%的"底线"，未来20年平均增速只有3.9%，经济滑坡可能是急剧的。你怎么看？

余永定：萨默斯从概率论的观点来看中国经济，这说明不了任何问题。即使中国经济还在继续高速增长，也并不违背他所谓的"回归中数"。萨默斯没有说出具体的机制，到底是通过一个什么样的过程，中国经济增速一定会降到百分之三点几。那么你的逻辑在哪呢？分析经济增速，我不需要你给我讲概率论，你要讲具体机制。当然，这种事情是要中国人自己做的。

玛雅：外界有人对中国官方公布的经济增长率的数据持怀疑态度，认为近期中国实际增长率停留在4%左右。

余永定：中国的统计确实存在一些问题，造成这个问题的原因很复杂。统计部门希望给出尽可能准确的数据，但是中国的国情太复杂，统计上困难很多。一些地方政府提交的统计数据未必可靠，统计方法也有可以改进之处，所以统计不准确的情况是有的，有些时候可能误差还很大。这不是一个很奇怪的现象。西方国家也经常调整经济增长速度，有时一调就是1%或2%。本来经济增速就不高，一调整就是1%—2%的拉伸。

所以不否定中国的统计有改善的空间，但也不能一口咬定中国的统计数字不可靠。

说近期中国实际增长率停留在4%左右，根据是什么？如果中国官方的统计有问题，那所谓4%左右的数据可能更不可靠。作为经济学家，我们有时候不得不依靠实地调查，依靠我们的直觉来判断。经济学家、企业家对每年的经济形势是好是坏肯定是有感觉的，特别是大企业。包括一般消费者，你肯定能感觉到2015年以来经济形势不如前几年，但你会不会感觉增长速度比前几年下降了一半儿呢？原来是9%、10%，现在突然变成了4%，大家会不会有这种感觉：我们的经济活动水平、生活水平突然下降了一半儿？我想不会的。

所以，关键是看趋势。中国已经从一个非常小的经济体变成这么大一个经济体，从一个落后状况变成现在这种状况，人民生活水平大大提高，人均寿命大大延长，这些都是不可否认的事实。如果原来高估了现在可能还高估，如果原来低估了现在可能也低估；高估低估的程度可能有大有小，但总的趋势并没有明显变化。

玛雅：这样说来，你对中国经济增速不那么乐观，但也不那么悲观。

余永定：我觉得，没有太多的必要讨论中国以后会有多高的经济增速。有时候，过于纠缠于数字可能会使我们迷失方向。中国经济现在遇到了一些困难，增长速度在下降。我们知道进入了"新常态",或者说进入了一个新的增长阶段,这个阶段增长速度相对比较低。但是只要政策对头,中国经济可以在不久的将来触底回升,稳定在6.5%左右的水平。

中国经济仍然有较大的增长空间,因为中国的人均收入还很低,只有9000多美元。日本、韩国在这个阶段增长速度都是很快的。虽然中国经济不大可能保持非常高的增长速度,但在未来一段时间保持6%左右的增速是能够做到的。美国的经济增长速度不超过2%。中国作为第二大经济体,增长速度如果还能保持6%,哪怕5%,也是非常不错的。跟大的经济体比,我们还是最快的,跟美国的距离越来越小。关键的问题是,中国经济要保持稳定,不要大起大落,不要硬着陆。

"十三五"期间
实现6.5%以上的增长是可能的

玛雅: 会不会真的出现硬着陆?怎么才能避免这种风险?

余永定: 分析经济增长要把潜在增长速度和现实增长速度分开来看。现实的经济增速是潜在经济增速和经济波动叠加的结果。中国潜在经济增速应该是在 6%—7% 之间,"十三五"期间的平均增速定在 6.5%。虽然目前中国经济仍处于困难时期,但只要政策对头,实现 6.5% 的经济增长是有希望的,硬着陆是可以避免的。

玛雅: 2017 年中国经济增长 6.9%。2018 年增长 6.6%,总量突破 90 万亿元。2019 年全国两会《政府工作报告》说,经济长期向好趋势没有变,也不会改变。但是国内外对 2019 年的中国经济,还是有一些担忧。你是怎么看的?

余永定: 我不认为 2019 年中国经济会很差,保持 6% 以上的增长速度应该没问题。2018 年经济增速放缓,主要是因为投资增速下滑,毕竟中国经济增长仍主要由投资拉动。2018 年增速低于预期,和 2016 年以来从紧的宏观经济政策有关。这意味着,2019 年我们还有政策空间。因此,通过调整宏观经济政策,我们可以在 2019 年取得较为令人满意的增长。

玛雅: 具体说,应该采取什么样的政策来保持增速,稳定在 6.5% 左右的水平?

余永定: 中国当前迫在眉睫的问题是遏制经济增速进一步下滑。为此,有必要执行扩张性的财政政策,并配合适度宽松的货币政策,刺激经济增长。中国过去 40 年的经验证明,没有一定的经济增速,一切问题都会恶化,因为大多数经济和金融问题都是以经济增速为分母的。没有一定的经济增长速度，经济体制改革、经济结构调整等长期问题都无从谈起。尽管在理论上"保增长"和"调结构"并不矛盾，但目前来看，当务之急是要保增长，因为经济增速持续下滑可能是中国当下面临的最大风险。

除了增速，中国现在还需要合理的货币供给增量，即需要一个更高的名义 GDP 增速。作为消费者，我们谁都不希望通货膨胀，但是通货膨胀率太低对企业生产是不利的。而通缩会加剧偿债压力，形成"债务—通缩"的恶性循环。当然，通胀率持续上升肯定不是好事，但是现在中国通胀率在 2% 左右，2019 年还有进一步下降的可能，特别是 PPI。所以我认为，把经济增长速度和提升通胀结合起来，我们可以以较高的名义 GDP 增速作为增长目标。

玛雅：中国经济增长主要是由投资拉动。刺激经济增长，抑制增速下滑，需要加大财政投入。

余永定：目前情况下，可靠的方法就是加大财政支出、增加基础设施投资。中国现在的问题是，一方面中低端产能严重过剩，一方面有效需求不足，因此经济政策需要从两个方面同时入手：一是继续压缩过剩产能，同时刺激有效需求，但是刺激需求又不能导致结构的恶化。幸运的是，中国可以进行基础设施投资的领域很多，城市地下管网建设、各类污染的治理、江河流域的整治、各类公共服务设施的建立和完善等等，这些都需要大规模的投资。基础设施投资的最大优点是可以增加有效需求，但又不会造成产能过剩。因此，有必要进一步加大基础设施投资的规模。只要规划合理，基础设施投资不仅能够增加有效需求，而且能够改善经济结构。

总的来说，中国经济增速在未来一段时间继续下行是可能的。对此，我们应该有必要的思想准备。特别是由于中美贸易战的影响，中国经济的下行压力将会明显增加。在这种情况下，中国更有必要执行扩张性财政政策。

玛雅：长期来看，有没有可能找到新的增长点，保持中高速发展？

余永定：中国经济是否可以维持较高的增长速度，关键在于能否实现两个转变：一是从要素投入驱动型到创新驱动型的转变，二是从房地产投资和出口驱动型到消费和国内需求驱动型的转变。前者是就长期而言，后者是就短期而言。

现在提出"大众创业、万众创新"，这涉及全要素生产率的提高。强调创新，就是中国找到的增长点。要让经济走向扩张，必须靠新的高新技术，寄希望于创新产业。如果中国找对项目、找对产业，并大量投资，中国经济就会再次起飞。

事实上，中国的许多产业都出现了令人鼓舞的势头。特别是在深圳等地，创新企业正在蓬勃发展，势头强劲。我相信，只要坚持自主创新，依靠创新驱动，以创新引领实体经济转型升级，中国一定能在未来的10—20年保持较高的经济增速，实现国家富强和人民生活富裕，最终实现中华民族伟大复兴的百年梦想。

政府不能代替市场，市场也不能离开政府

玛雅：城乡二元结构和贫富悬殊，这些中国今天发展中的失衡都是市场调节不了的，是政府的职责所在。采取扩张性的财政政策、增加基础设施投资，也得由政府来做。所谓"市场起决定性作用"是决定什么？客观上，中国今天既存在市场化不足的问题，也存在一些领域过度市场化的问题。在你看来，应该如何摆正政府和市场的位置，让政府做好政府的事，市场做好市场的事？

余永定：市场应该在资源配置上发挥决定性作用。由于市场极为复杂，充满了不确定性，任何一个计划的机构都无法实现资源的优化配置。因为你必须对突然出现的情况做出非常快的反应，而这只能是由千千万万个企业家来做出反应。

但是另一方面，必须要看到市场有一系列的缺陷，有时是

非常严重的。因此，政府一定要发挥作用，弥补市场的缺陷，同时也给市场指出方向。政府要制定产业政策，但是产业政策不宜太具体，只能是一种指导性的计划。总之，政府的作用是非常重要的，但是政府不能代替市场。同时市场也不能离开政府，许多事情是市场不能完成的，要靠政府来完成。

玛雅： 有学者认为，中国基础设施投资的回报率越来越低，质疑依靠投资能否有效拉动增长。然而，基础设施的回报率取决于它的使用密度，而使用密度又取决于经济增长。是不是这个道理？所以说，"发展是解决一切问题的基础和关键"。

余永定： 说得对。换一个角度，也可以从供需关系来理解。比如，现在一些地方的飞机场空着，你可以说是供给过剩，但也可能是因为当地经济没搞起来，有效需求不足。一旦经济起来了，旅行者就多了，飞机场就不够用了。

某种程度上，担心基建投资效率低，不是没有道理。但对基础设施投资回报，不能仅仅从商业回报的角度考虑。灯塔的商业回报恐怕不高，但灯塔是必不可少的。当然，中国加大投资不能重复2009年的一些失误，投资项目的设计应该更为合理，地方政府的角色也应该被更为精确地框定。同时也要看到，中国基础设施投资缺口依然巨大，仅仅是市政建设的投资需求就十分巨大。比如北京，为加强地铁的安全设施建设，所需要的投资就非常可观。

玛雅：而且长期、大规模的基础建设，可以形成更大的经济规模。

余永定：总体而言，稳定增长速度是当前中国经济的重中之重。2019年中国在继续深化各项改革和调整的同时，应该采取有足够力度的扩张性宏观经济政策，特别是增加基础设施投资。这些投资在短期可以创造就业、创造需求，长期可以消除增长瓶颈，提高增长潜力。由于基础设施主要是投向公共服务领域的，这些领域在短期内不可能有很高的商业回报，所以企业缺乏较强的投资意愿。因此，在基础设施建设领域，政府应该扮演重要角色。

中国的外部环境发生了质的变化

玛雅：美国《国家利益》杂志2016年2月发表文章《扼杀中国的经济：美国的终极王牌？》。芝加哥大学政治学教授米尔斯海默认为，中国经济继续增长，它会将财富转化为军力，试图称霸亚洲。因此对中国进行先发制人的核打击战争并非毫无道理，但一个更有吸引力的策略是让中国经济增长放缓。

2017年特朗普上台后，"扼杀中国经济"成为美国官方立场。美国对中国发起了贸易战，中美关系出现恶化，用基辛格的话说，再也回不到从前了。面对这一挑战，中国应该如何处变不惊，从容应对？

余永定：中国的外部环境已经发生了质的变化，中美冲突会越来越多，危机随时可能爆发。这意味着，中国的对外经济政策必须做出调整，而且刻不容缓。面对美国挑起的贸易争端，中国应该有理有利有节地从容应对。根据美国学者的研究，在被美国加征关税的500亿美元中国出口产品中，73%是供美国企业使用的中间产品和资本品，加征关税必然导致美国企业竞争力下降。而这些产品中70%是在华外资企业生产的，加征关税必然导致这些企业包括美国企业利润下降。华盛顿想通过对中国出口产品加征关税打疼中国，到头来被打疼的可能是美国自己。此外，中国是有能力对美国的高科技产业和汽车产业予以重击的。我们可以引而不发，但要让特朗普明白，如果他继续胡来，中国必然会报复。

玛雅：中国和美国一个是崛起大国，一个是守成大国，中美之间的矛盾冲突是结构性的。美国的对华新政策并非偶然，中国走向复兴的强国梦与美国想要继续主导世界的强权梦不兼容，这是中美关系恶化的根本原因。

余永定：中国已经被美国定位为头号战略竞争对手，我们对中美关系的改善不应抱有更多的幻想。但另一方面，不论是在地缘政治领域还是国内政治、经济改革领域，中国还有很大的政策调整空间。应该继续坚持邓小平韬光养晦的战略方针，尽可能稳定中美关系，避免双方陷入"修昔底德陷阱"。世界历史上，很多冲突甚至战争都是因为误会引起的。从美国301调查报告就可以看出，美国对中国的真实意图和战略、政策存在许多误解。美国过高地估计了中国的实力和潜力，而中国自己的宣传也加深了美国的误解。

玛雅：继续坚持韬光养晦的战略方针，就是做好中国自己的事？

余永定：对中国来说，最关键的就是要做好自己的事。中国幅员广大、人口众多，并且已经建立了一套比较完整的经济体系，可以依靠庞大的国内市场最大限度地实现规模经济。这是中国能够最终立于不败之地最可靠的保证。

中国在坚持开放的同时，应降低经济的出口依存度（中国是17%—18%，美国是10%以下）。为此，中国必须彻底放弃出口导向政策，转而实行中性的贸易政策。中国必须严格遵守WTO关于禁止出口补贴的相关规定，避免使用出口退税作为刺激出口的调节手段，让人民币汇率发挥调节国际收支平衡的作用。

玛雅：用人民币汇率调节国际收支平衡，就要保持汇率的灵活性。美国要求中国保持人民币汇率稳定，中国对美国说"不"，美国会作何反应？

余永定：美国可能会反对，但中国还有什么其他选择吗？中国不能丧失本国货币的独立性，阻止资本外流以抵消贬值压力也不符合中国的利益。中国也不能继续用自己辛苦赚来的有限的外汇储备来支撑人民币的价值。

汇率政策是一个国家的主权，美国无权支配中国的汇率政策。中国可以承诺不会采取竞争性贬值的政策，但是不能承诺维持人民币对美元的稳定。中国应该认真倾听美国的抱怨，中国也必须对自己的人民币政策保持完全的权威，并能够在经济形势需要时放松货币政策，不论这是否会导致人民币贬值。

中国官方致力于推进向市场经济转型，实行完全灵活的汇率制度。特朗普政府担心中国操纵汇率以获得贸易优势，这种担心是没有根据的。中国可以负责任地承诺不人为压低人民币汇率，但是必须拒绝美国提出的保持人民币兑美元汇率稳定的要求。

玛雅：中美冲突越来越多，随时可能引发危机，这对中国的金融开放有什么警示？

余永定：中国在过去20多年所积累的3万亿美元外汇储备的安全性，值得我们认真注意。有人说中国的外汇储备是中国对付美国的武器，但事实是，中国的外汇储备更是美国对付中国的武器。这就是凯恩斯说的，如果你欠银行100英镑，你有麻烦；但如果你欠银行100万英镑，银行有麻烦。现在美国欠了中国3万亿美元，你说谁有麻烦？

玛雅：中国应该怎么做，以避免更大的金融风险？

余永定：中国要确保外汇储备的安全。应该逐步有序地通过经常项目或资本项目逆差，用掉其中的相当部分，仅维持必不可少的美元外汇储备。

如何避免更大的金融风险？这个问题至关重要。前面我谈到，中国的改革开放赶上了一个有利的机遇期。从政治上来讲，美国和中国的战略调整带来了两国和平相处的局面；从经济上来讲，西方国家经济发展的阶段性特点与中国的改革开放具有高度的互补性。但是现在，中国的外部环境已经发生了质的变化。在这个时候，中国对跨境资本流动可能造成的冲击就更要保持高度的警惕性。在相当一段时间内，我们对资本项目不应该再推出任何重要的自由化措施。

从中国经济来说，最大的风险就是过早地开放资本项目。还有就是，中国应保持对涉及国家安全的产业的控制，不能让外资涉足。这两条必须守住，否则再说什么都没用了。有些事情是坚决不能做的，一旦做了覆水难收。

玛雅：中央高层说，不能犯颠覆性的错误。在经济领域，这就是颠覆性的错误。

余永定：过早实行资本项目开放，失去对涉及国家安全的产业的控制，就是颠覆性的错误。

中国已经进入一个新时期。在这个新时期，和平与发展两大主题没有变，但传统意义上的"战略机遇期"已经过去。在接下来的几十年，我们要继续坚持走和平发展道路，保持中国经济社会的稳定、发展与繁荣，推动构建自由、民主、平等、繁荣的人类命运共同体。同时也要看到，中国和美国已经走上了竞争的路。中美贸易冲突将会常态化、长期化，其他领域的冲突也会越来越多，危机随时可能爆发。如何管控冲突、应对危机，对于中国对外政策来说是一个巨大挑战。眼下最紧迫的，是对中国的对外经济政策做出调整，以保证中国经济能够持续平稳发展。

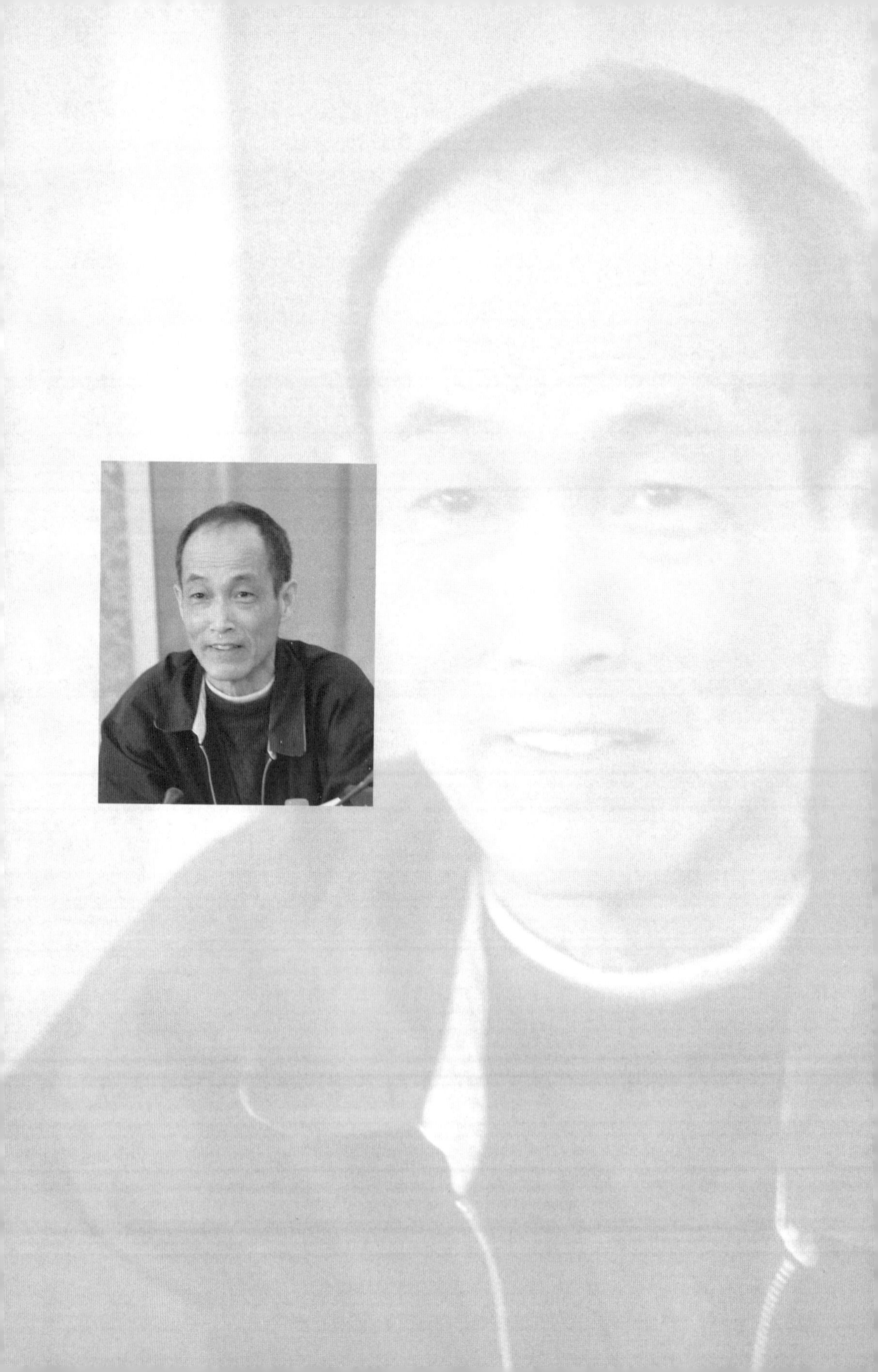

挺起脊梁：
新中国 70 年工业化历程

高梁

国家发改委宏观经济研究院体改所研究员、
中信改革发展研究基金会副秘书长、
《经济导刊》杂志总编辑。
主要著作有
《挺起中国的脊梁：全球化的冲击和中国的战略产业》
《中国装备制造业的自主创新和产业升级》
《理直气壮地做大做强国有企业》等。

共产党的领导是
中国社会主义工业化的首要保障

玛雅：新中国70年走完了发达国家几百年走过的工业化道路，在2010年超过美国，成为世界第一工业大国。一个一穷二白的农业国创造了世界史上前所未有的工业奇迹，我们走了一条什么样的路？

高梁：这70年走过的路，是一个伟大的中国特色工业化历程，可以分为改革开放前后两个阶段。虽然两个阶段在工业总量上不可同日而语，但是如果没有前30年夯实的工业基础，就不会有后40年的总量激增；有了量的扩大之后更实现了质的提升，才有中国今天作为世界工厂的地位。习近平总书记指出："改革开放前的社会主义实践探索为改革开放后的社会主义实践积累了条件，改革开放后的社会主义实践探索是对前一个时期的坚持、改革、发展。"从工业发展来看，我认为，改革开放40年的巨大成就既是在前30年基础上的飞跃，同时也是一个伟大的超越。这个过程中的"起承转合"构成了我们独特的工业化道路。

玛雅：具体来说，独特在哪里？

高梁：中国最值得庆幸的是，我们是共产党领导的社会主义国家。一百年前的今天，我们是一个积贫积弱的国家，被人奴役、任人宰割。为什么？因为我们落后，西方工业国有能力打败我们。新中国的前30年，尽管在政治上犯了不少错误，包括在经济建设上也走过弯路，但是中国共产党做了一件最大的好事，就是在一穷二白的条件下，带领全国人民自力更生，艰苦奋斗，节衣缩食，在一个财力微薄的农业国基础上，以最大的努力提高积累率，从而建立起自己的装备工业，形成了较为完整的工业体系和相应的技术能力，为后来的高速发展打下了基础。我们今天谈中国特色社会主义工业化道路，这是第一条应该给予充分肯定的。

玛雅：共产党领导是中国工业化道路最重要的支撑。

高梁：这个意义怎么强调都不过分。没有中国共产党在革命战争中锤炼出来的钢铁意志和牺牲精神，没有党对人民强大的感召力和组织力，没有一代共产党人的廉洁奉公和忘我奉献，中国的工业化就是不可想象的——在短短30年时间里，一个贫穷落后的农业国形成自己的工业基础和科技基础，迈上了工业化的第一个台阶，这在"常规"的条件下是不可能的。

后来很多发展中国家也想学我们，依靠本国力量发展工业，搞进口替代。可是他们的官僚体系摆脱不了低效腐败顽疾，本该用于工业积累的资金大量流失，进了官员的腰包；本国工业没有竞争力，工业化目标遥遥无期。这和中国当年的洋务运动非常相似，说明靠旧的官僚体系搞民族工业是很难搞成的。很多后进国家因为能力不足，就把希望放在引进外资上。这样当然可以很快形成工业能力，GDP 也好看。但问题是，工业积累的财富不是你的，很大一块儿利润外流，而且很难形成本国的技术能力；不能形成自己的积累，将来的发展道路就非常难走。

这一点恰恰是我们和其他大的发展中国家不一样的地方。新中国前 30 年不但政府清廉，有超强的组织力，而且社会平等，没有明显的贫富差距。全国上下同心，要穷一块儿穷，大家一起勒紧裤腰带，甚至不惜付出血的代价，把社会经济剩余和潜力尽可能挖掘出来，集中力量办大事。这就是共产党的传统。共产党对中国的工业化奠基有着不可磨灭的历史作用。

前30年打下的基础
怎么强调都不过分

玛雅：中国改革开放后，每年吸引外商直接投资(FDI)的数额一直处于发展中国家的前列；2002 年更是超过美国，成为最大外资投资国家。我们大量利用外资，为什么没有像一些发展中国家那样，难逃受制于人的命运，却在经济全球化中异军突起，取得成功？

高梁：中国为什么能成功？有人说，市场是唯一的灵丹妙药，前30年一无是处。但是他们回答不了一个事实：为什么同样实行市场经济、对外开放，中国能够成功，其他很多国家不成功？这个问题，今天越来越多的人已经看清楚了，改革开放前后两个时期相互关联，恰恰是前30年打下的基础，为改革开放创造了条件。

在我看来，中国改革开放得以成功有三个重要前提：一是我国在20世纪的革命和建设事业取得巨大成就，赢得了与西方平等相处的政治地位；二是通过计划经济的动员体制，全国人民艰苦奋斗，初步建成独立自主的工业、科教、基础设施体系，同时全民文化素质得到提高，从而在对外开放中能够保持民族经济的主体地位和国家调控能力；三是中国社会主义基本制度的建立凝聚了全社会，政府的社会管理及社会动员能力空前提高，从而形成了多数发展中国家无法相比的政治优势。

玛雅：新中国前30年建立的政治大国地位、工业和科技基础以及人力资源基础、社会主义制度优势，为改革开放提供了重要的初始条件。

高梁：还有一点值得强调，就是人的精神。毛主席当年说，不吃嗟来之食，吃嗟来之食肚子疼。有学者说得很在理：新中国前30年的经济建设，一是靠经过革命斗争考验的共产党的坚强领导；二是靠自力更生；三是靠全国人民上下一心，艰苦奋斗。这种精神不仅集中体现在独立自主研制"两弹一星"，在各行各业的建设中也都得到了体现。

玛雅：前30年不仅为改革开放积蓄了物质力量，也积蓄了宝贵的精神财富。

高梁：这些为后来的经济起飞奠定了基础。如果没有这个基础，中国就是一般的发展中国家。一般的发展中国家就只能受制于人，因为你的高科技永远上不去。中国不一样，有自己的工业基础和科技基础，有自己的工业管理队伍和技术队伍，能够组织自己的人才和资源进行攻关，这样科技才能上去。

任何一个主权国家，经济主权都是国家政治独立的基础，而科技进步的主导权是经济主权的基础。科技是第一生产力，关键技术被人卡脖子，受损失的不仅是经济利益，也会对国家安全利益造成损害。正因此，新中国前30年打下的基础怎么强调都不过分。没有这个基础，改革开放搞市场经济就会缺乏积累。那样就只能依靠外资，依靠外资就会被外资所控制，这就是今天拉美一些国家的状况。

概言之，中国规模巨大的工业体系，是在社会主义体制框架内起步的。新中国前30年在一穷二白的基础上举全国之力，建立了独立完整的工业体系，为后来的经济起飞奠定了基础。

在以我为主的基点上
开放引进、学习吸收

玛雅：改革开放后，中国工业蓬勃发展，也带动了科技的不断进步。

高梁：20世纪80年代，中国借鉴日本和"亚洲四小龙"的发展经验，即以国际市场为导向，在市场拉动下通过引进国外先进技术，带动本国的技术进步。在这个过程中，拜前30年所赐，中国工业界有了系统化的学习机会，并快速取得进步。日本、韩国在不同的发展阶段，工业增长的侧重部门有所不同，最初是轻工业、纺织业，然后是重工业，再后来是高技术产业。而中国在对外开放之初，已经有一个相对完整的工业结构，有很强的内生的消化吸收能力。这使得我们可以"轻重并举"——在轻工业出口加工业起飞的同时，着力推进重工业的进步，通过引进学习吸收，得到了一个整体的系统性的提升。这一点是日本和"亚洲四小龙"所不具备的，是我们的优势。

玛雅：我们是两条腿走路，所以走得更快更远。日本和"亚洲四小龙"在20世纪60年代以后有过20多年超过7%的增长，被称为东亚奇迹；中国改革开放40年以平均每年9.4%的高速增长，创造了中国奇迹。

高梁：从20世纪80年代中后期到21世纪的前10年，国际市场拉动出口加工业高速增长，成为经济发展最重要的动力；特别是在2001年以后，中国成为举世公认的"世界工厂"。我们看中国工业产值的曲线，从90年代开始上升，2001年以后急剧加速，2002年到2012年，平均增长速度达到23%—26%。工业连续30多年持续增长，这么大的体量、这么高的速度，在世界发展史上只此一例。2018年中国经济总量突破90万亿元，大约是美国的65%。

玛雅：在技术进步方面，我们也交出了亮丽的成绩单。

高梁：总体来看，我们在发展中国家中是优等生。

以高铁为例，从2004年大规模引进到现在才15年时间，在总量上已经全球第一。中国高铁总里程超过3万公里，高铁覆盖面扩大带来的出行便捷，今天大家深有感受。在技术上，我们消化吸收，兼收并蓄，超过了三家先行者——法国、德国、日本。我们的进步绝不是单纯靠引进，而是有多年积累，引进国外技术后通过学习消化再创新，否则不可能成功实现国产化。高铁在引进之前铁道部做过多年的前期研究，积累了很多技术力量。我们是有了一定的基础之后带着问题去学的，所以学得非常快。

玛雅：最近有篇文章谈中国高铁发展，很精彩。其中一段写到：

协商没产生期望的结果。面对德国人的狮子大开口，中方首席代表把刚点燃的一根香烟按灭在烟灰缸里，微笑着扔下一句话："各位可以订回程机票了。"

高梁：高铁在引进后能够这么快国产化，跟铁道部的垄断地位有直接关系。谈判引进时只有铁道部一家出面谈，西门子要价太高，那就换别的客户。外国资本家在中国"横"惯了，跟谁打交道都趾高气扬，没有中国人的话语权。所以，对中国的国家垄断最恨的恰恰是跨国资本家。他们巴不得中国一盘散沙，没有竞争力，由他们这些寡头来分而治之，占据垄断地位。

高铁的成功还证明，中国在对外开放中，在技术上相对落后的情况下，想要引进消化吸收国外先进技术，适当的集中，强调政府的作用——组织协调和统一对外竞争，是有好处的。

玛雅：中国作为技术后进国家，政府的作用不可或缺，而且是相当有效的。

高梁：再比如三峡。三峡水电站机组是70万千瓦的，而我们当时能做到20万千瓦、30万千瓦就不错了，所以只能引进。当时和英国公司谈，以市场换技术，左岸14台机组由你设计并供货，但条件是你得转让设计图。右岸电站是我们自己建的，在其设计的基础上加以改进，质量更好了，发电量超过了当时的设计水平。这方面是中国人的长处，善于学习。

玛雅：香港中文大学王绍光教授说过一句话，"善于学习是中国体制的活力所在。"

高梁：中国人的学习模仿能力非常强。所以这几十年来尽管国门大开，外资呼呼都来了，我们还能保持核心的部分是自主的，还能支持自己的国防工业上去。改革前期的 20 年因为没钱投资，中国的国防工业一塌糊涂，人员大量下岗；后来有钱了，国防工业很快就上去了。这样的事别人看着也晕呀——很多技术都是封锁的，中国人怎么自己就搞出来了？

"北斗"就是个例子。本来我们想和欧洲的"伽利略"合作，形成中欧共有的一套卫星导航系统。但美国从中搅局，威胁欧洲不许让中国进来，逼得我们只能自己干。结果因祸得福，现在"北斗"比"伽利略"厉害。

玛雅：2019 年"北斗"将高密度组网。6 月 25 日第 46 颗北斗导航卫星成功上天。

高梁：类似这样的事让美国人也有点儿怕。所以，美国人的"中国威胁论"是有实在内涵的。他确实担心中国的经济和科技实力发展起来，最不能容忍后来者的赶超。这是以小人之心度君子之腹。

恰恰是在前 30 年积累了工业和技术能力，树立了独立自主、奋发图强的精神，我们才有今天的工业、科技和国防力量。如果没有这种精神，像现在很多人一样崇洋媚外，什么都是外国的好，我们的国防工业就不要想，就是大陆版的台湾。

国家的经济和科技发展，是坚持以我为主还是让外国人为主,这是国家建设的根本方针问题,是一个不可不辩论清楚的大是大非问题。这个问题不说清楚,"以自主创新推动产业升级"就是一句空话。坚持独立自主,在以我为主的基点上开放引进、学习吸收,这是中国经济建设的基本国策;否则就会回到过去的依附状态,从技术依附变为经济依附。邓小平说过,任何外国都不要指望我们做他们的附庸。我们今天在进一步对外开放中,要特别记住这句话。

后来者的追赶
不能有任何懈怠

玛雅:所以美国人杯弓蛇影,说我们"威胁"。中美贸易战的真实指向就是高科技。

高梁:某种意义上说,这是好事。通过中美贸易战,大家对我们的工业实力有了一个反思和更加清醒的认识。2010年中国工业产值超过美国成为世界第一后,不少人产生了一个错觉,好像我们用不了多久综合国力就要世界第一了。有人说"中国进入了后工业时代",他们只看到了表面,没看到深层的内容。

当代工业科学技术是在全球竞争中不断升级提高的过程，特别是电子信息技术与传统制造业的融合，包括控制、网络通信、检测、数字化设计技术的应用，以及新材料、新工艺的不断涌现，技术边界在不断扩张。德国今天还在讲"工业4.0"时代，也就是智能化时代，利用信息化技术促进产业变革。所谓"中国进入了后工业时代"，不是一个准确的说法。

玛雅： 能不能说我们的工业化完成了？

高梁： 从规模看，可以说基本完成了。门类齐全，哪一类都有可以拿得出手的好东西。从竞争力来说，比上不足，不如美英法德日，但是比起其他发展中国家，还是强了不少。

玛雅： 门类齐全，高精尖欠缺。

高梁： 高精尖欠缺不少，这一点必须清醒，尤其现在国际环境不一样了。现在美国把中国视为头号竞争对手，今天收拾中兴、明天对付华为，你不知道它在什么时候、什么领域会给我们出什么样的难题。通过贸易战，大家现在清醒了很多，看到我们现在的经济还是一个大而不强的结构。当然，这并不是说我们只会做大路货、低技术产品，高端的都不会。我们在很多方面有很了不起的成绩，有很多新产品、新技术。

玛雅： 美国信息技术与创新基金会2019年4月发布报告称，中美技术创新差距日益缩小，部分领域中国已超越。

高梁：在某个项目或某项技术上可以这么说。比如空天飞行器，速度达到了10马赫。普通战机2.5马赫就不得了，要达到10马赫，很多技术难关要攻克。这类新型装备人家在做我们也在做，在实用化方面我们可能略强一些。所以可以说，在某些领域，我们和美国的差距，从过去只能望其项背，到现在能够比肩而行了。

但是必须看到，我们在基础科技方面，在制造业和信息产业方面还有很多短板。比如集成电路芯片加工，人家现在精度达到了5纳米，就是1微米的千分之五。这样的极端制造，对加工设备的要求已经远远超出了传统机械加工的理解范围。类似这些领域我们和世界先进水平还差得不是一星半点儿，得拼尽全力往前赶。而且你进步人家也在进步，可能你快赶上了，人家又往前进了一步。他们是先行者，工业化已经走了几百年；我们刚刚在追赶，后来者的追赶是不能有任何懈怠的。

玛雅：所以实施创新驱动发展战略，推进关键核心技术攻关。

高梁：现在中央提出，对卡脖子的关键环节、关键技术加强科技创新。加强国家创新体系，综合利用政府的力量和市场的力量，政产学研结合。政府要统揽整个过程，从基础研究到产品研发到最后新产品的应用，产学研各部门协同，形成一体化创新机制。

玛雅：政产学研结合和以前的国家组织科技攻关一样吗？

高梁：有相近之处，也有不同。当年在有限的重大项目上，"政产学研结合"是存在的。国家统一领导，全国一盘棋；一声令下，上下闻风而动。比如"两弹一星"，全国各地不管是大学、科研机构还是企业，只要有优秀的专门人才，海归也好本土也好，说调就调。像邓稼先这样的科学家，调去以后一辈子就隐姓埋名了，献身于国防事业。

我关注过的运–10大飞机也是这个机制。中央下文件，空军几个将军成立航空领导小组，国家马上拨钱先做起来，再从全国上百个部门单位抽调人。那时是行政命令为主，靠人的觉悟和奉献精神来支持这项事业。这种精神非常感人，到今天还有很强的感染力。我读到那些事迹时热血沸腾，觉得当时我要是在那儿多好啊！

今天情况有所区别，市场化了。但还是由国家决策，设立国家级领导机构，并提供一部分资金。根据任务需求组建队伍，主要技术部分由主体科研团队负责，有些分项目向社会招标或寻求国外合作。有关大学、研究机构、企业和项目承担单位形成合作关系，以合同为纽带。

玛雅：市场机制下，如何发挥举国体制的优势，是个新问题。

高梁：现在关于新型举国体制，正在进行研究。各方协同，真正能够形成技术的供给方和需求方联系顺畅，不同单位的合作无缝衔接，大家在市场上有竞争有协作，都能发挥所长，还能达到利益平衡，这是一门学问。实际上，美国大多数重大国防科研项目——曼哈顿计划、阿波罗登月计划等等，也都是实行类似的举国体制。

以新型举国体制来解决卡脖子的关键技术问题，不是一日之功。这当中包括基础研究和应用基础研究，以及新产品开发、试制和验证等诸多环节，不可能一蹴而就。还有使用问题。高端技术市场在跨国公司手里已经三四十年了，我们的产品搞出来，在性能、价格上未必有竞争力。如果市场不认，用户不用，你前面的创新就等于白费。所以，市场怎么能为本国企业的新技术和创新产品给出一点儿空间，让它的资金能够回流，来养育新的产品、新的高技术企业，也是一个很实际的大问题。

玛雅：发达国家为了支持本国企业技术创新和产业升级，规定在一段时间内市场上只能使用某种技术和产品，我们可以效仿。

高梁：总之，中国作为一个后发的工业化国家，我们追赶的路还很长。真要在技术上赶上欧美和日本，至少要以10年计算，一个、两个、三个10年。这个任务非常艰巨，有很强的挑战性。

保持战略性产业的
自主性和可控性

玛雅：现在提出，金融改革服务于制造业。从国家安全和产业安全来说，如何认识这个问题？

高梁：中国是制造业大国，金融改革要服务于制造业，为制造业转型升级提供所需的融资服务。特别是一些重要企业，必须加以扶持。比如集成电路或者IT类的，这类企业是高风险的，将来可能是高收益的。如果没有这样的企业成长起来，中国就不可能成为真正的大国。2008年国际金融危机后，全球经济低迷，但发达国家在这些高技术领域还在不断前进，一代一代往前走。中国必须跟着走，而且最好能先期布局。在这种情况下，国家金融对这样的行业、企业，必须给予有力支持。

玛雅：在投资方面要向这些企业倾斜？

高梁：战略性产业，比如装备制造业的核心部分，包括一些军工企业，眼前可能赔钱，但必须坚持经营，军品民品并重，干到一定程度它就活过来了。装备制造本身是资本密集型的低利润行业。一些国有企业因为是生产国家重点战略产品，任务不饱满，所以研制成本和运营成本很难收回。对于这类企业，国家应该给予一定的政策倾斜。

习近平总书记指出:"装备制造业是制造业的脊梁,必须加大投入、加强研发,努力占领世界制高点、掌控技术话语权,使我国成为现代装备制造大国和强国。"

玛雅:装备制造业是制造业的脊梁,现代装备制造是中国社会主义现代化强国的脊梁。

高梁:说得对。由于装备制造业的重要地位,国家必须对其中具有战略意义的核心部分保持自主性和可控性。从执政基础、产业安全和国防安全的角度看,装备制造业的核心部分不能放弃国有企业的主导地位。对行业中的重点国企,应该通过深化改革解决它们所面临的实际问题,促进这些企业做优做强。

同时,在全面推进产业升级战略中,必须确保本国产业的自主性,从而保证国家对战略性产业的可控性和可动员性。国家必须掌握具有重大战略意义的产业、产品和技术,重点企业(包括骨干国企和民企)一定要由本国资本控股。在此前提下,使这些企业成为实施技术创新项目的主力、"军民融合"的主要载体,以及响应国家动员和承担重大任务的可靠力量。

玛雅:国家要有一批重点企业在手里,这是共产党执政的有力抓手。

高梁:关于金融服务于制造业,还有一个问题需要指出。尽管中国经济在体量上已经是世界第二,将来可能成为第一,但我们毕竟是近14亿人口的国家,讲人均还差得很多。企业的实力，包括经济实力和技术实力，和美欧、日本等发达国家的大企业集团相比，还差着一个数量级。在金融实力和技术实力还赶不上人家、企业单个对等竞争比不过人家的情况下，如果过快地放开市场，我们肯定玩儿不过人家。西方制造业的发展趋势是集团化、跨国化，用跨国公司这种强大的组织力，来和你一个国家单个的企业竞争。我们在工业竞争力或者整体经济竞争力比人家还差一截的情况下，如果没有国家金融和政府行政做后盾，是有很大风险的。

国家产业进步和经济安全是大道理

玛雅：说到风险，虽然国有企业混合所有制改革不等于私有化，但在实际操作中是否存在国有资产流失的风险？

高梁：很多人把国企混合所有制改革理解为进一步私有化。一些地方在推进国企改革时，也是这个思路。按这个思路走下去存在很大风险，最近的一个例子是大连机床集团公司。该公司曾经和沈阳机床厂一起并列世界机床前十，后来改制私有化了，前不久老板因为骗贷被抓，企业负债累累，陷入困境。所以，并不是私人经营后企业就一定会成功。

特别是某些行业的骨干企业，有的承担着国家战略任务，如果贸然私有化，国家安全和产业安全将受到严重威胁。十几年前有过很沉痛的教训。世纪之交，一些地方通过引进外资"战略投资者"推进国企改制，致使一批装备制造龙头企业被跨国公司并购，企业多年积累的技术能力顷刻散失，或者被国际竞争对手所利用。这种令人痛心的例子太多了。这不是生产力的进步，这是局部性的破坏。我们现在已经破坏不起了，因为国有经济所剩不多了，都在关系国家命脉的行业中。

玛雅：现在国有经济在我国全部经济中还占多大比重？

高梁：大约20%，都在国计民生和国家安全的关键领域。比如中石油、中石化，这是全国人民的能源依靠，如果变成私人企业，它随便提价怎么办？国家不掌握这些决定性的资源，会给社会带来极大的损失。不要说中国，中东国家石油产业基本都是国有，有些不是国有的还收归国有。

工业关乎国计民生，也关乎国家安全。全面深化改革一定要把改革与国家发展战略、人民群众的利益综合起来考虑和权衡。有些经济学家抱怨"改革空转"，实际上是抱怨国企私有化"改制"太慢了，还动不动就大喊"又国进民退了"。他们这是无稽之谈，你看看统计年鉴，到底谁进谁退了？

进一步说，国企垄断行业、铁路、电网等，这种行业在任何国家都是垄断的。比如铁路网，实行统一调度是技术上所必需的。这叫自然垄断，或者由政府企业垄断，或者私人垄断。私人垄断一点儿也不比由政府垄断强，管理上不一定强，社会责任感、公益性更差。这属于公共服务性行业，如果私人企业利用这种垄断性狮子大开口，社会大众能不能承受得了？或者它有充分的理由向政府要补贴，这比由国家公司经营，交易费用高了还是低了？

玛雅：俄罗斯的所谓八大垄断集团，都是和国防有关的产业，私有化以后，从国家拿到的保护补贴比以前更多了。

高梁：那你说，这些人一定要私有化，图什么呢？是不是想学俄罗斯寡头，成为中国经济的幕后主宰？他们最眼红的一个是石油，一个是电信，因为这里面肥呀。今天石油是什么？是绝对的战略产品。中国又这么缺油，国家不垄断行吗？

过去有段时间，中国的国企产权改革出了一些问题。所谓的MBO（管理层收购），其实就是监守自盗，侵吞公有资产，造成大量国有资产流失。这种"改革"以极不公平的方式造就了一个富人群体，加速了生产关系的"公退资进"趋势，导致财富分布和收入分配差距急剧扩大。这个腐败因素的影响一直残存至今，一有风吹草动，说要进一步推动国企改革，很多人就觉得，是不是又要卖了？机会来了。他们也不想想，有俄罗斯的前车之鉴，中国人现在知道，全盘私有化是行不通的。

玛雅：中央高层说得很清楚，否定社会主义方向的"改革开放"是死路一条。

高梁：自1982年党的十二大以来，关于基本经济制度说的都是一件事。一个重要的内容是，必须发展壮大国有经济。国有经济控制国民经济命脉，对于发挥社会主义制度的优越性，增强我国的经济实力、国防实力和民族凝聚力，具有关键作用。所以说，国有经济在制造业关键领域要占据控制地位，这是底线啊！别的领域放就放了，关键领域绝不能放。有些人鬼迷心窍，铁了心要私有化，试图突破这个底线。但是真能突破吗？怎么突破？比如十一大军工集团，如果私有化，卖给私人你敢不敢？

玛雅：美国的军工企业也不真正是私有。政府不让他卖军备给谁，他就不敢卖，这不也是垄断吗？

高梁：核心的领域、核心的技术，比如航天航空、核武等，任何国家都不允许私人去经营核心战略武器。军工本来就是行政性垄断的，任何国家都一样。你去让美国放开竞争试试看，这纯粹是幻想。

国家产业进步和经济安全，是人民根本福祉之所在，是最高位的大道理，改革开放必须服从这个大道理。我们在推动"全方位对外开放"中，对外资要保持高度警惕。特别是涉及非垄断型、非军工型的竞争性大企业，这是中国制造业产业升级的脊梁，如果私有化，被外国人分掉，或者被自己人搞垮，将是中华民族的巨大损失。国有企业是我们国家安全的屏障，是中国国力的支柱，是产业升级的核心。这个要是垮掉，中国就是一摊泥。就像一个人腰断了，站不起来了，这个国家就完了。所以说，这是一场国家经济安全的保卫战。

最终目的是国家利益和人民福祉

玛雅：从现在到2049年，还有30年。中国在工业化道路上，怎么才能稳步扎实前进，不出大的偏差，从一个工业大国发展成为科技强国，实现国强民富的百年梦想？

高梁：我认为，最重要的是把握好三个方面：

第一是国有经济。中国是社会主义国家，我党坚持以人民为中心发展思想。如何增进人民福祉，实现共同富裕，首要条件是坚持公有制主体地位不动摇，坚持国有经济主导作用不动摇，这是保证14亿人民共享改革发展成果的制度性保证。国有企业是国民经济发展的中坚力量，是中国特色社会主义的支柱，要通过促发展和深化改革，做强做优做大国有企业，遏制

"国退资进"势头。

第二是科技创新。这一点现在已经明确了,对卡脖子的关键核心技术攻关。这次中美贸易战敲响了警钟,西方对我们封锁遏制,我们不要再心存幻想。加强国家创新体系建设,强化战略科技力量,以自主创新推动产业升级。

玛雅:发扬当年独立自主、奋发图强的精神。

高梁:说得对。第三是处理好三对关系:即市场机制和政府职能的关系、微观活力和宏观调控监管的关系、开放性和自主性的关系。在深化改革中,包括在推动科技创新和产业升级中,都要处理好这三个关系。

2019年全国两会《政府工作报告》说,推动制造业高质量发展,其中的主要内含就是产业升级。一般来说,后进国家的产业升级必须克服两个根本性障碍:一是技术差距,二是先进国的强势竞争和垄断。这意味着,中国实现发展模式转型和产业升级,必须作长期艰苦的努力。国家在贯彻发展战略中,一定要处理好开放性和自主性的关系、微观活力和政府干预的关系。在科技政策、产业政策和市场政策方面,要通盘统筹和配套。在深化改革和扩大开放中,改革要服从发展大局,兼顾社会公平,正确处理改革发展稳定的关系;开放也要服从发展大局,维护国家安全利益,正确处理开放发展安全的关系。

玛雅:换句话说,改革开放不是目的,最终目的是国家利益和人民福祉。

高梁：对。所以目标要明确：坚持以人民为中心发展思想，让改革发展成果更多更公平惠及全体人民；经济发展方针要坚持以我为主，坚持和加强国家对基础性、支柱性、命脉性行业的控制力，以自主科技创新增强我国产业在全球市场的竞争力。

在接下来的改革发展中，只有明确这些基本目标，才能明确在多种经济成分中，国有经济的最低限度规模；才能根据实际发展需要，明确在资源配置和经济管理领域，政府职能和"市场决定"的边界；才能坚定不移走中国特色社会主义道路，不忘初心，实干兴邦，在新中国百年华诞之际，建成强大的社会主义现代化国家。

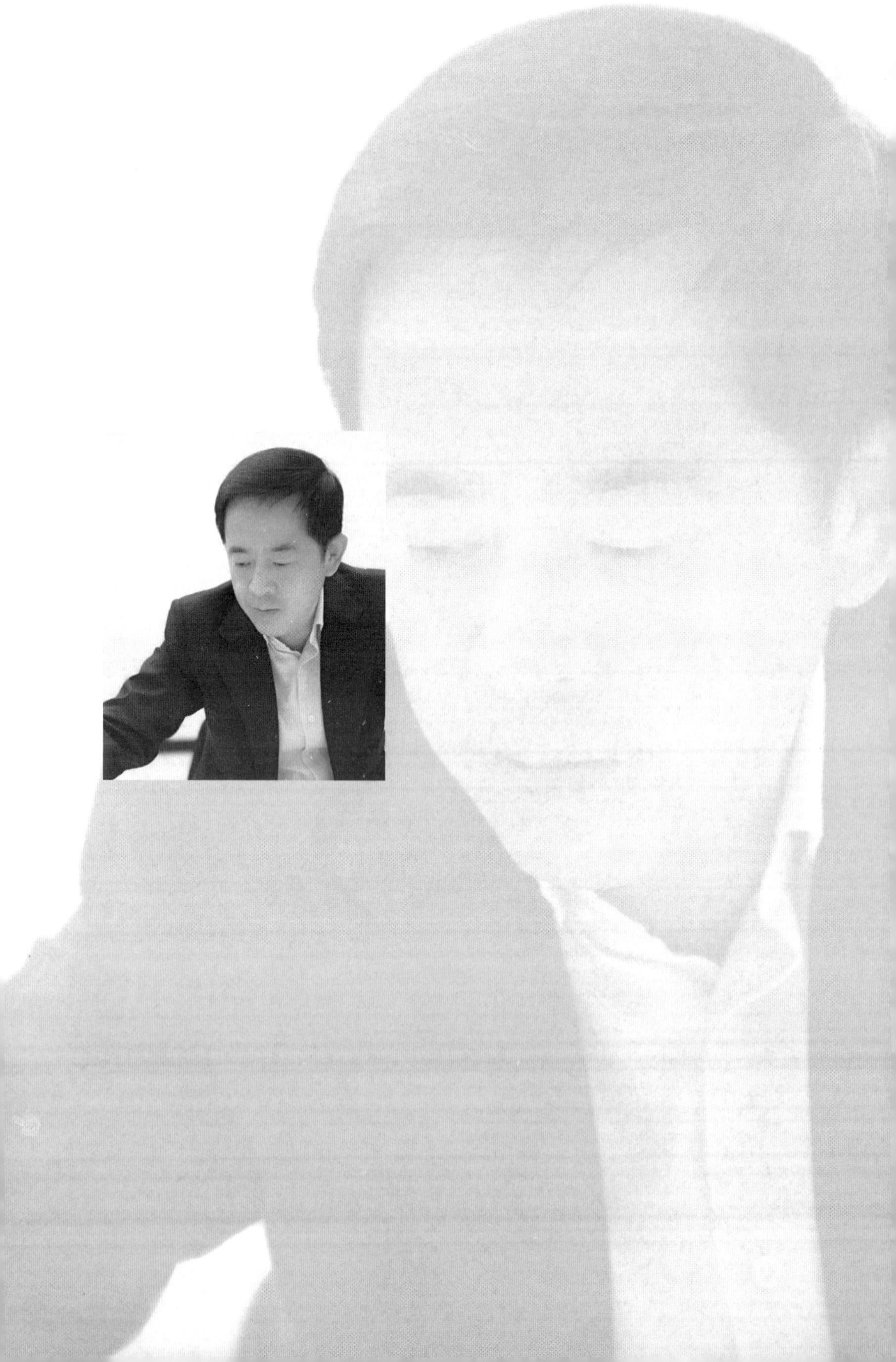

中国的强国梦
只能靠我们自己来实现

向文波

三一重工总裁、福布斯上市公司最佳CEO、
中国工程机械协会副会长、
享受国务院政府特殊津贴专家。

"社会主义中国的机器救了资本主义的智利"

玛雅： 改革开放40年来，中国民营企业蓬勃发展。民营经济从小到大、由弱变强，成为推动经济社会发展的重要力量。三一重工作为中国工程机械的龙头，从数千家民营企业中脱颖而出，不仅在中国国内享有盛名，在国际上也为中国民族工业树立了良好的品牌形象。三一最新的发展情况，请介绍一下。

向文波： 三一重工是中国最大的工程机械制造商、全球领先的装备制造企业。我们的混凝土机械是世界第一品牌；挖掘机已经连续8年保持中国市场占有率第一，海外业务也在快速增长。在工程机械行业，挖掘机是竞争强度最高的产品，我们称之为工程机械皇冠上的明珠，以前市场是外国品牌的一统天下。2018年三一成为全球第二大挖掘机制造企业，2019年销量有望挑战世界第一。近年来，三一重工的国际化水平大幅提高，目前在海外有13家工厂，产品销往120多个国家和地区，国际销售份额占公司营收的比例，最高的时候接近50%。公司的市值一度达到1400亿元，成为全球上市公司市值500强的431位，是中国工程机械行业首家进入世界市值500强的企业。

玛雅： 三一成为工程机械行业的奇迹，这是三一人的骄傲，也是中国人的骄傲。

向文波：我觉得，最让我们感到骄傲和自豪的，还不是我们的企业规模、盈利和所创造的就业，而是我们为中国的改革开放作出了贡献。三一是中国股权分置改革的参与者，为国家的这项改革作出了独特的贡献。尤其是，自1989年创建30年来，我们不忘初心，坚定不移把三一重工打造成一个世界级的企业，为中国的制造品牌建设作出了贡献。

大家知道，在世界重大事件中，比如日本福岛救援，我们的混凝土机械大显身手，赢得了赞誉。工业革命以来日本发生危机需要中国重型装备救援，这还是第一次，成为中日两国的热门新闻。这件事是三一人为中国外交作出的特殊贡献。后来我们去松下公司访问，他们的欢迎横幅上写着"感谢中国的救命之恩"。

再如智利矿难救援，三一生产的400吨履带起重机是出现在救援现场的唯一一台大型设备，把埋在井下的矿工救出来更是一次生命的奇迹。外媒报道说："社会主义中国的机器救了资本主义的智利。"习近平主席2016年访问智利时发表署名文章也提到了这件事，赞扬我们的救援行动。这些都为中国制造赢得了声誉。确实如你所说，三一为中国民族工业树立了一个良好的品牌形象。

企业走出去，
就是国家形象的代表

玛雅：从中国出发走向世界，三一重工的产品遍及全球120多个国家和地区。三一是如何开拓海外市场，展开国际化产业布局的？

向文波：三一从2002年开始走向国际化，经过十几年的努力，已经取得了丰硕成果。2012年我们收购了全球混凝土机械第一品牌、德国的普茨迈斯特（普迈），完成了混凝土机械的国际化，成为世界第一品牌。现在我们在亚洲、欧洲、南美、北美的9个国家有13家工厂，主要产品是挖掘机，也有一些其他产品。挖掘机已逐步超越混凝土机械，成为我们的核心业务，现在挖掘机的利润占整个上市公司利润的60%。另外，在世界的16个国家，我们的产品成为工程机械第一品牌。可以说，三一的国际化产业布局已经基本完成。

玛雅：2012年三一进军美国市场受阻，你们没有放弃。经过这几年的发展，目前情况怎么样？

向文波：在美国发展得很好。我们现在有三一美国和普迈美洲两个工厂，主要生产挖掘机和混凝土机械，在本地销售。美国是大市场，占世界工程机械市场的1/3。我们在亚特兰大投资建厂的三一美国，占地面积很大，很漂亮，好莱坞都去拍电影，《复联4》中的复仇者联盟总部就设在我们的车间里。欧洲也占世界工程机械市场的1/3左右。我们在德国的科隆和斯图加特有两个工厂，在法国的波尔多也有一个。

玛雅："一带一路"倡议的落地，给中国企业带来了广阔的发展前景。三一是如何把握机遇，参与"一带一路"项目的？取得了哪些成果？

向文波：这几年，我们在"一带一路"项目上成果非常丰硕。现在"一带一路"沿线国家是我们的主要市场，我们海外销售的70%—80%在"一带一路"上。同时，我们完成了在传统丝绸之路上的产业布局。从中国到欧洲这条线，我们在新疆有产业园；欧亚连接线上，我们在土耳其的伊斯坦布尔有产业园；在西班牙、德国、法国也有几家工厂。海上丝绸之路我们实际上也完成了布局。我们在珠海有工厂；在印度有一个工厂，在印尼也有一个。此外，我们在俄罗斯有两个工厂，在巴西有一个。目前在非洲还没有产业基地，将来非洲经济规模达到一定水平的时候，我们也会建工厂。

玛雅：在国外建厂，会不会"水土不服"？比如印度，有没有因为文化差异产生的矛盾？

向文波：没有。通过推进本土化，双方相处得很好。我们聘请了几百名员工，全是印度人。只有几个中国人负责与国内协调，管理人员全是印方的，CEO 都是印方的，企业管理完全印度化。工厂发展得非常好，2018 年销售额 20 多个亿。

我认为，企业走出去是国家实力的体现，也是国家形象的代表，因此要把国家的发展理念运用到企业的经营实践中。中国推动构建人类命运共同体，秉持合作互利共赢的发展理念，企业追求国际化就不能仅仅考虑自身的经济利益，还要考虑对当地的经济社会发展会产生什么影响。

以前我们去阿尔及利亚，他们的记者问，你们为什么到这儿来？是不是惦记我们的石油？他们过去这样的经历太多了，有些欧美企业只是把这里作为原材料供应基地，没有给当地的经济带来任何发展；某种意义上说，它们的国际化就是掠夺。这样的情况对于中国企业来说，既是挑战，也是机会。

玛雅：就是说，不能只顾赚钱，还要做好"企业公民"，对当地经济社会发展起到积极作用，成为驻在国民众眼中的正能量。就像习近平所说，"把我国发展同沿线国家发展结合起来，把中国梦同沿线各国人民的梦想结合起来。"

向文波：对。中国企业在国外经营中一定要注意这个问题，把自身的发展与当地的经济社会发展结合起来。南美、非洲很多国家对发展本国工业有强烈的渴求，也希望能有机会创造就业，提高经济发展水平。我们的企业走出去要秉持互利共赢的发展理念，时刻记住，企业出国后代表的就是中国。

中国道路的成功，
成就了中国企业的成功

玛雅：三一做大做强的经历，是中国民营经济、民营企业成长壮大的一个缩影。你认为，三一成功最主要的经验是什么？你本人最深切的体会是什么？

向文波：三一成为工程机械行业的一个奇迹，首先得益于中国改革开放带来的发展机遇。中国40年的发展成就举世公认，这证明了我们发展道路的正确性。三一是原汁原味的中国企业，它成功的背后依托的是中国崛起的大环境，是中国社会文化的大背景。我刚讲了三一的国际化布局，其实企业国际化的背后是国家软硬实力的支撑。如果没有这个支撑，企业的国际化可能举步维艰。

西方大国崛起是在政府主导下，通过海外掠夺扩张实现的。早期的殖民化运动，是典型的政府加企业行为。企业国际化过程实际上就是国家影响力外延的过程，是国家意志实现的过程。这个逻辑在今天其实是一样的——企业的国际化同样要靠国家实力的支撑。所不同的是，今天的理念和方式不一样了。

这也是发展路径的选择。西方当年是靠刀枪炮舰、靠血腥的殖民侵略来实现扩张和国际化。中国今天提出"一带一路"倡议，各方秉持共商共建共享的原则，实现共赢和共享发展。共建"一带一路"符合中华民族历来秉持的天下大同理念，符合中国人怀柔远人、协和万邦的天下观，占据了国际道义制高点。这是新时代的国际合作理念和方式。正如习总书记所说，继承和发扬丝绸之路精神，赋予古代丝绸之路以全新的时代内涵。

我认为，"一带一路"倡议为中国企业的国际化创造了很好的政治环境和社会氛围。同时，中国这些年来综合国力的不断提升，也大大增强了中国品牌的影响力和吸引力。从这个意义说，三一今天的成功是建立于我们所讲的道路自信、文化自信的基础之上的。反过来，中国今天的发展成就也更加坚定了我们的自信：中国人找到了自己的发展道路；这条路适合我国国情，是正确的、成功的。

玛雅：从企业本身来说，三一的成功最关键在于什么？

向文波：在于坚持创新。三一长期把创新作为企业核心竞争力来加以培植。即使在最困难、企业利润比最高峰下降90%的时候，我们也没有放松对创新的追求。我们的创新能力是工程机械行业最强的。三一重工1995年才销售第一台工程机械，短短20多年，我们已经成为全球领先的装备制造企业。我们拥有工程机械最完整的产业链，产品在全球工程机械行业也是最完整的。这是极其浩大的工程，是靠我们自主创新完成的。

从创新水平来讲，三一的混凝土机械世界第一；挖掘机销量2018年接近世界最大企业，2019年有可能超过。在中国，从大挖、中挖到小挖，三一全面领先于国内同行，也领先于国际一流竞争伙伴。

玛雅：创新是国家发展的基点，也是企业发展的基点。

向文波：除了研发创新，三一还坚持组织创新、流程制度创新、激励机制创新等等。我们也大力推进企业的智能制造转型，提高企业的人均生产效率。2018年三一的人均产值达到300多万元，基本达到了世界级水平。2019年1、2月份，我们的销售额和利润都创下了历史新高，但我们的员工人数只是过去的1/3。

我们也在加速企业的数字化转型，向管理、营销、制造的数字化进军。梁稳根董事长说，他这辈子还有一个愿望，就是率领三一集团完成数字化转型。

中国的强国梦
只能靠我们自己来实现

玛雅：对眼前发生的中美贸易战，以及美国对华为的打压，你怎么看？

向文波：2012年奥巴马政府中止三一在美国投资的风电项目，当时我和你谈过国家安全问题和产业安全问题。今天的中美贸易战，完全印证了我的话。我当时说，即使在全球化时代，国与国之间竞争的本质也没有变。正因此，美国把中国作为战略竞争对手，以软的硬的方式遏制中国的发展是必然的，不足为怪。关键是，中国人自己一定要清醒，要有国家安全意识和产业安全意识，不能让我们的国家利益受到侵害。包括2005年我阻止凯雷收购徐工，也是这个问题，就是国家安全和产业安全。

玛雅：当时因为徐工收购案引发了一场论战，今天面对中美贸易战的事实，有必要回顾一下那场论战。

向文波：是的。当时很多人说，徐工不卖就会完蛋，就是死路一条。可事实是，它后来发展得很好。徐工今天（2019年3月18日）的市值359亿元，为国家创造了多少财富呀！当初20亿元人民币就要卖掉85%的股权，并且对方是通过注资获取股份，我方一分钱都拿不到。

玛雅：2019年初，徐工集团董事长王民在接受采访时说，徐工的硬实力——产品、技术，捷报不断。世界产业，徐工已经成为一张"中国名片"。今天来看，徐工应该庆幸你当时出来"搅局"。我记得为这件事，你还给胡锦涛总书记写了信。

向文波：我写了。我当时觉得，别说贱卖，徐工再贵我们也不能卖。装备制造业是国家战略产业，徐工作为装备制造业的龙头，由外资绝对控股是不可以的。装备制造业的核心技术外国人对中国是封锁的，要是我们把自己的装备制造龙头企业交给人家，那中国的技术创新依靠谁？如果这种改革思路可以被接受的话，中国的产业安全就无从谈起。没有产业安全，也就没有"中国创造"，因为产业安全是实现"中国创造"的基础。

今天发生的事，美国对中国赤裸裸的遏制，进一步证明了装备制造业对国家安全的重要。没有装备制造业，一旦发生战争，谁会给我们制造坦克、大炮、飞机？中国是一个政治大国，政治大国必须有强大的军事工业，而强大的军事工业是建立在强大的制造业基础之上的。现在中国的军事，世界的先进武器我们买不到，制造先进武器的先进技术、先进机床我们买不到，那中国的强大靠什么呢？如果我们把自己的装备制造企业也卖掉了，可以说，我们就永远失去了复兴的希望。

玛雅：中央今天一再讲，不能犯颠覆性的错误。在经济领域至关重要的一条，就是不能把中国的战略性产业卖给外国人。

向文波：没错。当时中国的装备制造业都是这个趋势，被外资收购。外资借国有企业改革之机，企图并购中国龙头企业，有的甚至提出了"斩首行动计划"。经过徐工事件后，都被叫停了。2005年到现在十几年了，这些企业都活得很好，成为世界工程机械行业强有力的参与者。如果当时那个势头不被遏制住，中国的装备制造企业都被外资收购了，那就是颠覆性的错误，实现中国梦就没了基础。

在我看来，中国有两个基本国情：一是拥有近14亿人口，有自己独特的文化、价值观和政治制度，是一个与生俱来的政治大国。中国在崛起的过程中，必然与其他一些国家存在意识形态冲突。可以判断，美国和西方对中国的遏制将会是一种长期战略。

另一个国情是，中国是一个经济大国。中国在走向强大的过程中，必须追求自己的全球利益，比如对世界资源的依赖，包括石油、矿产、市场等。这些都意味着对现行贸易体系和经济格局的冲击。也就是说，中国的崛起需要新的世界经济秩序和政治秩序。

玛雅：所以说，中国作为崛起的大国，与美国的矛盾冲突是结构性的，美国遏制中国是必然的。

向文波：正因此，中国的强国梦只能靠我们自己来实现，别人不可能帮助我们实现。为什么发达国家对我们实行技术封锁，很多我们希望得到的技术得不到？因为真正的核心技术是人家的命根子，谁会把自己的命交给你，给自己培养一个竞争对手呢？

玛雅：非但不给你，你自己有也不行。华为被打压，不就是因为引领了5G时代？

向文波：所以必须丢掉幻想，靠自主创新来实现我们的梦想。中国要成为政治强国，成为军事强国，成为经济强国，中国的企业就一定要成为中国经济的主体。如果没有自主性，没有独立性，我们的目标就无法实现。当今世界，只要国家还存在，国家利益就存在，经济就不可能是纯粹的经济，任何经济行为的背后都有政治考量。我们是在很现实的条件下来做政治决策和经济决策，如果不清楚这一点，就可能犯颠覆性的错误。

你说得对，今天回顾2005年那场争论，是很有意义的。国家安全和产业安全问题，国人现在应该有更多的感受了。任何人今天再谈论这些问题，都会认同我的观点，除非他在政治上执迷不悟。

我对中国经济看好，是对党和政府有信心

玛雅：既然我们知道中美之间的矛盾冲突是结构性的，知道任何经济行为的背后都有政治考量，美国今天对中国发动贸易战，也就不足为怪了。

向文波：依我看，中美贸易战迟早要打。既然已经打了，从积极的方面看，对我们来讲也许是好事。一个是对内好，可以形成五个倒逼：倒逼改革、倒逼企业创新、倒逼企业走出去、倒逼产业结构调整、倒逼法治国家建设。比如知识产权保护，中国确实需要加强。国内很多企业拿钱去搞研发，成果却被其他企业无偿使用，这是很大的问题。市场经济要讲法治秩序，中国在这方面要加强。这种倒逼会使我们的改革更为紧迫，经济转型升级、产业结构调整、国企改革、科技创新都会加速，所以是好事。

再一个是对外，也是好事。比如，人家把企业办到中国来了，而我们的企业国际化水平还很低。贸易战我们要有自己的打法，就是我们的企业也要走出去，提升国际化水平。如果贸易战可以倒逼中国企业走出去，开拓更大的国际市场，这是好事。

玛雅：对贸易战可能给中国经济带来的冲击，你感到担心吗？

向文波：很多人对中美贸易战感到担心，我觉得这也许是好事。2008年国际金融危机爆发，我就觉得是好事。我国政府为了保增长、保就业，有效手段很多，回旋余地很大，显示出相当强的应对能力。这让我感到，我们国家国土面积大、人口多，又有这么强有力的政府，这是我们信心的来源。

玛雅：这么说，你的乐观是对国家有信心？

向文波：对。我对中国经济看好，是因为对党和政府领导经济的能力有信心。我认为，中国的政治体制和经济体制是适合现阶段发展要求的。面对来自外部的挑战，我们必须坚定地走自己的路，不要自乱阵脚，不要迈错步子。我们的方向是对的，这个方向是什么？首先是共产党一党执政。同时在经济上，一方面国家对战略资源实行国有，比如土地、石油、矿产，这些应该是国有化的；另一方面是竞争性产业的高度市场化。这两个方面把握好，中国的经济发展就会很有秩序，同时也不会缺乏活力。

玛雅：中国的政治体制被很多人诟病，你强调共产党一党执政的正确性，你是怎么认识的？

向文波：很多人认为中国的政治、经济体制存在这样那样的问题，但我认为，尽管有许多问题需要解决，尽管需要不断改革，但总体来讲，现行体制是符合中国现阶段发展要求的。中国现阶段发展要求是什么？就经济而言，我认为，就是坚持高速度高质量发展，追赶世界工业化国家，缩小差距，建设强大的现代化中国。我们现在这种中央集权的治理体制是有利于中国发展的，改革开放40年的成功证明了这一点。

在我看来，中国特色的发展道路有三个核心要素，即共产党执政、战略资源国有化和竞争性产业市场化。共产党一党执政是中国的现实需要，可以保持政治经济社会稳定，保证决策更有效率，也更有执行力。国家对战略资源的控制，使得政府对经济有绝对的宏观调控能力。另一方面，如果竞争性产业能够进一步市场化，就能借助中国经济的发展机遇，造就出一批世界级的企业。世界级的企业靠垄断经营是造就不出来的，因为效率和创新能力受到限制。

玛雅： 一方面需要有为政府，一方面需要有效市场。

向文波： 对。我对中国的经济发展充满信心，我也希望中国不要自乱阵脚。现在不光是外部挑战，国内的错误观念也不少，比如认为全面深化改革就是西方化——经济上完全市场化，政治上实行西式民主。我认为，中国不能完全市场化，为了保持经济持续稳健发展，我们希望政府有很强的宏观调控能力。中国也不能搞西式民主，因为这会带来动乱；动乱不但会阻碍发展，也不可能带来公平。

你看俄罗斯，原来很强大的国家，接受了西方那套以后，别的不讲，在经济领域和科技领域，它得到了所期望的发展吗？没有。所以我认为，中国在缩小与发达国家差距的时候、在国际上争夺话语权的时候，我们这种体制是最好的，最有优势。今天中国的发展成就充分证明，我们的道路自信、制度自信是有理由的。

为中华民族
贡献一个世界级的品牌

玛雅：中国民营经济经过40年的发展，交出了可喜可贺、具有"五六七八九"特征的成绩单，即贡献了50%以上的税收，60%以上的国内生产总值，70%以上的技术创新成果，80%以上的城镇劳动就业，90%以上的企业数量。国家支持民营企业发展，对各种所有制经济产权和合法利益坚持权利平等、机会平等、规则平等。从三一的经历来看，是否感到生存发展环境的逐步改善和扩展？

向文波：国家支持民营企业发展的政策从来就没有动摇。这已经成为共识，就是坚持基本经济制度，坚持"两个毫不动摇"。总体来讲，民营企业的生存环境在不断改善，发展空间不断扩大。比如，国家批准了我们的三湘银行，是三一自己的银行。另外还有久隆保险、汽车金融等业务，三一集团有了自己的金融板块。毋庸置疑，民营企业的发展空间越来越大，环境越来越好。

玛雅：三湘银行2016年12月26日正式开业。选择在毛主席诞辰日开业，令人感到意味深长。

向文波：三一重工也是12月26日成立的。这不是巧合，而是出于三一人对中华人民共和国开国领袖发自内心的敬重，也表达了三一人不忘初心、致力于中华民族伟大复兴的决心和信念。

玛雅：从观念看，中国人对民营企业的态度是不是也有变化？

向文波：变化不明显。中国是几千年的农业国，传统上比较轻商。文化的改变需要一个漫长的过程，大家对民营企业的看法不可能转变那么快，这很正常。但是我要纠正一个观点。很多人认为民营企业、民营企业家都是自私自利的，这个认识是错误的。我不讲什么高深理论，什么崇高理想，但是民族自尊心、爱国主义情怀，是我们中华民族几千年来一直就有的，一直在我们血液中流淌。中国革命的胜利，也得到过民族资本家的大力支持，大家都希望建立一个主权独立、领土完整、人民当家作主、高度文明发达的国家。今天的中国民营企业家，身上同样流淌着这样的血液，这是几千年来的传承。

在我看来，国有企业是共产党执政的基础，民营企业同样是共产党执政的基础。因为我们都有一个共同的追求，就是希望国家强大，人民生活富裕，中国在世界上有尊严、有地位、有影响力。这种诉求，你到大街上随便找一个中国人问问，大家都是一样的，我们是中国人，我们希望中国强大。

玛雅：中国今天是"世界工厂"，中国工程机械领跑世界产业，我们的大国重器、大国工匠理所应当受到尊重，也赢得了地位。不是吗？

向文波：你说的，我认同。但我也希望，大家对今天的中国工程机械行业，能有更多的认知。很多人至今还认为，中国的工程机械不如外国的，这是不客观的。今天的中国工程机械世界领先，具有很强的全球竞争力。这背后的逻辑是，当今世界技术难度最大的工程都在中国——高速公路网、青藏铁路、三峡工程等等，哪一个不是工程技术难度巨大。中国改革开放40年，最大的变化就是城市化。中国现在是全世界高楼最多的国家，一个工程就有几十万方混凝土。毫无疑问，当今中国的施工技术世界一流，而一流施工技术的背后靠的是工程机械的支撑。

欧美的工业化早就完成了，城市已经"凝固"，一二十年不会大变样。他们的施工机械不盖高楼，一般排量很低，满足工程需要就行。中国完全不一样，高楼一栋比一栋高。我们当初吃尽了苦头，当年在广东省公安厅工地，我们6台拖泵作业，怎么都打不上去。最后都不敢去现场了，工地瘫痪，老板罚款。

玛雅：当初"走麦城"的经历，如今成了一笔财富，说明三一走到今天，是一路荆棘奋斗过来的。

向文波：是啊。后来我们推出了高压力、大排量的拖泵产品，一夜之间市场占有率超过50%。我们的泵车臂架原来最高37米，现在86米。现在你的楼建多高，我们就能泵送多高。三一首创的最长泵车、最大起重机等一系列产品，满足了中国施工的需要。在国际上，日本福岛救援，只有中国三一和德国普迈的产品能参与救援。现在普迈被我们收购了，三一的混凝土机械世界第一，绝对领先。目前在中国的装备制造领域，能够完全替代进口的行业，可能就是工程机械了。所以我希望大家改变认知，不要以老眼光看待中国工程机械行业。

玛雅：2012年我们访谈时，你谈到，三一重工所有的董事及其配偶和子女，没有一个人移民海外，在海外也没有个人资产。现在呢？

向文波：现在仍然是这样。

玛雅：你当时说，"我们希望将自己的命运和前途与祖国联系在一起。"

向文波：这是我的真实想法，也是我的理想，就是不忘初心，为中华民族贡献一个世界级的品牌。这是我矢志不渝的奋斗目标，前几年当工程机械行业经历5年下滑、三一重工面临生死抉择的时候，我也没有动摇过，没有放弃这个目标。如果说，这世上还有一件事，值得我一个56岁的人去为之奋斗的话，那就是，一定要为中华民族贡献一个世界级的品牌。

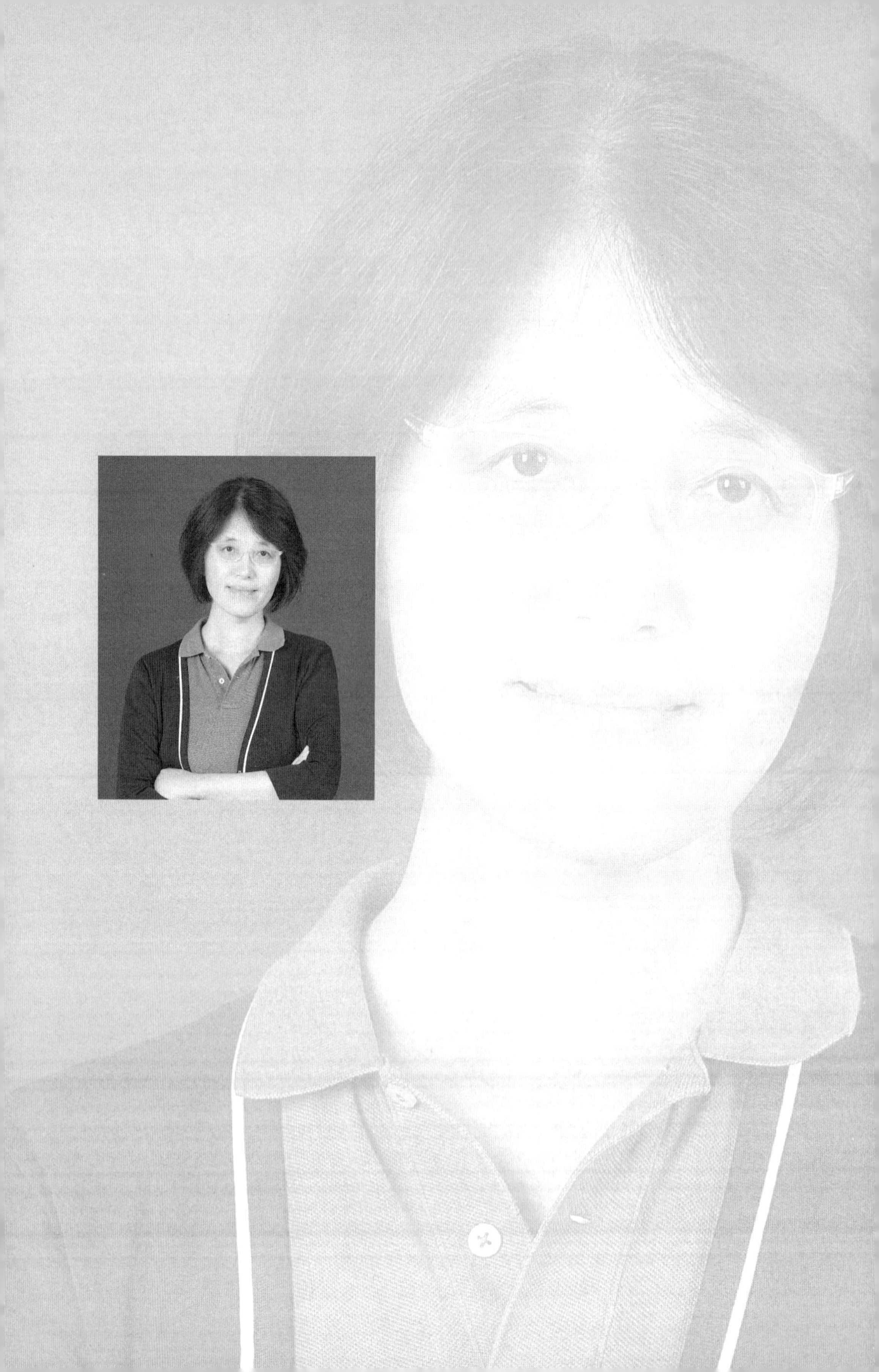

新中国的医疗模式与新时代健康中国之路

李玲

北京大学国家发展研究院教授、
北京大学中国健康发展研究中心主任。
主要研究方向为卫生经济学、公共财政学。
主要著作有《健康强国：李玲话医改》
《中国公立医院改革——问题、对策和出路》（合著）
及论文《人力资本、经济奇迹和中国模式》等。
2018年荣获中华医学科技奖卫生政策奖。

前30年我们创造了
一个中国奇迹

玛雅：新中国 70 年卫生健康事业取得了巨大发展。你长期研究中国以及世界各国的医疗卫生体系，中国医疗保障的总体情况如何？在世界上处于什么水平？

李玲：谈新中国 70 年的医疗保障，要分为改革前后两个时期。前 30 年我们创造了一个中国奇迹，因为没有哪个国家可以花那么少的钱，就解决了老百姓的基本医疗问题。而且我们走的路，真正是一条中国道路，它改变了工业革命以后的西方医学模式。西方医学模式是往高精尖走，科学技术越来越发达，医生一定要经过专业化、正规化培养。对于发展中国家来说，这就造成了越来越多的人看不起病，因为个人没钱，政府也付不起。而中国走的是另外一条路，农村的赤脚医生，这是中国人的一大创举。赤脚医生不是正规的医生，按照今天的标准根本就没有行医的资质。但是毛泽东当时说过一句话：这总比去庙里拜菩萨、吃香火好，比没有好。西方经济学有个理论叫"干中学"，其实赤脚医生就是干中学的产物。用很短的时间给他一个培训，然后他就边干边学，用中医的手段处理一些常见病、多发病。

玛雅：中国当时那么穷，却用这样的土办法给老百姓提供基本医疗保障，实在了不起。

李玲：这得益于我们的社会主义制度和共产党的组织形态。1949年新中国成立，建立社会主义制度，奠定了一个好的政治基础。在这个基础上，新中国成立初期，在一穷二白、基本生存条件都不具备的情况下，消灭了传染病，普及基本医疗卫生服务，大大提高了人民的健康水平。

这一切是怎么做到的？关键就在于共产党超强的组织能力。中国革命为什么能成功，是共产党把广大民众组织起来，人民战争无坚不摧。新中国为了人民健康，共产党又把基层百姓组织起来。农村合作医疗就是将这种组织能力、组织资源与传统的中医结合起来，靠发动群众开展群防群控，让每个人都成为健康的劳动者。赤脚医生不是真正的医生，他们是维护农民健康的组织者，给农民卫生健康的普及教育，预防疾病，治疗一些常见病。这种医疗模式效果非常好，把我们的制度优势转化成了人民健康福利。从1949年到1978年，中国人口翻了一番，人均预期寿命翻了一番——从35岁增至68岁，这是空前绝后的世界奇迹。

玛雅：今天谈到中国增长奇迹，都会谈人口红利。如果不是前30年打下人民健康的基础，就没有后来经济发展的劳动力资源。

李玲：确实如此。国际卫生组织1978年在阿拉木图召开年会，那是一个里程碑式的大会。会上签署了"阿拉木图宣言"，主要内容是到 2000 年实现 health for all（人人享有健康）。它的背景就是推广中国经验，因为中国解决了这个问题，走出了发展中国家的路，这给了国际卫生组织极大的鼓舞。后来大量的发展中国家都是学的中国经验。你到印度尼西亚、马来西亚、泰国去，他们说，我们的医疗体制是学的你们中国，包括印度也是学的中国。

但是历史的诡异之处是，1978 年中国开始转型，国际卫生组织最推崇的农村合作医疗制度以及赤脚医生队伍由此开始土崩瓦解。因为这个制度依附的是农村集体经济，集体经济没有了，它也就失去了存在的基础。

玛雅：由此带来的前后两个时期的最大变化是什么？

李玲：最大的变化是，前 30 年医疗卫生的重点是在农村，医疗资源的配置，包括人才培养，都是想方设法解决健康普及的问题，城市大医院的医生都下农村巡回医疗。而 1978 年以后医疗卫生的重点从农村转为城市，优质资源都往城市集中，城市医院发生了翻天覆地的变化。尤其是大城市的大医院，医疗技术赶上了世界水平，有能力或者有权力的人享受到的医疗服务是国际一流水平的。然而，农村逐渐被淡忘，农民基本没人管了。包括城市里不在社会保障体系中的人群，基本上是小病拖着，大病扛着，医疗完全变成了个人的责任。

在这个过程中，随着国有企业改制，政府税收不断削减，政府在医疗上的投入也逐年下降。1978年政府投入占总的卫生投入30%以上,再加上企业投入,个人的医疗负担平均不到20%。但是到了2002年,政府投入下降到17%,这在全世界都是很低的。个人医疗费用比例高达60%以上,也是世界上很高的。

纵观70年中国医疗卫生的发展,实事求是说,作为我们这个人均收入水平的国家,我们的医疗水平,包括健康指标,是高于收入水平的。但是改革前后两个时期走的是完全不同的路,各有利弊。如果从健康绩效来衡量,改革后是远远低于前30年的。这和我们后来的制度安排有很大关系。农村合作医疗瓦解后,公共卫生没有了,不少农民回归到有病不治的状态。特别是生孩子,有些地方去医院生不起,只能在家里生,死亡率上升。

玛雅:这是一个倒退。

李玲:的确,健康绩效一下子就下来了。

2003年SARS的发生是个转折点。那场传染病给了我们一个警醒:如果只注重经济发展,一场传染病可能就让你的经济成果化为乌有。2003年以后,中国政府对医疗卫生的重视程度加强了。农村新型合作医疗开始实施,健康绩效提高很快,产妇、婴儿的死亡率大幅下降。随后,基层医疗改革也提上了日程。

总体来说,中国的健康水平超越我们现在的经济发展水平。

我们走过一段曲折的路，现在重新回到正确的方向上了，正在往前走。

三年基层医改
是一次给共产党加分的实践

玛雅：2009年国家正式启动新医改，短短三年时间，到2012年医疗保障覆盖率就从30%上升到95%。世界卫生组织总干事陈冯富珍称赞说，中国医改取得了举世瞩目的成绩，是以人为本的好政策。

李玲：成绩确实了不得。基层医改这三年，我一直都参与了。有些地方做得很好，比如陕西神木县，搞全民医疗。我和当时的神木县委书记郭宝成聊过，他很有思想。他说，经济发展了，政府有钱了，不就是给老百姓谋福利吗？所以他率先实行免费医疗、免费教育，特别受欢迎。老百姓发自内心说，共产党好，人民政府好，共产党应该永远执政。

玛雅：老百姓心里有杆秤，就是共产党能不能为人民做好事、做实事。

李玲：基层医改做得最好的是安徽。安徽省时任常务副省长孙志刚，他真去干，真去改。他认为，要真正解决老百姓的看病问题，乡镇卫生院一定是不能赚钱的，必须回归公益性。他亲自设计医改方案，采用竞争性的用人制度和激励性的分配制度，严格岗位定位，实行优劳优得。他最厉害的设计是药品的招标采购，那真是中国人的智慧。他说，我是6800万人的市场，我给市场；一个药我只招一家，你中标以后这个市场全是你的，你不需要公关了。这样一下子就把药价杀下来了。

玛雅：共产党里不乏真正干事儿的人。

李玲：这就是为什么我们的制度是有希望的。当时的李克强副总理推动医改的功劳很大，他很好地利用了我们制度的优势，动员组织各级干部落实医改。他多次召开现场会，从各地医改的实践中总结经验教训。他很快就发现了安徽经验，并不断指导和推进，最终将安徽经验上升为全国模式。2010年底，孙志刚被调到北京，担任国家医改办主任，负责推动基层医改。我们的体制就是应该大力提拔这样的干部，而不能是那些跑官买官、不干正事儿的人"噌噌"往上升。

玛雅：安徽模式在全国推广了？

李玲：是啊。从某种程度来说，是安徽医改推动了基层医改。2011—2012年，安徽模式在全国推广，效果一下子就显现出来了。农民现在看得起病了，普遍反映非常好。老百姓说，这些年共产党干了两件好事：义务教育和医疗改革。

玛雅：三年基层医改是一次给共产党加分的实践。

李玲：加太多的分了。某种程度上，这三年医改巩固了党在基层的执政基础。一些外国同行在与我交流时，最佩服的就是中国医改的高效率和强大执行力。在国外，即使方案设计出来了，也不可能操作。而我们的政治制度决定了，只要想干，我们的执行力是非常强的，有能力破除不合理的利益格局，真正为老百姓提供保障。

中国医改：
一个从上到下边学边干的模式

玛雅：2006年你曾就医改专题给中央政治局授课，你的印象如何？可不可以说，中国最高领导层是一个善于学习的集体？

李玲：中央政治局集体学习的制度是中国式的创新，真的是非常独特的。我当时身在其中，感到一种震撼！中央政治局委员加上各部的正部长，七八十个人在一起学习，每月一次，这确实是中国特色。虽然我讲的内容不完全是我个人的观点，我们是组织一个班子来准备讲稿，但最后讲的内容还是经得起检验的。我谈到，医疗卫生要在党的领导下，坚持政府主导，回归公益性，建立覆盖全民的基本医疗保障制度，实现人人享有卫生保健服务的目标。

总的感觉，这种学习模式非常好。政治局每个月集体学习，至少在这个领域，他们花了一个半天的时间听课、讨论，掌握的知识量、信息量比较大，对每个专题所讲的内容有比较深入的了解。中国的改革不断深入，没有现成的理论和模式可以效仿。但只要领导人不断学习，发现问题，针对问题找出答案，积极解决问题，我们的领导力就能与时俱进，不断加强。

玛雅：如果把中国领导人和美国领导人做个比较，你的观察和评价如何？

李玲：国外各方面的人经常来中国访问，我在跟他们的交流中发现，他们基本上都认为，就单打单的水准来说，中国领导人比美国领导人水平高。我想，这是因为我们领导人的学历比较高，还有中国的事情太复杂，他们在实际操作中得到许多经验，人才是用出来的！我们的领导人不断在学习和实践。而美国是一个相对稳定的社会，领导人就管那一点点事儿，所以惰性比较强，与时俱进的本事不够大。这一点，我比较赞成香港中文大学王绍光教授总结的"边学边干的模式"。

其实中国医改就是边学边干的模式,在边学边干中取得了今天的成绩。中央对新医改非常重视,政治局先后两次集体学习。从中央领导集体来说,新医改从方案的研究制定到贯彻实施,就是一个边学边干的过程。在落实医改的过程中,安徽省通过深入调研,设计出一系列配套政策。安徽这种创新精神和制度设计得到中央的肯定,被认真加以总结并在全国推广。

现在回头看,这整个过程就是一个从中央到地方学习、实践、总结、推进的过程,是边学边干的模式。这也是一条具有中国特色的社会改革的操作路径,在制度的破旧立新中探索前行。三年基层医改的成功经验,充分证明了中国模式的可行性。这种模式不仅适用于医改,也为今后其他领域的改革提供了有益的启示。

医疗改革考验
国家治理体系和治理能力

玛雅:新医改从2009年开始,已经基本达到全覆盖。目前医疗、医药、医保"三医联动"改革，以及分级诊疗、现代医院管理、药品供应保障、综合监管的制度建设也在推进中。从国家层面来看，不能说决心不大、力度不大。可是为什么政府投入大大增加，老百姓看病的负担仍然过重，没有充分享受到医改带来的红利？

李玲：新医改到现在 10 年了，取得了很大成绩。基本医疗保险已覆盖近 14 亿城乡居民，这是非常大的进步。但另一方面，全国医疗费用不断增加。2009—2018 年这十年，财政投入近 9 万亿元，2018 年一年就是 1.5 万亿元。可是就像你说的，这么大的投入进去，看病却越来越贵，越来越难，个人花钱比原来还多。水涨船高，费用在不停地涨。

玛雅：为什么会出现这种情况？

李玲：医疗卫生制度是现代国家制度一个非常重要的组成部分，医改走到今天，实际上考验的是国家的治理体系和治理能力。换句话说，医改是个窗口，能看出我们国家宏观治理的水平和存在的问题。

玛雅：是什么样的问题？方向性的还是政策性的？

李玲：两方面都有。在方向上，我们的医疗卫生还没有真正回归公益性的本质。在政策上，现在的单项政策改革改变不了公立医院逐利创收的机制。

这些年改革力度最大的是基本医保全覆盖，但是这没有改变市场化条件下医院的性质。只要医院逐利创收的机制不变，国家医保投多少钱都无济于事。人类社会探索到今天，要么实行全民医疗制度，就是国家办医院；要么是全民医保制度，国家通过医保管控医院。我们现在公立医院国家基本不给钱，然后用大量的财政资金办医保，把钱"分给"千家万户；再让医院从医保里收费，去挣这个钱。我说这叫"反弹琵琶"。

本来国家直接把钱投给医院，同时积极加以监管，老百姓看病的问题就能解决。现在国家把钱投给个人，医院一转手就给挣走了，给多少都挣走了。而且给得越多，挣走越多，所以水涨船高，看病越来越贵。

医药领域问题更大。几千家药企过度竞争，造成中国的药品生产严重过剩。这个过剩不是像牛奶一样倒掉，是靠贿赂医生、贿赂医院来拼命推销，造成药品、耗材价格虚高，几十倍、上百倍上涨。2015年底，全国的执业医师只有252万名。而全国现在从事医药、耗材经营的有近300万人，其中医药促销代表240万人。他们给医生不应得的收入，致使医生过度医疗、大开处方，使得医疗费用不断上升。

玛雅：换个角度说，中国人看病难跟需求大有多大关系？中国现在一年的门诊量90多亿人次，住院2亿—3亿人次，太惊人了。

李玲：我们的一些需求是被造出来的。医疗是个非常特殊的领域，你去看医生，需不需要吃药，需不需要做各种检查、动手术，是由医生来决定。医生既是供给侧，为你提供医疗服务，同时你的需求又由医生做主。如果医院的体制机制是市场化的，逼着医生去创收，那可想而知，过度的检查、过度的用药、过度的医疗，一定是普遍现象。

这几年公立医院改革，各项政策都在推——取消药品加成、药品招标采购、提高服务价格等等。但是这些都是单项政策改革，治标不治本，这样改来改去，我们的医院还在逐利创收的老路上。而且单项政策落地后，可能产生事与愿违的效果，按下葫芦起了一串儿瓢。我们研究发现，2016年以后全国的县级医院都取消了15%的药品加成。取消加成后，药品的费用下降了一些，但是检查费、医疗费上升很快，所以总的费用还在上升。那么可想而知，为什么国家投入不断增加，老百姓看病还是贵，越来越贵。

玛雅：也就是说，我们的医疗体系至今还在市场化的漩涡里打转。

李玲：我们要深刻想一想，毛泽东时代花很少一点儿钱就可以基本保护老百姓的健康，现在花那么多钱为什么保护不了？这说明我们的治理体系有问题，钱浪费了。

健康无价，医疗服务有价。如果按照市场化、商品化的方式提供基本的医疗服务，必然导致医疗服务机构的经济利益和患者健康利益的冲突。纠正医疗卫生领域过度市场化、商业化的问题，首先要从思想认识上正本清源。我们党是为人民服务的党，我们国家是社会主义国家。这就决定了，无论经济、社会发展到什么程度，都要毫不动摇把公益性写在医疗卫生事业的旗帜上，不能走全盘市场化的路。

中共十九大提出，实施健康中国战略。习总书记说："要完善国民健康政策，为人民群众提供全方位全周期健康服务。"我认为，实施健康中国战略，给我们的卫生健康事业提出了明确的目标。健康不仅仅是身体没病，而是身体的、精神的和社会福利的一个完美状态。医改也不是单纯让老百姓能看上病，看好病，更重要的是构建一个体系，让老百姓少得病，少得大病，得到全方位全生命周期的健康管理。

玛雅：这是方向问题。建设健康中国是以人民为中心发展理念的体现，是中国特色社会主义的应有之义。

李玲：方向明确了，接下来就是改革的政策措施问题。我认为，10年医改没有解决看病难、看病贵的问题，原因是我们的改革缺乏系统性、整合性。我们进行了多个单项政策改革，但是医院还在逐利创收的轨道上往前跑。解决这个问题，接下来的改革必须是系统性、整体性、根本性的，就是换轨，也就是换制度。一定要把逐利挣钱的机制改掉，让医疗卫生真正回归公益性质——它不是为人民币服务，是为人民健康服务。

三明医改：
让公立医院回归公益性质

玛雅：这种逐利机制已经运行了40年，形成了牢固的利益格局，"换轨"意味着打破这种利益格局。这样的改革势必阻力重重，你觉得推得动吗？

李玲：我觉得大有希望。当今时代是一个充满变革的时代。这个新时代给我们最大的一个信心就是：在大变革的时代我们中国能不断地变，而且是朝着正确的方向变。这些年医改的一大亮点，是福建三明的医改。三明医改做得好，关键就在于换轨——破除旧制度，建立新制度。

三明医改首先改的是政府，因为新制度谁来建？只能政府来建。三明第一步是建立了真正有实权的医改指挥部，就是医改领导小组。三明是地级市，有12个县22家公立医院。政府把新轨建好后，2013年1月1日，22家医院同时启动，换到新轨上。

玛雅：是什么样的新轨？

李玲：社会主义人民医院的新轨。三明医改是系统的综合性改革：医疗、医药、医保"三医联动"，降低虚高药价，切断以药养医之路，城镇职工医保、居民医保、新农合"三保合一"，调整医疗服务价格，推动院长、医生全员目标年薪制。经过几年的实践和不断完善，三明走出了一条政府办公立医院的新路，实现了"三个回归"：让公立医院回归公益性质，让医生回归看病的角色，让药品回归治病的功能。

玛雅：22个医院同时换轨，动了多少利益方、多少人的奶酪，其中的阻力可想而知。

李玲：阻力相当大。三明市委、市政府正是在与利益集团的博弈中强力推动医改，探索出一条切合中国实际、以健康为中心的新型医疗服务体系。

三明医改之前，每年医药费增长20%左右；医院收取的医疗费用中，100块钱的60%以上都是买药付出。2013年，如果不改革，它的药费是14个亿，改革后是7个亿。这是巨大的利益调整，必须要有能干肯干、真正愿意为人民服务的官员才能做到。实际上，三明医改的关键就在决心。没有党委政府下决心去改，这盘棋是走不下去的，因为阻力太大。所以三明医改先从政府开始，然后整治医药，同时大幅度提高医务人员的价值。

三明医改对医务人员的薪酬制进行了彻底改革，建立符合医生行业特点的分配制度，真正让优秀的医生得到好的待遇。一个令人非常欣喜的现象是，三明的高考状元选择报考医学院。因为在三明，医生有非常体面的收入，是一个令人尊敬和值得年轻人追求的职业。

玛雅：如何评价三明医改的示范效应？

李玲：路已经很清楚了，中国医改就应该复制三明模式，实行系统的综合性改革。我们用三明的数据做了研究，到国际上讲三明医改，外国专家非常惊讶，说你们中国可以这样改革呀？在一个欠发达地区能探索出这样的系统性的改革。他们说，其实现在的"西方病"就是需要系统性的改革，但是他们做不到，没办法这样改。

我觉得，中国今天问题很多，因为我们还是发展中国家。但是中国最有希望的，就是我们有制度优势。我们能系统地改革，并且能够整体推进。2016年，福建成立了全国首个省级医疗保障管理委员会办公室，以健康为核心，全面推进医改。

玛雅：国家也肯定了三明医改，要总结推广三明经验。

李玲：是的，三明经验已经上升为国家模式。2018年全国两会，国家进行了政府机构改革。我们现在有了指挥健康中国建设的国家卫生健康委员会，还有国家医疗保障局。国家医保局的建立就是实施医疗、医药、医保的整合，是三明医改的"国家版"。"三医联动"改革的模式或者路径我们已经找到了，就是社会主义的医改，为人民服务的医改。

背离社会主义
是颠覆性的错误

玛雅：你主张全民免费医疗，在学界、政界的"市场派"看来，你这是逆天。

李玲：全民免费医疗是社会主义国家创立的。现在世界上大多数国家都给老百姓提供免费医疗，中国作为社会主义国家为什么做不到？这不是能不能做的问题，而是愿不愿做的问题。从三明医改的经验来看，医改不是医疗领域的技术问题，它是一个政治社会问题。医改能不能做好，第一在于政府的执政理念，第二在于执政能力。只要有这两条，医改一定能做好，我们完全可以重建社会主义医疗保障体系。

我认为，中国的体制关键就在用人。只要能把贤明能干的人挑选出来，放在最重要的岗位上，这个体制就可以运转自如。实事求是说，如果用对了人，中国医改不是什么世界难题。现在反腐，抓了一批贪官。贪官该抓，但那些不干事儿的庸官危害大不大？用人的腐败是最大的腐败，从上到下，靠不正当手段上去的人占着位子不作为，造成的危害误国误民。这是什么样的成本啊！

玛雅：我看到一篇文章，说毛泽东的许多破与立都是真正代表人民大众的利益，所以培养出数以百万计吃苦在前、享受在后，全心全意为人民服务的好干部。我觉得今天也应该这样，不但要破，还要立。贪官要反，同时也要提拔一批好官，在民生领域多做些实事儿。好官的标准是什么？就是共产党的宗旨——全心全意为人民服务。

李玲：你说得很好。毛泽东当年抓革命、促生产，现在应该反腐败、促民生。到基层调研，老百姓说，我们很赞成反腐，但是我看病还是贵呀！继续反腐老百姓肯定拥护，但是老百姓没得到实惠，时间长了大家就疲了，就都成了看客。所以我说，反腐大快人心，促民生才能大获民心！

玛雅：说到反腐，2015年仇和落马，他当年在宿迁推行的公立医院私有化改革也以失败告终。宿迁改革失败最大的教训是什么？

李玲：最大的教训是，医疗是一个市场几乎完全失灵的领域，甚至可以说，所有的市场手段在医疗领域都是起的反作用。如果将医院当商场，将医生当商人，过度医疗就无法控制。结果就是医疗费用一路上涨，老百姓看病越来越贵、越来越难。所以在医疗领域，政府应该承担责任，尤其在一个社会主义国家。不能放任逐利的机制兴风作浪，否则老百姓遭殃，政府也遭殃，社会主义的优越性名存实亡。

政府不是万能的，但民生领域是政府应尽的责任。我们过去忽悠，"不找市长找市场"，什么都到市场去找，这是因为我们对经济和社会发展的认识有局限性。即使是资本主义国家，社会领域也基本都是社会化管理，而不是市场化管理。而我们很多人的理念是，社会领域就该分，卖医院，卖学校，分到每个人的责任。这是非常错误的。政府到底应该干什么？以什么样的路径和方式来给老百姓提供民生保障？怎么能把社会主义国家的优势充分发挥出来？而不是把我们的优势丢掉，去学别人的劣势。奥巴马当年在美国推行医改，他要是有我们这么一批公立医院在手上，睡觉都笑醒了。我们有公立医院，却要卖掉，这是本末倒置。所有民生领域的建设和创新都是社会主义国家的最大优势，你把优势丢掉，你的执政基础在哪儿呢？

玛雅：国家卫健委等十部委近日发布《关于促进社会办医持续健康规范发展的意见》。《意见》提出，各地要严格控制公立医院数量和规模，为社会办医留足发展空间。这令人感到困惑。中共十九大指出，从2020年到2035年，再奋斗15年，我国基本实现社会主义现代化。人民生活更加宽裕，基本公共服务均等化基本实现，全体人民共同富裕迈出坚实步伐。不忘初心，方得始终。我们的目标是实现"社会主义现代化""公共服务均等化"，为什么却要限制公立医院发展来促进社会办医？难道社会主义现代化靠市场化、私有化来实现？

李玲：这项政策本意是希望公立医院不要走规模扩张的路，给民营医院发展留出空间；民营医院的发展不仅能倒逼公立医院改革，还能拉动经济发展。但问题是，政策制定者对老百姓的现实需求，对公立医院现状、民营医院情况以及医疗卫生的规律都缺乏了解。中国民营医院占全国所有医院的数量已经达到63.5%，是世界上民营医院最多的。民营医院的发展需要时间，需要好的社会环境，需要政府强有力的监管。我们目前民营医院虽然数量多，但服务能力和信誉还有待提高。老百姓就医首选还是公立医院——公立医院以35%的市场份额提供了80%以上的服务。

欧盟前主席普罗迪多次呼吁：中国一定要吸取其他国家的教训，医疗市场不可能公立和私立对半儿平分；不是东风压倒西风，就是西风压倒东风。医院最核心的资产是医生，公立医院办得好，好医生就会都在公立医院；反之亦然。所以发达国家基本上都是公立医院占主导，英国达到90%以上。美国是私立医院占主导，但美国的医疗体系是最差的。

习近平总书记屡屡强调："毫不动摇坚持和发展中国特色社会主义。"社会主义是中国最大的软实力，是凝聚亿万民众的根本制度。这个一旦动摇了，就没有共产党的执政地位。把国有企业和公立医院、学校都交给资本办，我不否认他可能办得很好，因为市场上拼出来的这批人很能干。但是都交给他来办，老百姓的利益就可能被他的"能干"搞到他个人的腰包里。如果任由他们搞这制那制，变着法儿把仅剩的一点儿国有企业折腾光，决定上层建筑的经济基础改变了，那还如何保障大多数人的利益？

玛雅：也许有些人认为，只要坚持共产党领导这一条，就能稳得住。

李玲：资本的规律是不以人的意志为转移的。这一点，你学政治学的更明白，他一定要自己登上历史舞台。他先要找代理人，到了一定时候他就和你分道扬镳了。这才是所谓"颠覆性的错误"，往这个方向再走下去是不可逆的。

玛雅：一旦跳上资本的战车，缰绳却不在自己手里，就危险了。

李玲：习总书记说，促进社会公平正义，就要坚持公有制为主体、按劳分配为主体，就要促进共同富裕。国有企业不但不能削弱，而且要加强。说实话，如果没了公有制，没了国有企业这个抓手，政治上就是一场空。政治需要经济基础支撑，如果整个基础都变了，你还谈社会主义，跟谁谈呀？

为什么人的问题
是根本的问题

玛雅：在民生领域推行市场化改革，不光造成老百姓看病难，现在普通人家孩子上学也难，住房、养老都难。

李玲：这几个方面过去恰恰都是我们社会主义制度的优势，是我们自己给丢掉了。过去国有企业有医务室，有托儿所和学校，有家属区，民生问题基本解决了。后来说企业不能办社会，把这些都一刀切了。现在回头看，我们过去的机制设置其实是非常好的。你在这个企业工作，你的一切和这个企业是联系在一起的，你自然而然就以企业为家了。我上中学时曾经下工厂劳动一年，那些老工人觉悟非常高。我们中学生不懂事，干完活用润滑油洗手，工人看到马上制止，说你们这是浪费国家财产。那时候的工人真的是把工厂当成自己的家。

中国走到今天，在民生保障方面曾经走出一条适合国情、适合我们制度安排的路，但是后来由于种种原因放弃了。所谓的"与国际接轨"造成的最大恶果就是今天的"新四座大山"——看病难、上学难、养老难、住房难。这一切都是因为我们太相信市场了，以为市场真能搞定一切。我们现在还没有从这个偏向走回来，这是下一步发展最需要警醒的。

玛雅：已经走到了这一步，还回得来吗？

李玲：必须得回呀！习总书记讲改革开放前后两个时期不可分割，这话意义非常深远。人类历史是在不断探索中前进的，我们不能因为有过一些失误，就把前面所有的事情都否定了，把婴儿和洗澡水一块儿泼出去。

2014年习总书记访问印度，说要学习印度的经验，从印度进口更多的药品。我当时非常感慨：印度当年是学的我们呀！而我们现在又去学印度了。印度的仿制药世界第一，是40年前从中国学到的经验，今天成了最好的仿制药大国。不光印度，全世界很多国家都在学我们当年的做法，而我们自己却成了这个局面。

玛雅：这是历史的吊诡。

李玲：这背后的问题是，国家的管理部门在理念上需要澄清，在结构上需要调整。新中国前30年在那么穷的时候，为什么老百姓能看得起病，吃得起药？共产党和政府把人民健康放在优先发展的战略地位。1949年刚解放时一支青霉素一根"大黄鱼"（金条）都买不到，那不就是今天的奢侈药吗？那时候我们怎么做的？国家组织大规模生产，实行补贴，流通是国家三级批发。新中国最早建起的药厂是华北制药，大量仿制青霉素，就把青霉素从奢侈品变成了"大白菜"，2分钱一支，老百姓当然用得起。

玛雅：说到底，是为谁服务的问题。就像毛主席所说，为什么人的问题，是一个根本的问题。

李玲：当年条件远远不如现在，但抓什么问题都是抓在关键环节，一举就能解决问题。医院是国家办的，医务人员是国家培养的，药品是国家生产的，流通也是国家控制的。医疗形成了一个有效的合作体，费用很低，老百姓就能看得起病。

我认为，所谓国家治理体系和治理能力现代化，一个重要的内容是社会建设。政府最该作为的是在民生领域，因为市场在这里是失灵的，政府必须得管。我们的领导干部应该好好想一想，现在老百姓最关心的是什么、最需要的是什么。要真下一番功夫去谋划，去管理，现在下的功夫远远不够。特别重要的是加强党的领导。科教文卫都是民生领域，与老百姓的生活息息相关，一定要配备强有力的干部，而不是为了满足班子的人员构成凑一个人去分管。其实以中国政治体制的优势，医改根本就不难。

玛雅：2018年，国家降低了抗癌药、专利药等17种药品的价格，平均降价50%左右；重新修订了基本药物目录，从520种调整到685种；在全国部分城市开展了国家药品集中采购，进一步降低药价。这些惠及老百姓的举措带来了实实在在的利好，受到普遍欢迎。

李玲：所以我说，反腐大快人心，抓民生才能真正获得民心。抓民生，医疗是个好的突破口，我希望医疗可以作为这一届中央的一个重点。不夸张地说,由于生活方式、环境污染、食品安全、心理压力等方方面面的问题,现在的人都病了——这是改革开放最大的副产品。老百姓现在最担心的就是医疗,政府在这方面是可以大有作为的。只要中央出手,这事不难,一举就能拿下,老百姓看病可以低费甚至免费。这样做,就能大获人心。

把社会建设作为全面深化改革的抓手

玛雅:所以你提出,要以社会建设引领全面深化改革,凝聚增长新动力。

李玲:把社会建设作为全面深化改革的抓手,一方面能够解决迫在眉睫的民生问题,确保初战告捷,凝聚民心;另一方面又能引领经济、政治改革,重新凝聚新的增长动力,重构市场经济的社会基础,建设名副其实的社会主义市场经济。也就是说,社会建设承前启后,既是经济建设的延伸和深化,又是民主政治和党的建设的基础和铺垫。

在我看来,"中国道路"与其说特殊在经济发展道路,不如说特殊在社会发展道路。社会革命先于经济革命、社会建设促进经济建设,是改革开放前后两个时期的共同经验,是中国道路成功的一个秘诀,是中国特色的"特"之所在。历史和现实都证明,社会主义是中国最大的软实力,是新中国后来居上的法宝,是共产党凝聚人心的旗帜,也是今天全面深化改革的人间正道。

玛雅:社会主义制度下,共产党是中华大家庭的当家人。如果过分相信和依赖市场,政府不再以民为本、为民做主,让老百姓自立门户、自谋生路,社会主义就名存实亡了。

李玲:什么叫现代社会治理?现代社会治理就是组织起来,建立富人帮穷人、年轻人帮老人、健康人帮病人的制度,给老百姓提供基本的社会保障。并不见得要全免费,毛泽东时代也不是免费,是低费。组织起来,大家一分摊,成本就低了。共产党走到今天,凭的就是超高的组织能力。这些年来中国所有最大的成就——航天、高铁、奥运会,包括抗震救灾,一定是发挥了共产党的组织优势。

所以应该清醒地认识到,我们的优势在哪里。发展市场经济,市场要利用,但它就是个平台。不要把市场当成魔棍,它变不出花样来。中国道路的成功在于有一个代表人民、有强大治理能力的国家,从而能够为市场经济和社会发展奠定公平正义的前提。在今天,如何使这样的国家不变色,要靠完善的制度体系，也就是国家治理现代化。这是新一届中央领导集体的使命。

玛雅：坚持中国道路，保证社会主义国家不变色，这是路线问题。

李玲：毛泽东那代人能够胜利，其实就是路线正确。路线正确了，没有人可以有人，没有枪可以有枪。在正确路线的指引下，中国创造了全世界至今还在学的基本医疗卫生制度。在今天，当中国经济总量成为世界第二时，我相信，只要坚持正确路线，坚持中国的发展道路，我们一定可以重建社会主义医疗保障体系。

中国医改正朝着正确的方向推进，我们要有信心，还要有耐心，给改革一点儿时间。中国有丰富的实践经验，有政治制度的优势、文化的优势，我相信，借助现代信息技术的支持，我们能有效地把这些经验和优势集成起来，一定能探索出新时代的健康中国之路。这条路，如果我们能走出来，就是对人类文明的一大贡献。

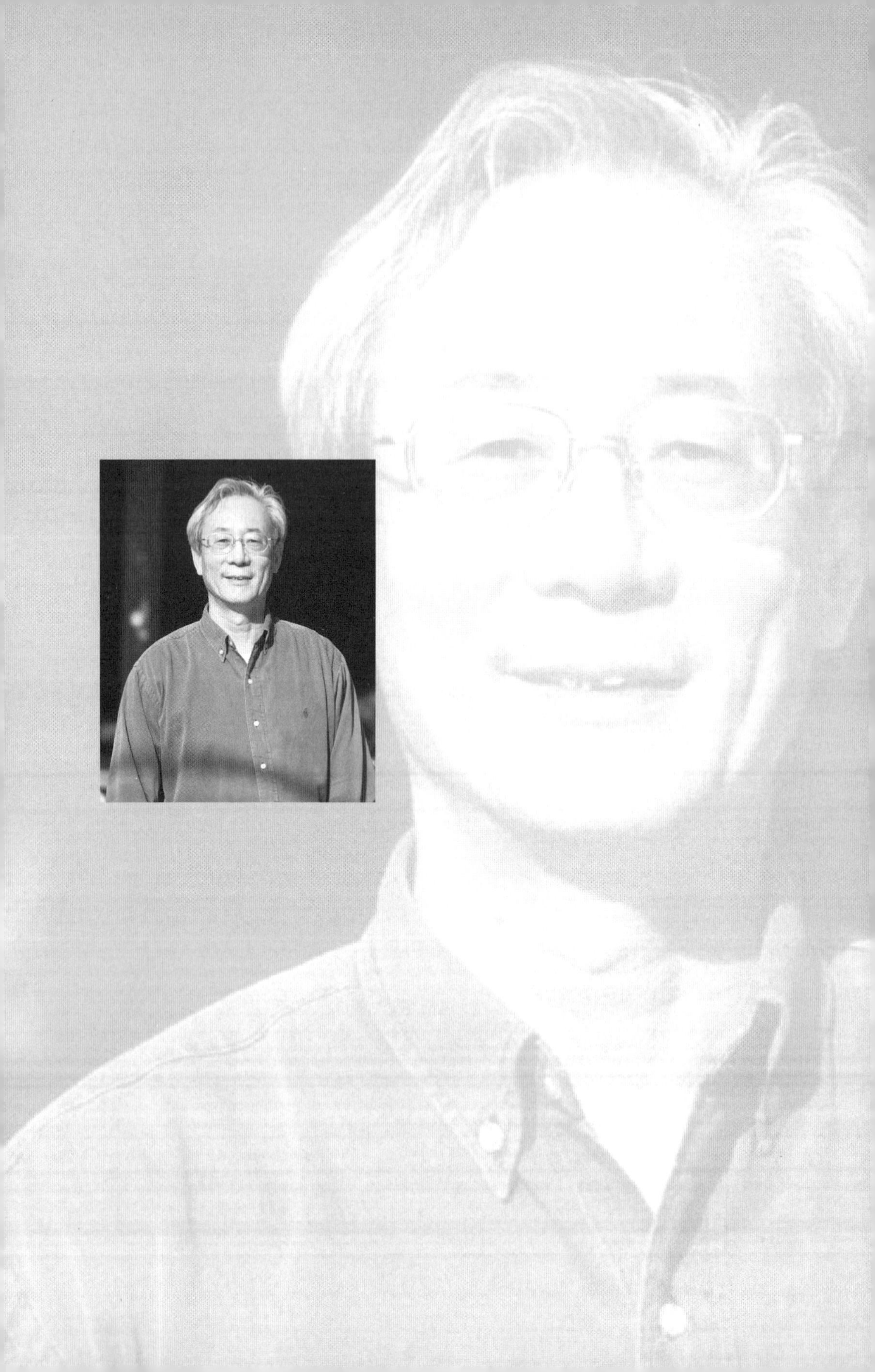

新中国70年外交战略的回顾与展望

章百家

中国外交史专家、
中共中央党史研究室原副主任。
主要著作有
《改变自己，影响世界——二十世纪中国外交基本线索刍议》
《革命、建设、改革：中国共产党三部曲》
《冷战与中国》等。

中国人认定的
历史使命和目标

玛雅：一国的外交和战略与其国家利益相联系。比如美国，它的国家利益包括国家安全、持续成长的经济、"普世价值"的传播，以及由美国推进的国际秩序。美国的外交政策始终是围绕它的国家利益展开的。那么在你看来，中国的国家利益是什么？

章百家：与美国这种政治经济制度定型的国家不同，中国自近代被卷入世界体系以来，长时期是一个充满革命性变化的国家，因此它的国家利益似乎不那么稳定。即使是在1949年以后，中国的外交与战略也不乏戏剧性的变化。但是从跨越百年的历史进程中，我们可以发现几代中国人为之奋斗的事业以及所追求的目标，这些目标反映的就是中国最基本的利益诉求。

这些民族目标或者中国人认定的历史使命是什么呢？我认为主要有以下四项：一、实现现代化；二、恢复大国地位；三、完成国家统一；四、实行社会变革。这四项目标决定了中国基本的国家利益，构成了支配着中国作为一个民族国家的大战略的要素。中国领导人在考虑国家的政治、经济、外交、军事、社会、文化各方面的问题时，这四项目标的影响几乎无所不在。

就对外关系而言，这四项目标也是推动其发展变化最主要的内在动力。

玛雅：关于新中国70年的外交史，通常的观察是以领导人的代际来分阶段，比如毛泽东时代外交、邓小平时代外交、江胡时期外交，以及习近平主政后的新时代中国外交。你作为一名研究者，从中国对外关系的演进来看，是怎么划分阶段的？

章百家：著名外交家乔冠华曾总结说，中国外交是"十年一变"。即20世纪50年代"一边倒"，60年代"反两霸"，70年代"一条线"。这当然是大致而言。从那以后，我看可以再加上80年代"全方位"。从这时起，"十年一变"的周期就被打破了，中国外交呈现出前所未有的稳定性和连续性。进入21世纪后国际形势发生了诸多变化，其中最引人注目的是中国的崛起，中国成为影响国际关系走向的重要变量。可以说，中国对外关系已经进入一个新阶段，尽管许多方面还不很确定。

玛雅：新中国成立初期的"一边倒"，主要是因为中共与苏共之间的历史渊源？

章百家：有历史原因，更主要是现实原因。中国革命的使命之一是实现中华民族的独立，推翻帝国主义压迫。不同国际势力对中国革命的态度——赞助或反对——直接影响着新中国的外交决策。选择"一边倒"战略主要是根据中共领导人对二战后国际形势的判断。1946年下半年，毛泽东经过深思熟虑，提出了"两个阵营、一个中间地带"的理论。他认为，战后世界将分为以社会主义苏联为首的和平民主阵营和以美国帝国主义为首的反动阵营；在美苏之间隔着一个辽阔的中间地带，由欧、亚、非三洲的殖民地、半殖民地国家构成。美苏之间不会爆发战争，美国极力突出美苏矛盾的目的，是力图控制和侵略包括中国在内的中间地带国家。

这一理论随后成为新中国制定外交方针的指导思想。1949年在中共七届二中全会上，毛泽东对形势的基本估计是，中国革命所具有的反帝性质和以苏联为首的反帝力量的增长，使我们可以采取和应当采取有步骤地彻底摧毁帝国主义在中国的控制权的方针，而帝国主义绝不可能在短时间内就以平等的态度对待我们。这是他决心采取"一边倒"战略的重要原因。

美国为什么不肯承认新中国

玛雅：我读美国外交史了解到，新中国成立后，美国国务卿艾奇逊在分析中苏关系后推断，中苏尽管意识形态相同，最终必将分道扬镳。美国只有放弃蒋介石，承认中共政权，才能有效利用中苏矛盾，对苏联加以遏制。杜鲁门政府曾一度表示，将不再干涉中国局势的演变，这为中共攻打台湾打开了方便之门。然而，就在此时，朝鲜战争爆发。美国随即调整了遏制战略，将遏制苏联的目标扩大为遏制包括中国在内的整个共产主义世界。这一政策调整，给美中关系带来了严重后果：美国和中国之间22年的尖锐对峙。

章百家：二战结束前后，由于维护战后和平要靠美国对蒋介石施加压力，中共对与美国的关系非常重视。然而，美国在战后很快把日本当作它在亚洲的主要盟友，这对中美关系产生了不可忽视的影响。新中国成立时美国国内有很多讨论，要不要承认共产党政权？美国当时采取观望政策，"等待尘埃落定"。但很快，朝鲜战争爆发，美国不再观望了，而是立即采取行动。这就导致了"一边倒"格局的固定化和长期化。

如果没有美国第七舰队进驻台湾海峡和中美在朝鲜交战，"一边倒"的局面可能不会持续那么长时间。美国的行动后果是严重的——它在关键时刻打断了中国统一的进程，使中国失去了解放台湾的有利时机；美军在朝鲜又越过三八线，将战火烧到鸭绿江边，致使中国被迫应战。中美关系由此持久地陷入僵局，中国与其他西方国家的关系也难以取得突破，中国对外经济联系被限制在有限的范围内。在这个过程中，冷战大格局的影响是主要的，中国实行"一边倒"只是一个相对次要的因素。

玛雅：我的印象是，新中国成立初期，中美关系先后有几次可能出现缓和，但都"阴差阳错"地失去了机会。

章百家：朝鲜停战后，中国领导人最初的估计是，国际局势将趋于缓和。为此，中国采取了一系列重大外交行动。周恩来在1954年日内瓦会议和1955年万隆会议上都明确地向美国做出了缓和的姿态。1956年8月，毛泽东在审阅中共八大政治报告时专门加了一段话："为了和平和建设的利益，我们愿意和世界上一切国家，包括美国在内，建立友好关系。我们相信，这一点总有一天会做到。"八大期间，他又说，我们的门是开着的，等第二个五年计划完成后，我们进入联合国，与美国建立外交关系更好。中美大使级会谈开始后不久，中国政府宣布取消不让美国记者进入中国的禁令，又在大使级会谈中就消除两国的贸易障碍、促进人民往来和开展文化交流提出了一系列建议和草案。然而，中国政府的这些努力，没能得到美国政府的回应。

玛雅：美国对华这种态度，主要是意识形态的原因？

章百家：可以这么说。冷战时期，两大阵营都把对方视为一个敌对的国际势力，美国不可能在实行反苏反共遏制战略的时候与新中国交善。而且中美之间还有一个关键问题，就是台湾。在冷战的大环境下，美国的意图是牢牢控制台湾，制造"两个中国"，因为台湾对它整个东南亚的防御作用非常重要。从海洋地质来说，台湾以内，中国大陆沿海基本是浅海，过了台湾就是深海,台湾在军事上的价值非常高。所谓台湾是美国"不沉的航空母舰"的说法其实是误传,美国人当时说的是,如果中国得到了台湾,那共产主义世界就得到了向东南亚扩张的一艘不沉的航空母舰。美国认为,中苏已经捆在一起,一时半会儿分不开了,而且很担心共产主义扩张,所以尽管中共做出了缓和姿态,美国仍然拒不承认新中国。

中共八大以后,一系列事件的发生很快改变了中国领导人关于国际形势正趋于缓和的判断。1956年的波匈事件和苏伊士运河事件,促使中共提出要重视"国际阶级斗争"。1957年,由于美国没有意愿同中国缓和关系,毛泽东决定放弃缓和尝试,表示:对西方主要国家,我们"现在主要是和他们斗争"。1958年,毛泽东发动了"大跃进",提出"超英赶美"的口号,并且通过炮击金门来提高全国人民的士气。他还要求外交工作克服保守思想,导致当时提出了"搞臭南斯拉夫,巩固社会主义;打击美国,搞垮帝国主义;孤立日本,争取民族主义"这种全面出击的口号。至此,中国对外政策的发展方向被锁定了。前一阶段比较稳妥、务实的外交政策被一种充满革命豪情但却脱离现实的政策所取代。由于决定关起门来搞建设,外交也就只需为国际政治斗争服务了。

"一边倒"的
历史原因和现实原因

玛雅：这样说来，"一边倒"格局的形成，是新中国自身战略选择的结果，也是美苏对新中国"做出战略选择"的结果？

章百家：是的。作为具有全局意义的大战略，"一边倒"的提出有着复杂而深刻的历史原因和现实原因。中共建政前后，一个十分关键的问题是，选择什么样的对外战略才能有利于新生政权的建立和巩固？在这方面，民国初年中国外交所遭受的两个重大挫折，给了中共领导人深刻的历史镜鉴。

辛亥革命后，孙中山的南京临时政府在对外政策方面有两个目标：一是争取世界各主要国家对中华民国的承认；二是使各国逐步免除强加给中国的不平等条约。这两个努力都遭到了失败。孙中山于1912年2月辞去了临时大总统职位，让位于被列强看中的袁世凯。中国在收回国家权利、废除不平等条约方面遭受的挫折更为惨重，最突出的事件是1919年在巴黎和会上的失败。

这些失败给中国对外关系带来两个结果：一是经过十月革命建立的苏联日益成为对中国具有重要影响力的国家，二是废除不平等条约的要求逐步演化成一场声势浩大的反帝革命运动。中国革命者把自己的期望转向苏俄是毫不奇怪的。1919年，正当中国人为在巴黎和会上遭到的屈辱义愤填膺而又感到孤立无援之时，列宁领导的苏维埃俄国表示，愿意放弃沙皇政府同中国签订的一切不平等条约。尽管这些承诺后来并没有兑现，但强烈的对比使中国人相信，苏俄是中国人民争取民族独立和解放的挚友。

玛雅：对于一个苦难深重的民族来说，这样的历史记忆是刻骨铭心的。

章百家：新中国成立之时采取"一边倒"方针，一方面强烈地反映出中共要以快刀斩乱麻的方式告别百年屈辱历史的决心。中共领导人认为，新中国要建立起新型的对外关系，就必须迅速割断同旧中国屈辱外交的联系，肃清帝国主义在华势力，洗刷半殖民地政治地位留下的烙印。可以说，中国革命的本质决定了，新中国和西方大国之间的冲突是难以避免的。

另一方面，中共在外交上面临三个急需解决的问题。首先是得到国际社会对新中国的承认。毛泽东当时说，如果新中国成立三天没人承认，就会有问题。同时，要保障新生国家的安全，还要为恢复经济争取到必要的外国援助。在美国仍在顽固地支持国民党，不可能转而承认新中国的情况下，解决这三个问题，只能争取苏联的帮助。因此，把同苏联的关系置于首位，主动站在苏联一边，就成为最有利也最可能获得成功的政策选项。

然而，如果把"一边倒"仅仅理解为"倒向苏联"，那就过于狭窄了。毛泽东说的是，新中国将"倒向社会主义"。在他看来,"一边倒"不是单纯的外交方针,而是一项总揽全局的大政方针。"一边倒"所要回答的关键问题是,新中国在共产党的领导下将走一条什么样的道路。毛泽东强调,在共产党的领导下,中国必须走社会主义道路。

玛雅: 如何评价这一战略的利弊得失?

章百家: 总的来说是成功的。在"一边倒"的格局下,中国所寻求的主要外交目标基本上都实现了。新中国不仅很快同苏联和其他社会主义国家建交,还先后和十几个民族独立国家和资本主义国家建交。1950年初,中国与苏联签订《中苏友好同盟互助条约》,解决了国家安全和外来经济援助问题。取消帝国主义在华特权和肃清其残余势力的任务也很快完成了。中国取得了抗美援朝战争的胜利;随后又参加了日内瓦会议,以大国的姿态登上国际舞台。在新中国成立后的第一阶段,中国在实现社会变革、推进国家统一、加快工业化建设、建立新型外交关系并重返国际舞台四个方面都取得了重要进展。而且在"一边倒"的情况下,中国仍然强调并坚持独立自主这一更高的原则,这决定着后来中国外交的走向。

但是,就长期发展而论,"一边倒"并不符合中国的长远利益。它造成了外交战略上的不平衡,不利于中国同世界各国的普遍交往。新中国对外经济的主要对象是苏联和东欧各国,是发达国家中不太发达的和实行计划经济体制的那一部分。这种影响随着时间的推移,越来越深刻地体现出来。

"反两霸"立场的
两面效应

玛雅：20世纪60年代，随着中苏矛盾不断激化，中国外交从"一边倒"进入"反两霸"时期。这也是一个因应时局变化的战略选择？

章百家：与"一边倒"不同，"反两霸"并不是在经过对形势冷静清晰的分析判断后作出的战略选择，而是在中美关系僵持、中苏关系不断恶化的过程中形成的，多少有些即兴之作的成分。出现"反两霸"的一个重要原因是认为苏联变修了，这样只反帝就不够了，还必须反修。

这个时期，中国对国际形势的判断出现了重大偏差，主要是高估了美苏合作的可能性，低估了美苏之间的矛盾；高估了战争和革命的可能性，低估了世界和平发展的可能性。这种偏差导致中国的对外政策日趋激进，试图在推进世界革命的进程中发挥主要作用，以一种现存国际秩序挑战者的姿态出现在世界舞台上。结果，作为中国外交政策基础的和平共处五项原则被削弱了，"革命不能输出"的信条不再被认真遵循；对外援助也不再量力而行，国家在对外交往中的许多实际利益被弃之不顾；中国领导人一贯重视的国际统一战线也由于提出"打倒帝、修、反"的口号而不再具有力量。

玛雅：这种激进的对外政策对国内发展造成了什么影响？

章百家：从推进四项历史使命的角度来看，这个时期的外交战略在很大程度上背离了中国的基本需要。由于脱离了世界的发展，中国的现代化建设发展缓慢，国家安全形势严峻，推进统一也未能取得进展。在"以阶级斗争为纲"和"不断革命"思想的指导下，中国在社会变革方面无疑走了一条弯路。

然而，无论如何，中国领导人在这一时期为坚持独立自主、维护国家主权和领土完整所作的斗争是必须加以肯定的。正是因为中国敢于同时与美苏两个大国对抗，才得以在冷战的大环境下逐步成为世界舞台上一支完全独立的力量。

玛雅：可不可以说，这种独立自主、不畏强权的国际形象和地位，为后来的外交和战略调整奠定了基础？

章百家：的确。20世纪70年代初期的外交和战略调整，是中国第一次作为一支主要的国际力量积极参与其中，而不是被动地卷入其中。当时中、美、苏三方的关系发生了变化，苏联取代美国，成为对中国最大的和直接的威胁。1969年中苏边界冲突，促使毛泽东、周恩来不得不重新思考外交和战略问题。按照他们的布置，陈毅、叶剑英、徐向前、聂荣臻四位元帅建议：利用美苏矛盾，缓解中美矛盾，力图打开中美关系的大门，在寻求共同安全利益的基础上，联合美国，抗御苏联霸权主义。

是毛泽东、周恩来开启了
中国与世界接轨进程

玛雅：美国人说，是尼克松打开了中国的大门，很多中国人大概也这么认为。事实上，打破中美关系僵局，中国并不是被动的。这是一个双向选择，双方都有各自的战略考量和利益考量。

章百家：当时美国的主要目的是从越南战争中脱身。尼克松和基辛格最初是想求得苏联的帮助，发现这条路走不通才转而借助中国，不过那时他们对中美关系的设想还相当模糊。这一次，中国领导人敏锐地捕捉到缓和中美关系的机会。当毛泽东表明这种意向后，周恩来和陈毅等四位老帅做了大量的研究工作，促成了最后决策。随后，周恩来做出缜密细致的安排，毛泽东导演了"小球推动大球"的精彩一幕，中美关系正常化的进程由此开启。1973年，毛泽东提出联美抗苏的"一条线"战略；次年，又提出"三个世界"的思想。这是毛泽东生前提出的最后一个大战略。

这一外交政策的转变具有广泛而深远的意义，中国外交活动的范围从此扩展到整个国际舞台，而在此前基本被局限于半个舞台上。这一转变也具有深刻的国内政治意义，它与当时"左"的意识形态严重背离，是此后一系列国内政策转变的先导。更重要的是，当中美关系正常化的进程启动之时，中国融入现代世界体系的进程也同时启动了。

玛雅：在一般人的概念里，改革开放开启了中国与世界接轨的进程。按你的分析，毛泽东和周恩来实现了中美关系正常化，从而开启了中国迈入现代世界体系的进程？

章百家：我是这么认为的，道理很简单。早在新中国成立初期，毛泽东就希望和西方经贸往来，但因为西方对中国实行封锁和禁运，买卖做不成了。20世纪50年代中期，中美紧张关系有所松动。那时，毛泽东曾提出向美国学习，向西方国家派留学生，掌握先进技术，但这些设想未能实现。首先是美国不愿意；后来一些西方国家政策有所松动，但中国由于国内政治的原因，也没有把握住机会。当然，那个机会也不是很大。

20世纪70年代的外交和战略调整，为后来的开放政策创造了前提条件。如果没有这样一个承上启下的转折，很难设想"文革"结束后，中国能迅速而顺利地实行改革开放并广泛参与国际事务。邓小平私下说过一句话，对外开放就是对美国开放，对美国不开放对谁开放都没用。假如不是毛泽东和周恩来在世时把中美关系这个"扣"给解开了，由后来的领导人来解这个"扣"会困难得多，中国要实行改革开放也就没那么容易。中国在改革开放前与世界的关系已经出现了重大变化，同大多数国家特别是西方国家建立了正常的外交关系，这是毛泽东、周恩来那代领导人给中国留下的一份重要遗产。

玛雅：这也解释了，为什么邓小平复出伊始，就积极推进中美关系，与卡特政府正式建交。

章百家：1978年邓小平主持外交工作后，仍然坚持了毛泽东的"一条线"战略。他做出了两个决断：一是签订中日和平友好条约，二是实现中美建交。邓小平的考虑与毛泽东有所不同，他是借此实现向美国和西方国家开放，推动中国的经济发展，而不仅仅是为了保障国家安全。

1979年中美建交后，美国国会通过了"与台湾关系法"。从1980年起，中国就开始考虑放弃"一条线"战略。1982年8月，邓小平在会见联合国秘书长德奎利亚尔时强调，反对霸权主义，维护世界和平，中国属于第三世界，加强同第三世界国家的合作是中国对外政策的主要内容。这意味着中国明确放弃了"一条线"战略，开始致力于建立均衡的对外关系，主要是同美国拉开一定距离，并逐步改善与苏联的关系。

"冷静观察、稳住阵脚、沉着应付"

玛雅：有人说，毛泽东时代外交是革命外交，中国反对"两霸"，支持第三世界人民革命；邓小平时代外交是利益外交，以大国关系为重，美国是重中之重，与第三世界国家关系疏远了。事实上，中国在邓小平时代已经放弃了"一条线"战略，开始了"全方位"外交。

章百家：20世纪80年代中期，邓小平认识到，世界大战可以避免，并提出当代世界的主要问题是"和平与发展"的论断。这一论断为改革开放和建立全方位对外关系提供了有力支撑。早在1955年的万隆会议上，周恩来就把中国的基本外交政策概括为"独立自主的和平外交政策"。1986年，中国政府根据新形势对这一政策做了全面阐述，有继承也有发展。主要内容是：中国外交工作的根本目标是反对霸权主义、维护世界和平、发展各国友好合作和促进共同经济繁荣；中国主张世界所有国家不论大小、贫富、强弱一律平等；中国坚持独立自主，实行真正的不结盟政策，对一切国际问题都根据其本身的是非曲直决定自己的态度和对策；中国属于第三世界；等等。对独立自主的和平外交政策的全面阐释，意味着与改革开放相配合的外交政策形成了体系。在新的思想指导下，中国在世纪之交建立起全方位的对外关系格局，在对外关系的各主要方面实现了前所未有的均衡。

玛雅：前面你谈到，中国外交从"一条线"转向"全方位"后，"十年一变"的周期被打破了，呈现出稳定性和连续性。

章百家：对。在评论新中国前30年的外交时，一般都会提到"十年一变"。按这个说法，20世纪80年代末90年代初，正是一个可能出现转变的时候，而且恰在此时，中国发生了一场政治风波。随后，国际上又发生了苏东剧变、海湾战争等一系列重大事件。1989年政治风波后，美国等西方国家对中国实施制裁，总的国际形势也随着苏联解体、两极世界终结而发生了近半个世纪以来最重大的变化。然而，在这样的剧烈变局之下，中国的外交政策却没有出现大的波动，保持了前所未有的稳定和连续。"十年一变"的"规律"这一次失灵了。

玛雅：理解国际关系和国家外交，通常分析国际、国家、领袖个人三个层次的原因。中国在20世纪80年代末90年代初那种风云骤变的国内外局势下，能够处变不惊，对外政策保持稳定，领导人所起的作用不可替代，也不可估量。

章百家：领导人的作用往往是决定性的。当时面对复杂形势，邓小平提出了"冷静观察、稳住阵脚、沉着应付、韬光养晦、善于守拙、决不当头、有所作为"的指导方针，并说"要冷静、冷静、再冷静，埋头实干，做好一件事，我们自己的事"。

他坚持把意识形态斗争和国家关系分开，做出了十分睿智的选择。这使得中国避免了重新回到以意识形态斗争的需要来处理国家关系的老路上，并成功打破西方制裁，恢复了与西方国家的关系，保证了中国的和平发展。进入20世纪90年代后，我们看到一个现象，即元首外交、各国领导人的直接对话对于塑造国际关系的作用越来越明显。

"全方位"外交格局的建立与发展

玛雅：如果当时中国外交回到意识形态斗争的老路，改革开放的进程就被打断了。

章百家：是的。江泽民上任后，坚持了邓小平"和平与发展"的论断和基本外交政策原则。1991年夏天，在对国际格局的重大变化经过一段时间的观察思考后，江泽民等中国领导人提出：两极格局已经终结，世界正朝着多极化的方向发展；和平与发展的主题没有改变，在相当长的时期内，中国争取一个良好、和平的国际环境和周边环境是可以实现的。外交工作的基本任务和根本目标是为我国改革开放和经济建设服务，争取一个有利的和平的国际环境，中国的基本外交政策原则不变。这种认识使得中国外交朝着更加务实的方向发展。

在正确的指导方针下，中国在外交方面采取了得当的应变措施。在1989年以后的几年里，中国大力开展睦邻外交，实现了同亚洲国家的全面建交，并发展了同第三世界国家的关系；利用矛盾，很快打破了西方国家的制裁，恢复和稳定了同西方发达国家的关系；提出了要以和平共处五项原则为基础，建立国际政治经济新秩序的主张；在西藏、香港、澳门、台湾等问题上，有针对性地同有损中国主权的行为进行斗争；强调自主选择发展道路，根据国情决定改革和开放的步骤、领域和速度。总的来看，那几年外交工作的进展比中国领导人预期的还要好些。由那场政治风波引发的国内和外交问题到1992年基本解决，此后，中国再次加快了改革开放的步伐。

玛雅：1992年邓小平南方谈话后，中国进一步推动改革开放，社会主义市场经济突飞猛进发展。与之相应，这一时期的外交事业取得了怎样的发展？

章百家：从1992年至世纪之交，与改革开放相配合的外交政策进一步发展并结出累累硕果。在这个阶段，国际、国内两方面因素都对中国外交的发展产生了重要影响。来自国际上的两个主要因素是冷战结束后国际政治格局的调整和经济全球化的加速，来自国内的两个主要因素是建立社会主义市场经济体制和香港、澳门回归。与此同时，大陆与台湾的关系也发生了重大变化，两岸人员往来频繁，经济联系日益密切。至世纪之交，中国基本构筑起全方位、多层次的对外关系格局，既考虑到同大国和发达国家的关系，也考虑到同周边国家和广大发展中国家的关系；既重视发展双边关系，也重视多边外交活动。

从推进四项历史使命的角度看，这个阶段取得的进步是无与伦比的。中国的现代化进入了起飞阶段，在政治、军事、经济等方面已基本具备了一个大国所应有的实力，国家统一取得重大进展，中国社会也出现了前所未有的变化。

玛雅： 进入21世纪，中国崛起成为地缘政治的重要事件，也引起国际社会对"中国威胁"的疑虑。2002年中共十六大召开，新的中央领导集体上任后，中国在对外关系领域有什么新的进展？

章百家： 新世纪之初，胡锦涛等中国领导人更准确地提出，和平、发展、合作是国际形势的主流，倡导建设"和谐世界"。中国开展全方位外交的思路更为明确清晰，从历史经验和现实需要出发，逐渐形成了以"大国是关键、周边是首要、发展中国家是基础、多边是重要舞台"为思路的总体布局。中国外交也更加透明、更加务实、更加主动。中国作为一个负责任的大国，在国际政治、经济等各方面事务中发挥着越来越大的作用。

与此同时，面对国际上"中国威胁论"的喧嚣，中国以"走和平发展道路"作为回应，并阐明这是基于自身历史文化传统和社会制度做出的战略抉择，顺应时代潮流，符合中国的根本利益，也符合周边国家和世界各国的利益。中国领导人也多次对国际社会郑重承诺，"中国将坚定不移地走和平发展道路。"

新时代中国外交面对的挑战

玛雅：尽管中国坚持走和平发展道路，但随着国家实力不断提升，外部压力也不断加大，对中国外交构成了重大挑战。

章百家：中国强大了，外部环境却更为复杂，中国正面临外部环境趋紧的态势。其实，这种态势自20世纪90年代即露出端倪，已经持续了二三十年，可能还将持续二三十年。从积极方面看，错综复杂的国际形势是对中国外交实力的考验，同时也为中国展示自己的外交特色提供了机会。应该说，这种中国特色不仅体现在外交政策和活动中，更集中地体现在外交观念上，是以历史的积淀和新的实践为基础的。

党的十八大以来，习近平总书记在一系列讲话中对国际关系的发展和我国外交战略做了新的论述，其要点是：(1)和平、发展、合作、共赢成为时代潮流；(2) 坚定不移走和平发展道路；(3) 推动构建人类命运共同体；(4) 合作共建"一带一路"；(5) 推动与各方关系全面发展；(6) 坚决维护中国核心利益；(7) 推进全球治理体系变革；(8) 中国改革不停顿，开放不止步。

这八个要点基本体现了中国外交观念的最新发展。我认为，其中最具新意、最值得注意的是三点，即推动构建人类命运共同体、合作共建"一带一路"、推进全球治理体系变革。这表明，在当前国际政治经济发展面临困境的时候，中国愿意承担起一个负责任大国应当承担的责任。同时，中国与外部世界协调关系必须与国内的改革开放相衔接。

玛雅：新中国经历了 70 年独立自主与和平发展，已经成长为具有世界影响力的大国，在全球经济政治治理领域发挥越来越重要的作用。中国今天坚持改革开放，推动经济全球化进程，从 40 年前的"请进来"转而开始"走出去"，通过分享全球资源来创造财富，经略世界。在这个时候，中国外交面临哪些新情况、新问题？

章百家：改革开放使中国与世界的关系发生了重大变化；40 年后的今天，中国因素在国际形势发展中所占权重已大为增加。中国成为当今世界最重要和最引人关注的变量，这既有有利的一面，也有受制约的一面。这就要求我们在观察、分析和展望国际形势的演变时，更多地考虑和估算中国自身因素的影响和作用。

最近一波由高科技和信息化推动的全球化浪潮带来一系列新问题，导致世界各国特别是大国之间的竞争加剧。这些新问题包括资本的迅速流动，制造业和产业链的快速转移，人工智能取代传统就业，贫富分化加剧，中产阶级处境困难，民粹主义兴起，内政与外交之间的界限变得模糊，等等。这些新问题对世界各国产生了不同程度的冲击，而以往通过优势互补来解决各自问题的方法也已失灵，国与国之间的竞争由此加剧。这也是当下中美矛盾突显的背景。

玛雅：中美贸易战开打后，美国在2019年3月成立了"美国当前危险委员会：中国"（Committee of Present Danger: China），中美关系僵局一时半会儿难以打破。

章百家：中美已出现结构性矛盾，形成全面竞争态势，以往的互信基础不复存在。自1972年中美恢复外交关系以来，双方互信的基础是两国综合国力相差悬殊，在安全方面有共同需求，在经济方面可以形成互补。近年来，随着中国的迅速发展，中美逐渐呈现全面竞争态势。这种局面来得如此之快多少有些出人预料，但这是中美双方迟早都要面对的。现在的问题是中美竞争究竟会朝哪个方向发展，是趋于恶性竞争导致双方脱钩或对抗，还是可以形成公平竞争加继续合作的局面。我们的意愿是明确的，就是避免前者，争取后者。

练好内功，
对外有所为有所不为

玛雅：面对这些新情况、新问题，在确定我国内外战略和现阶段发展目标时，有哪些问题值得特别注意？

章百家：中国现在是世界第二大经济体，国际影响力前所未有；同时改革进入深水区，中国内部的发展存在不确定性。在这种情况下，美国及各大国、周边国家必然高度关注中国内政外交的变化，加以评估、防范或应对。这要求我们调整对外关系的思维方式和行为方式，出言行事都要预估外部世界的反应，做好应对预案。特别是在下先手棋时要多看几步，留有后手，谋定而动。

玛雅：历史上大国竞争的许多经验教训值得中国重视。美国作为现今唯一的超级大国在这方面经验最丰富，对挑战者也最警惕。

章百家：近年被热炒的"中国何时取代美国"其实是个伪命题。未来世界必将是多极多元的，一超独大模式难以再现。真正的问题是，中美两个大国在竞争条件下如何面向未来世界。这个问题不仅是对中美两国的挑战，也是对世界的挑战。

中国今天坚持走和平发展道路，推动构建人类命运共同体和全球治理体系变革,就必须学会从世界的角度看自己,有更加开阔的国际视野和与时俱进的外交理念。如何解决中国模式、中国体量与现存世界体系兼容的问题,是实现和平、发展、合作、共赢的关键。中国在维护自身利益的同时,要妥善处理与其他国家的矛盾,包括发达国家和发展中国家,推动建立各方都可以接受的国际规则和秩序。这将是一场多方博弈,当前的中美贸易谈判只是开场。

在这个敏感时期,中国在处理对外关系时必须注意目标、实力和手段的平衡,对自身的长处和短处要有清醒的认识。中国的目标是明确的,就是"两个一百年"奋斗目标。毫无疑问,21世纪上半叶对中国的发展至关重要。

玛雅:对外做到目标、实力和手段平衡,意味着先要练好内功。

章百家:可以这么说。中国当前的国际地位,简单说就是一个新兴大国,要成为一个成熟的大国还有很长的路要走。中国的短板有这么几点:(1)现代化还没完成,人均GDP和人均资源占有率很低,在重要领域掌握的核心技术有限;(2)国家统一还没完成,解决台湾问题尚须时日;(3)我国奉行不结盟政策,在处理国际事务时可直接调动的国际力量和手段不足,在制定国际规则方面话语权有限;(4)作为后来者参与大国博弈的经验还有待积累。还有一点并非短板但是很重要,即在当今世界大国中,中国特色社会主义制度是最为独特的。

总体而言，新时代中国外交不仅面对外部压力，也为内部条件所局限。如何韬光养晦练好内功，对外有所为有所不为，为实现国内目标创造有利的外部环境，坚持走和平发展之路，是对中国外交和中国智慧的重大考验。成功应对挑战需要一个过程。在这个过程中，我们需要借鉴历史的经验教训，汲取前人的思想智慧。应当看到，无论外部世界如何演变，中国最重要的目标在国内，就是满足人民群众对美好生活的需求，到 21 世纪中叶完成社会主义现代化大业。

中国的发展奇迹与经济理论体系构建
专访林毅夫

为世界创造一个新版的社会主义
专访李玲

风物长宜放眼量：新时代中国战略大视野
专访乔良

"后美国时代"的世界格局与中国战略
专访王湘穗

世界社会主义理论体系中的中国学派
专访潘维

理论篇
中国的发展理念与发展战略

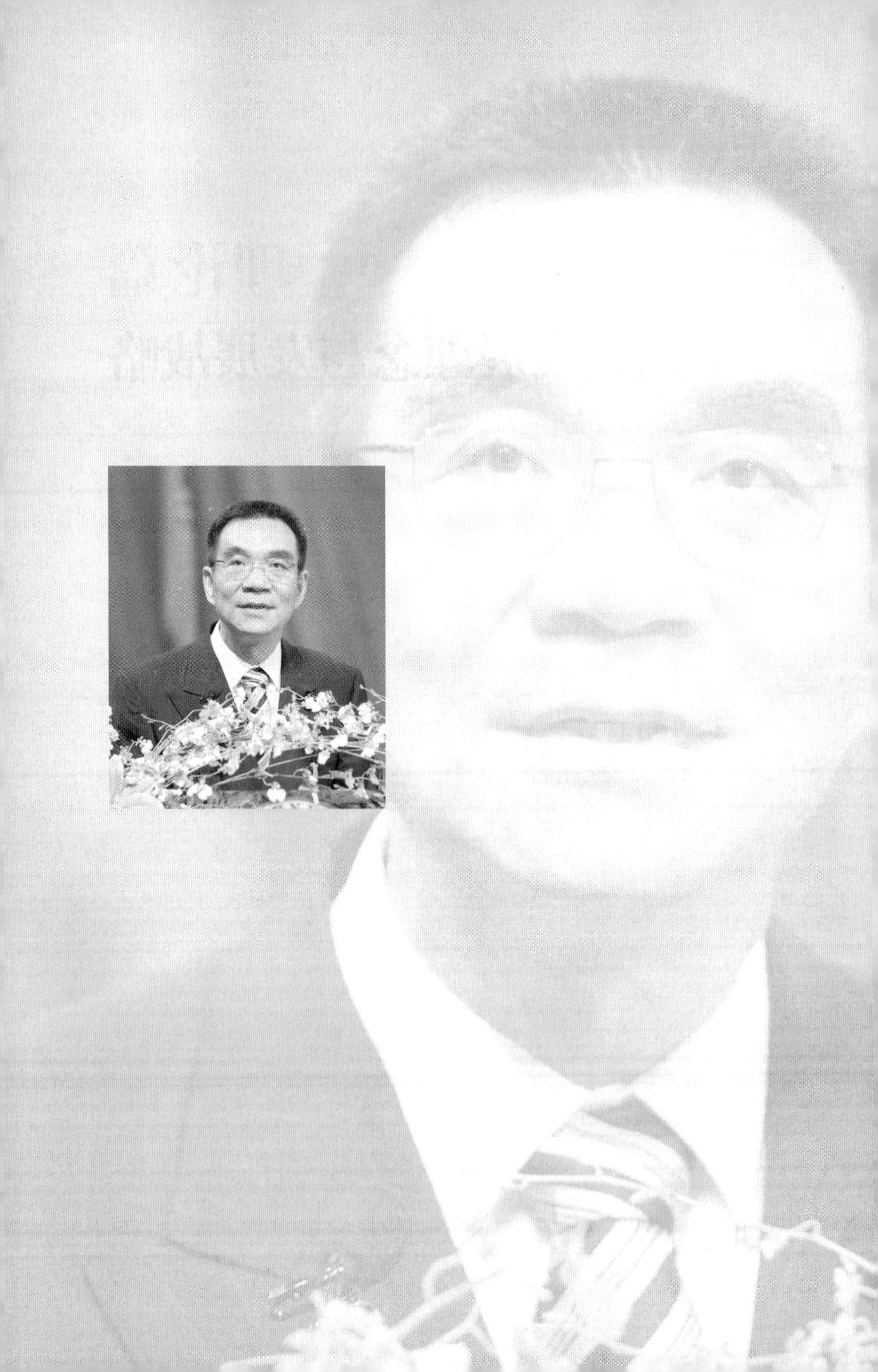

中国的发展奇迹与经济理论体系构建

林毅夫

北京大学新结构经济学研究院、
南南合作发展学院院长，
北京大学国家发展研究院名誉院长、教授，
世界银行前高级副行长兼首席经济学家。
主要著作有《解读中国经济》
《繁荣的求索：发展中经济如何崛起》
《从西潮到东风：
我在世行四年对世界重大经济问题的思考和见解》等。

我们比任何时期
都更接近民族复兴伟大目标

玛雅：中国的改革开放已经走过了40年。40年来，中国人民开拓进取、不懈奋斗，取得了举世瞩目的伟大成就。你对这40年的发展如何评价？

林毅夫：这40年的发展堪称中国奇迹。从1978年到2018年，我国国内生产总值连续40年以平均每年9.4%的高速增长，对外贸易的增长速度更是高达平均每年14.5%。2010年，我国的经济规模超过日本，成为世界第二大经济体。出口超过德国，成为世界第一大出口国。出口的产品97%以上是制造业产品，中国成为18世纪工业革命以来继英国、美国、日本、德国之后的世界工厂。2013年，我国进出口贸易总量超过美国，成为世界第一大贸易国。2014年，按购买力平价（PPP）计算，我国的经济规模超过美国，成为世界第一大经济体。

这场奇迹般的变革始于1978年中共十一届三中全会后的改革开放。在此之前，中国在1949—1978年的29年间，探索和实行计划经济体制，推行重工业优先发展战略。毛泽东那代领导人认为，没有国防就会挨打；要有国防，就必须有自己的军事工业和重工业。当时的主流经济学结构主义也主张进口替代战略，以政府为主导，直接动员资源、配置资源，发展现代化的资本、技术密集型大产业。

玛雅：关于前30年的经济发展，国内思想界有两种截然相反的认识。一种是全盘否认，认为是失败的30年；另一种充分肯定，认为没有前30年打基础，就没有改革开放后的经济起飞。你对这个问题如何看待？

林毅夫：1949年以后，中国追求建设强大的现代化国家，希冀在一穷二白的农业经济基础上，发展发达经济体所拥有的产业和技术体系，在最短的时间内赶超世界最发达经济体。为了实现这个目标，中国实行计划经济体制，从1953年开始推行第一个五年计划。如何评价1953年以后的经济体系？需要从以下几个方面来考虑：

第一，对剩余的动员是否达到了最大程度。从这个角度来看，计划经济体系是相当有效率的，"一五"（1953—1957）期间的积累率达到24.2%，"二五"（1958—1962）期间达到30.8%。根据高水平均衡陷阱假说，一个国家经济起飞的必要条件是投资超过国内生产总值的11%。我国在1978年以前的资本积累率远高于11%，可见这个时期在剩余动员上是非常有效的。

第二，资金是否按照政府的意愿投资于重工业，是否提高了工业部门在国民生产总值中的比重。根据相关数据，这个时期，重工业投资的比例始终很高，约有一半儿的基础投资被用于重工业。相应地，工业产值提高非常快，到1978年已经接近50%。

从产业结构看,1965年以后非常像高发达国家的产业结构。平均来看,尤其是从工业来看,改革之前的增长率并不低,达到6%。效率总是与目标相关的,如果把目标定义为重工业优先、军事工业和航天工业优先,那么这个时期整个经济是很有效率的。中国在20世纪60年代试爆了原子弹,70年代发射人造卫星,一个农业国家在20年之内就做到了发达国家才能做的事,这是相当了不起的。

但是,代价也是相当大的。由于这些现代化的大产业资本非常密集,违反当时中国资本极度短缺、劳动力极大丰富的基本国情所形成的比较优势,造成从事这些产业的企业在开放竞争的市场中缺乏自生能力。为了保护这些企业、把现代化大产业建立起来,中国的计划经济体制在宏观上扭曲各种要素和产品价格,在中观上以行政手段直接配置资源,在微观上不给国有工业和集体农业的经营主体人财物产供销自主权。由此产生的结果是,一方面,中国在前30年建立了一整套先进的产业,在20世纪60年代就造出了原子弹,70年代就卫星上天;但另一方面,经济发展绩效不佳,人均收入水平长期低下,和发达国家的差距不断拉大。尤其和日本及"亚洲四小龙"相比,被远远落在"东亚奇迹"的后面。

玛雅:那个时候恐怕没有人会想到,三四十年后,中国以更快的发展速度、更长的持续时间,创造了一个更大的奇迹。

林毅夫：的确。20世纪80年代初，邓小平为改革开放提出了一个发展目标，即从1981年到20世纪末的20年内国民生产总值"翻两番"。这个目标意味着，中国每年的平均经济增长率必须达到7.2%。当时我作为在北大学经济的学生，对这个目标的实现有所怀疑。20世纪60年代后,虽然日本和"亚洲四小龙"曾有20多年超过7%的增长，但是这些经验因为属于特例而被称为"东亚奇迹"。中国在1978年拥有10亿庞大人口，其中80%是农民，这样一个贫穷落后的农业国要在20年内保持7.2%的年均增长率，实在让人难以置信。

然而，事实证明，邓小平不愧是一位伟大的政治家。他提出了被认为是不可能完成的目标，最终超额实现。

今天回头看，1978年底改革开放时，中国人均收入只有155美元,尚不及当时撒哈拉以南非洲国家平均水平（490美元）的三分之一。中国是世界最贫穷的国家之一，经济规模占世界经济的比重4.9%。而到了2018年，我国的人均国内生产总值达到9000多、接近1万美元。经济规模占世界经济的比重按市场汇率计算超过16%。国内外许多研究认为，中国在2025年到2030年之间将迈进高收入国家的行列。在一个人口这么多、底子这么薄的国家,持续这么长时间、以这么高的速度增长，人类历史上不曾有过。中国改革开放40年的发展成就，堪称经济史上一大奇迹。有鉴于此，习近平主席2016年11月在纪念孙中山先生诞辰150周年讲话中指出，"我们比历史上任何时期都更接近中华民族伟大复兴的目标"。

"摸着石头过河"的渐进式改革

玛雅：诺贝尔经济学奖获得者弗里德曼说，谁能破解中国经济发展之谜，谁就具有获得诺贝尔经济学奖的资格。从经济学理论来说，你对中国经济的成功如何解释？

林毅夫：中国的改革是渐进式的，用邓小平的话来讲就是"摸着石头过河"。中国在改革开放时并没有什么蓝图，也没有明确是往市场经济的方向前进，最初只是说计划为主市场为辅。但是这种渐进式改革，却让中国的经济体制越来越接近市场化，甚至在有些方面超过了一些市场经济国家。为什么呢？原因就在于经济问题背后有它的逻辑。改革中只要是解放思想、实事求是地针对问题，解决问题，与时俱进地根据新情况、新问题提出新的解决方案，改革就必然会按照一定的逻辑方向前进。因此，不管最初的设想如何，改革的结果就是一步一步朝着市场经济方向迈进。

玛雅：中国是"摸着石头过河"的渐进式改革，实事求是地针对问题，解决问题。对比苏联东欧改革失败的教训，这是邓小平的高明之处。

林毅夫：今天我们自信地说，中国改革的成就堪称人类经济史上的奇迹，但是在 20 世纪 90 年代初，国际经济学界并不看好中国的改革。他们认为计划与市场的双轨制会导致配置效率损失、寻租行为和腐败、国家机会主义制度化等问题，是比完全的计划经济更为糟糕的制度安排，最终将会因为改革"不彻底"、经济内部的矛盾引发种种困难而不可避免地失败。相反，当时多数经济学家看好苏联东欧的改革，认为苏东采用"休克疗法"——价格完全放开，由市场来决定；全面、大规模、快速地实现私有化，经济将会快速增长，很快就会超过中国。世界银行原副行长、首席经济学家，后来当了美国财政部长、哈佛大学校长的著名经济学家劳伦斯·萨默斯 1994 年写了一篇文章。他说，对于计划经济如何向市场经济转型的问题，经济学界有一个大家共同接受的答案。这个答案就是，以"休克疗法"把"华盛顿共识"所主张的私有化、市场化、自由化一次落实到位。并且有理论证明，像中国那样摸着石头过河，用渐进、双轨的方式进行转型是最糟糕的方式，造成的结果会比原来的计划经济还差。

玛雅：国际学界不看好中国改革，因为中国没有遵循他们所倡导的完全市场化、私有化主张。这种以意识形态为先导，而非以客观事实为依据的推断不仅是错误的，更给相关国家造成了无法弥补的损害。俄罗斯列瓦达中心 2019 年 1 月发布的民调结果显示，61% 的俄罗斯人今天仍然为国民的长期贫困和体制的不合理设置而感到羞愧，45% 的人为苏联解体感到羞愧。

林毅夫：苏联东欧改革所要解决的问题和中国改革其实是一样的，但是改革的思路和方式不同，造成的结果大不相同。"休克疗法"的根据是通过一个比喻，即"不能分两次跳过一个鸿沟"。但问题是，如果鸿沟太深，两端之间的距离太大，跳下去就等于是自杀。苏联东欧改革就是这样的情形，造成了经济崩溃。东欧国家在10年后人均GDP才达到转型前的水平，前苏联国家15年后才恢复过来。欧洲重建与发展银行和世界银行2006年一项调查发现，包括蒙古在内的前苏联东欧29国，70%的人认为转型后的生活比转型前差。

而一种更为安全的做法，是采用逐渐填平沟坎、逐步走过沟坎的策略。中国就是这样，通过渐进式改革，创造出经济增量，使鸿沟逐渐填平，缺口越变越小，到最后一步就可以跨过这个鸿沟。

中国的改革采用双轨、渐进的方式，一方面给予大型国有企业必要的保护、补贴，保证转型期国家经济稳定，避免发生崩溃；另一方面，放开对劳动力密集、符合我国比较优势的产业的市场准入，激发经济活力，实现快速发展。这种务实的转型方式，使中国经济取得了连续40年年均9.4%的增长奇迹，人民生活水平大幅提高，近14亿人基本实现了小康。以PPP计算，中国在2014年超过美国，成为世界第一大经济体。而且到目前为止，中国是唯一一个没有出现过系统性金融危机、经济危机的新兴市场国家。1998年东亚金融危机后，中国对亚洲经济的复苏作出了巨大贡献。2008年国际金融危机后，中国不但率先走出了危机，而且成为拉动世界经济的引擎。

玛雅：相比之下，渐进式改革和"休克疗法"两种不同的转型路径，孰优孰劣高下立见。从中也可以看出中国文化的智慧，循序渐进，欲速则不达，这种认识论和方法论是一种更高明的哲学。

林毅夫：的确。中国文化有"尽信书，不如无书"的传统，讲求中庸之道。选择渐进式改革就体现了这种唯实不唯书、不偏激走极端的理念，在政策上求实求稳、稳中求进。从毛泽东的实事求是、理论联系实际，到邓小平的解放思想、实事求是，其文化理念是一脉相承的，都是从中国的实际出发，不照搬西方，走自己的路。中国的改革没有照搬主流理论，却创造出人类经济史上不曾有过的奇迹。中国革命成功、建立人民国家，也是因为把马克思主义的真理和中国的实际相结合，走出了一条自己的路。

是中国崩溃，
还是中国奇迹？

玛雅：多年来，国际上关于"中国崩溃"的声音不绝于耳。2008年美国遭遇金融危机，把世界经济都掀翻了，却有西方学者预言："美国会是第一个走出经济危机的主要国家，而中国是最后的之一。"为什么美国"城门失火，殃及池鱼"，被唱衰的却是中国？你怎么看这种现象？

林毅夫：在主流学界看来，中国的转型没有选择"最优路径"，即"休克疗法"，而是采取了"最糟糕的方式"。中国即使能在一时取得经济的快速增长，也必然要为这种体制的扭曲付出代价，中国经济崩溃不可避免。于是就像你说的，几十年来，只要中国经济增长稍有放缓，"中国崩溃论"和唱衰中国的论调就此起彼伏，从来没有间断过。

玛雅：另一方面，为了证明主流理论正确，所谓"中国崩溃不可避免"，对中国出色的经济表现，也就视而不见。

林毅夫：是这样。世界银行在1993年发表了一份报告，《东亚奇迹：经济增长与公共政策》，系统研究了东亚8个经济体经济表现卓尔不群的原因。这8个经济体除日本和"亚洲四小龙"外，还包括印度尼西亚、马来西亚和泰国。实际上，从

1978年底改革开放到1993年，中国已经取得了连续15年年均9.7%的高速增长。在一个底子如此之薄、人口超过10亿，又处于转型期的国家取得这样的成绩，在人类经济史上前所未有，但是《东亚奇迹》却有意无意忽略了中国经济增长的故事。

玛雅：在西方主导的国际学术领域和舆论领域，中国要想得到话语权，只能靠中国人自己去争取。中国的发展成就及其背后的普遍意义，只能由中国的经济学家来总结。

林毅夫：说得对。作为中国的经济学者，义不容辞应该做这件事。

1994年，我和蔡昉、李周合作，出版了《中国的奇迹》一书。我们分析了中国在转型期经济高速增长的原因，探讨这个增长速度是否能够持续、如何才能持续。我们预测，中国的经济规模按PPP计算，会在2015年赶上美国；按当时的市场汇率计算，会在2030年赶上美国。

《中国的奇迹》出版后很长一段时间，我们遭到学界和舆论界很多质疑，认为我们过于乐观，谈"中国奇迹"为时过早。然而，出乎主流学界的预料，在此书出版后的20年，中国经济基本沿着我们所预测的轨迹前进，增长绩效也如这本书所预期。

玛雅：你们"过于乐观"，在20年前就讨论"中国奇迹"，根据是什么？

林毅夫：我们是根据对经济的竞争力和增长的本质，以及发展中国家在产业升级和技术创新上的后发优势，作出的分析和预测。我们发现，一个发展中国家在经济发展过程中如果按照比较优势来选择产业、技术，则这个国家的经济会最有竞争力，能创造最大的剩余和最快速的资本积累。随着要素禀赋结构的提升，产业、技术需要随之升级。在这个过程中，如果这个国家的政府发挥积极有为的作用，不断为技术创新和产业升级创造条件，很好地利用后发优势，则经济的增长速度可以数倍于发达国家。日本和"亚洲四小龙"的发展都提供了这样的经验。

中国在改革开放后也开始按照比较优势发展产业和技术，并利用后发优势来进行产业升级和技术创新。我们认为，只要继续保持社会稳定，不断完善市场经济体制，为企业在竞争的市场中按比较优势选择产业、技术创造条件，并发挥政府积极有为的作用，帮助企业解决在技术创新、产业升级过程中的外部性和协调问题，充分利用后发优势，中国就有可能保持几十年的快速增长，创造出中国奇迹。

玛雅：根据你们的研究，中国转型和发展的经验是否具有理论价值？或者说，有没有普遍意义？

林毅夫：我们做了两个对比：一个是中国改革前后经济绩效的对比，一个是中国和其他国家改革成效的对比。通过这两个对比，我们加深了对经济增长的本质和决定因素的认识，总结出中国经验的普遍意义，形成了一个经济发展和转型的理论框架。

这个理论框架认为，一个国家在每个发展阶段有竞争力的产业内生于该阶段的要素禀赋结构，按照比较优势发展产业并充分利用后发优势的小步快跑，是发展中国家追赶发达国家的最佳途径。在经济改革和转型过程中，双轨、渐进的改革比"休克疗法"改革有利于转型期的经济稳定和快速发展，而转型的最终完成则有赖于体制机制的回归，即从过去的赶超战略回归到以有效市场和有为政府为基础的比较优势战略。

有了这个理论框架，我们较好地分析了中国在发展和转型过程中取得的成绩和出现的问题，提出了进一步改革的方案。鉴于这本书是讨论中国是如何通过政府发展战略转型和市场经济体制改革，取得了人类经济史上前所未有的持续高速增长，我们把书名定为《中国的奇迹：发展战略与经济改革》。也是在这个理论框架的基础上，我后来进一步发展出了新结构经济学。

新结构经济学：
有效市场和有为政府

玛雅： 你谈到两个概念：有效市场和有为政府。这是新结构经济学强调的经济成功的两个制度条件。新结构经济学是如何认识政府作用和市场作用的关系的？

林毅夫： 新结构经济学主张以市场经济为基础制度，政府在经济发展中发挥因势利导、积极有为的作用。新结构经济学认为，有效的市场是一个国家经济发展成功的制度前提，有为的政府同样是经济发展成功的前提。具体而言，一个国家的产业结构、经济结构应该由其特定时间内的要素禀赋结构决定。在提升要素禀赋结构的过程中，国家的产业结构不断变化；基础设施，包括交通、电力供应、港口等都需要改善；法制环境、金融系统也要慢慢完善。这种大环境的改善不是个人或企业能够决定的，必须要有政府的积极作用。这是现代经济增长过程中的一个特性。此外，产业升级、技术变迁都有一定的风险，政府要给"先行先试"的企业一定的外部性补偿。

玛雅： 新结构经济学强调政府在发展经济中的作用，因此遭到一些诟病。根据你在世行工作 4 年期间的观察、调研和分析，在各国经济发展成功与不成功的案例中，在有为政府方面有哪些经验教训值得总结和检讨？

林毅夫：我强调政府必须在产业升级和技术创新中发挥积极有为的作用，是因为企业无法解决基础设施、金融、法制等影响交易费用的外部环境改善的问题，因此政府需要发挥因势利导的作用来协调解决这些问题，以提高企业成功的概率。拉丁美洲的许多国家在20世纪70年代实行"华盛顿共识"改革后，多年来除了易于收费的无线通信以外，其他基础设施未见改善，成为增长的瓶颈，原因就是误认为企业在市场环境中能够自发协调解决外部环境条件问题。我在世行时，听到非洲和东欧许多国家抱怨，它们按照"华盛顿共识"的要求改善投资和企业经营环境，把各种政府对市场的干预都取消了，但是十几、二十年来没有新的产业和就业机会出现，原因也在于此。

实际上，今天的英、美、德、日等发达国家在处于追赶比它们更发达国家的阶段时，无一例外地采用许多针对特定产业的政策措施，扶持国内某些追赶产业的发展。在国际发展经济学界享有盛名的韩裔经济学家、英国剑桥大学教授张夏准认为，发达国家倡导发展中国家遵循自由放任的政策是一种"上了楼就踢掉梯子"（kicking away the ladder），以防止发展中国家赶上发达国家的政策主张。事实上，发达国家即使在今天也没有奉行自由放任的政策，还在通过专利保护、补助基础科研、政府采购、规定在一段时间内市场上只能使用某种技术和产品等措施，来支持它们的企业进行技术创新和产业升级。那种认为发展中国家的政府在技术创新、产业升级上不应该发挥因势利导作用的观点，其实是要发展中国家自废武功。

玛雅：根据新结构经济学理论，中国是有效市场和有为政府的成功案例？这对其他发展中国家有何借鉴意义？

林毅夫：新结构经济学总结中国和其他发展中国家经济发展成功或失败的经验，提出了有效市场和有为政府的理论框架，为市场和政府在经济发展过程中的作用和如何发挥作用提供了参考。在新结构经济学里，我提出了一个增长甄别和因势利导的框架，即"两轨六步法"，作为制定产业政策的框架。

我认为，"两轨六步法"能够比较好地帮助政府和企业找到可能的新的增长点，这不仅适用于中国，也适用于其他发展中国家。如果按照这六步法走，任何一个发展中国家都应该可以保持二三十年甚至更长时间8%、9%的增长，从低收入进入中等收入，甚至在一两代人的时间内变成高收入的经济体。每一个发展中国家应该都有这样的机会。我们看那些成功的经济体，看中国，如果中国能成功，为何其他国家不能？

政府做好政府的事，
市场做好市场的事

玛雅：中共十八届三中全会作出关于全面深化改革的决定，有人解读说，全面深化改革就是西方化——在经济上完全市场化、私有化，在政治上实行西式民主。你怎么看这个问题？

林毅夫：我一向坚持，在经济发展过程中，市场和政府要共同发挥作用。市场做好市场该做的事，政府做好政府该做的事，"两只手"都重要。你看二战后的世界经济发展，迄今为止成功的经济体是非常少的。能够从低收入变成中等收入，再进入高收入的经济体只有两个，一个韩国，一个中国台湾。有13个经济体实现了持续25年或更长、平均7%或更高的年增长。它们的共同特征是什么呢？第一，开放型经济；第二，宏观经济稳定，没有大起大落的情形；第三，比较高的储蓄率和投资率；第四，以市场为基础；第五，有一个相当有为、有能力的政府来推动经济发展。

在发展思路上，这些成功的经济体不是看西方发达国家有什么就做什么，而是看自己有什么、自己能做好什么，把自己有的和自己能做好的发扬光大，也就是根据自己的要素禀赋和比较优势，把自己的比较优势产业变成国内国际市场上有竞争优势的产业。相反，很多发展中国家奉行新自由主义，以发达国家制度体系作为自己国家的制度安排，强调私有化、市场化、自由化，结果却以失败告终。

我觉得，讨论问题不能因噎废食，也不能把婴儿和洗澡水一起倒掉。中国作为一个发展中国家、转型中国家，肯定有政府不到位的地方，也有市场不到位的地方，所以政府和市场都需要完善，才能真正起到推动经济发展的作用。任何事情都应该具体情况具体分析，经济问题也一样。任何经济改革都应该是为了提高效率和增长的质量，而不是为了某种意识形态共识，也不能根据某种教条，还是要坚持解放思想、实事求是嘛。

玛雅：中国经济到了结构性调整的困难时期，2019年《政府工作报告》说，"我们面对的是经济转型阵痛凸显的严峻挑战。"国内多数经济学家对未来时期的经济发展不看好，认为将继续下行。你却乐观认为，（从2008年起）每年8%的增长潜力可以保持20年。你的根据是什么？

林毅夫：我一再讲我不是乐观主义者，我是客观主义者。从客观来看，虽然中国在改革开放后实现了连续40年年均9.4%的高速增长，但是人均收入水平所代表的平均技术和产业水平，与发达国家仍有相当大的差距，中国经济还有很大的"后来者优势"。根据麦迪逊（Angus Maddison）的最新数据，按1990年的不变价国际元计算，2008年中国人均GDP 6725元，为美国当年的21%，相当于日本1951年、新加坡1967年、韩国1977年，同美国人均GDP的差距水平。在这一差距水平上，日本保持了 20 年年均 9.2% 的增长，新加坡、韩国 20 年年均增长分别为 8.6%、7.6%。根据这些经验，从后发优势的潜力来看，中国从 2008 年开始，应该还有 20 年平均每年 8% 的增长潜力。

玛雅：那么在你看来，怎样才能把增长潜力变为现实的增长率？

林毅夫：中国已经是中等偏上收入的国家，除了极少数和国防安全有关的产业外，绝大多数原来不符合比较优势的产业，如家电、汽车、船舶、大型装备等，已经符合比较优势，产品在国内外市场上也具有竞争力。所以应该与时俱进，取消相关的保护补贴，让市场在资源配置中起决定性的作用。对于极少数仍需保护补贴的国防安全产业，则和发达国家一样，由国家财政直接拨款。上述举措正是中共十八届三中全会关于全面深化改革决定的主要内容。

我认为，只要沿着这个方向全面深化改革，建立有效的市场并发挥有为政府的作用，挖掘增长潜力，变为现实的增长率，中国超过美国、成为世界第一大经济体就指日可待。当改革取得成功，中共十八大提出的"两个一百年"奋斗目标就能实现。中国将创造一个由盛至衰，再由衰至盛的人类历史奇迹，在"第二个百年"到来之时，成为一个现代化强国，实现中华民族伟大复兴的中国梦。

解读中国经济
必须有新的模式

玛雅：你在《解读中国经济》一书的前言中指出：国际上通常以国外现有理论为框架来解读中国经济现象，非但不能客观地分析判断，其观点还经常掺杂着意识形态和政治的偏见。我们知道，西方模式是"自由市场＋民主政治"。西方学界很多人多年来质疑、批评中国改革，不仅因为中国没有采用他们所主张的"休克疗法"，还因为中国没有如他们所愿实行西式民主。

林毅夫：很多西方学者认为，现代民主政制是经济可持续增长一个必不可少的基础性制度条件。事实上，即使是欧美老牌发达国家，宪政民主政制也是逐步演进而来的。19世纪摆脱西班牙殖民统治、直接照抄美国宪法的拉美国家，以及二战后摆脱殖民统治、直接继承英美民主政制的菲律宾、印度、巴基斯坦、孟加拉国，还有许许多多非洲国家，不但没有迈向发达的工业化国家，而且长期深陷"中等收入陷阱"或"低收入陷阱"的泥沼之中。美国著名政治学家福山曾经提出"历史终结论"，但后来改变了观点。他在《什么是治理》一文中指出，宪政民主既不是好治理的必要条件，也不是充分条件。

不论发展水平高低，一个国家作为上层建筑的各种制度安排都是内生的。随着经济的发展，生产力水平的提高，生产和交易规模的扩大，人民财富的普遍增长，相应的规范市场交易和人与人、民众与政府之间互动的制度安排也必须与时俱进地完善。但是，一个国家即使到了高收入发达阶段，有了相应的现代宪政民主体制，也不能保证一劳永逸持续发展。日本在1991年以后长达20多年的停滞、2008年美欧发达国家的金融危机都说明，即使有西方学界所认为的理想的现代民主政制，也不能保证这些国家的领导人和政府不被利益集团绑架，不能保证经济的持续健康发展。

玛雅：你在那篇前言中还坦言：解读中国经济并非不能有模式，只是必须有新的模式。这个表述可不可以理解为，中国模式不但存在，而且应该以中国的理论和话语来加以总结，做出解释？

林毅夫：可以这么说。始于1978年的改革开放是在没有现成的理论指导下，坚持解放思想、实事求是，"摸着石头过河"进行的。当时许多政策一出台即遭到国际学界的批评，但是中国经济却在一片非议声中取得了一个又一个令世人为之惊叹的成果。经过40年的不懈努力，中国的发展奇迹有目共睹，发展的实践已经走在理论的前面。今天，深刻总结改革开放的伟大成就和宝贵经验，成为我国社会科学界所面临的重要任务。

玛雅：对于中国学界来说，这是否意味着一个挑战，同时也是理论创新的机会？

林毅夫：是的。理论的作用在于帮助人们"认识世界，改造世界"。而一个社会科学理论是否适用于某个国家，取决于这个理论的前提假设是否和该国重要的社会、经济条件相一致。正因如此，中国的知识分子必须摆脱去"西天取经"的思维定式，践行立足于本土的自主理论创新，同时超越知行合一，践行知成一体。要在社会科学的各个领域，认真研究中国与其他发展中国家过去百多年来在现代化探索中成功和失败的经验，以及当前的国内国际现实，创造性地构建出一套能够揭示中国现代化问题的本质，以及面临的挑战和机遇的新的理论体系，来贡献于中国的改革发展事业，贡献于中华民族的伟大复兴。

习近平主席2016年5月在哲学社会科学工作会议上谈到："这是一个需要理论而且一定能够产生理论的时代，这是一个需要思想而且一定能够产生思想的时代。我们不能辜负了这个时代。"我的理解是，这个时代需要理论，是因为发展无止境。中国还只是中等偏上收入的国家，必须继续往高收入国家迈进，才能最终实现民族复兴伟业，使中国屹立于世界民族之林。在前进道路上，一定还会有很多挑战。如何应对这些挑战？同样不能简单照搬发达国家的理论，而必须坚持解放思想、实事求是，从我们自己的实践和经验中找到新思路、新方法。因此，我们需要来自中国自己的新理论，来解决改革中出现的问题，把握未来发展机遇，推动中国的进步和发展，实现民族复兴大业。

玛雅：通常认为，模式是可以被模仿借鉴的。中国作为一个发展中国家，发展模式及其理论体系对于其他发展中国家，是否具有借鉴意义？

林毅夫：实现国家现代化，是包括中国在内、占世界总人口85%的发展中国家的共同梦想。长期以来，发展中国家的知识分子总以为发达国家有一本"真经"，把这本"经"取回来虔诚念诵，就可以摆脱贫穷落后，实现现代化。然而，这样的"真经"并不存在。发达国家创造的理论在发达国家都难于"百世以俟圣人而不惑"，在发展中国家就更难于"放之四海而皆准"。二战后诸多发展中国家追求现代化的经验证明，尚无照搬西方主流理论而获得成功的发展中国家。其原因在于，理论的适用性决定于条件的相似性。主流理论总结于西方发达国家的经验，发展中国家的条件不同于发达国家，照搬主流理论不可避免是"南橘北枳"的结果。

中国作为一个发展中国家和转型中国家，在现代化进程中面临的挑战和机遇与其他发展中国家、转型中国家在本质上较为接近。能够解决中国现代化进程中所面临的困难，把握发展机遇，推动中国较好较快实现现代化的理论，对于处在相同发展阶段的国家来说，必然要比发达国家的理论更具有参考价值和借鉴意义。因此，在社会科学领域进行有益于中国现代化的理论创新，也将对世界其他发展中国家的现代化作出巨大贡献。这样的理论创新也有助于提升中国的软实力。

玛雅：这也将是中国社会科学界贡献给世界的实实在在的中国智慧。

林毅夫：中国文化追求"己欲立而立人，己欲达而达人"。中华民族的伟大复兴不仅仅是物质生活水平的提高，还应该像在汉唐盛世一样，提升中国思想文化的国际影响力。多少年来，摆脱贫困、实现现代化始终是发展中国家人民孜孜以求的愿望。中国发扬"天下为公、世界大同"的中华优秀文化理念，推动构建人类命运共同体，在谋求自身发展的同时促进各国共同发展。中国人民愿与包括广大发展中国家在内的世界各国人民同心协力，共圆人类社会伟大梦想，共创人类发展美好未来。

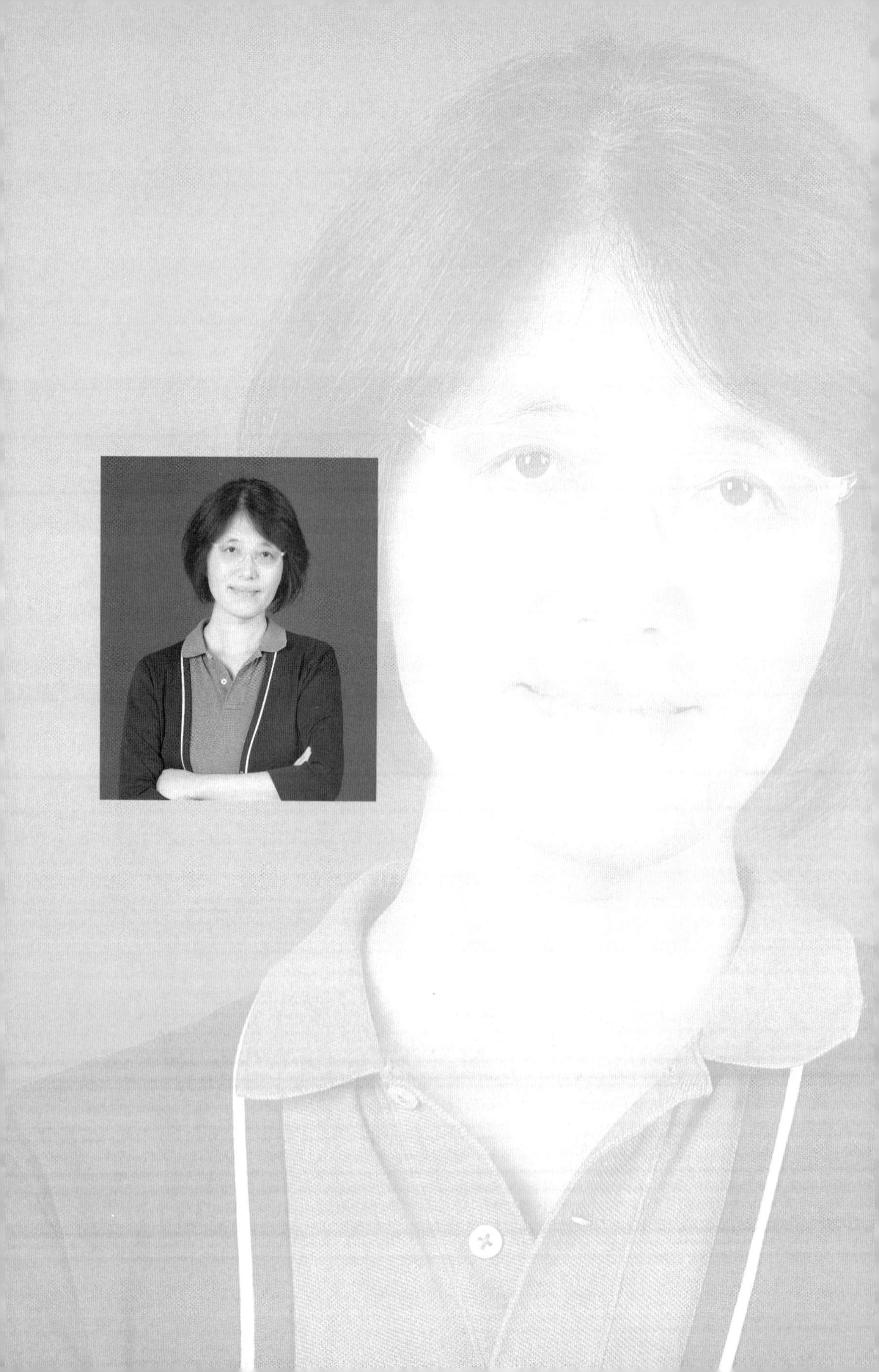

为世界创造一个新版的社会主义

李玲

北京大学国家发展研究院教授、北京大学中国健康发展研究中心主任。主要研究方向为卫生经济学、公共财政学。主要著作有《健康强国：李玲话医改》《中国公立医院改革——问题、对策和出路》（合著）及论文《人力资本、经济奇迹和中国模式》等。2018年荣获中华医学科技奖卫生政策奖。

中国经济要升级，
经济理论一定要升级

玛雅：中国经济已由高速增长阶段转向高质量发展阶段，以创新引领实体经济转型升级。你提出，中国经济真正要转型升级，经济理论一定要升级。你是如何认识的？

李玲：中国经济要转型升级，我们的理论一定要变，理念也要变。我这些年做药品行业研究比较多，一直批评我们的药企小乱差，过度竞争。众多小企业过度竞争的结果是，每个企业的利润都很薄，没有任何研发和创新能力。那你说，怎么能以创新促进产业升级？

国外药企是高度垄断的——美国为全世界提供药品，前20大药企市场份额超过60%，前3大流通企业市场份额96%；法国、英国、瑞士都是只有几家药企。中国有近5000家药企，但前100家市场份额不到50%，前3大流通企业份额约30%。国外大药企的研发投入一般是销售额的20%，中国1%都不到。那你想是什么局面？它一家跨国企业的销售额和利润超过我们5000家。所以中国就被锁在这个低端，我们的企业发展不起来。

玛雅：中国药企不赚钱，为什么药品还这么贵？医院怎么能以药养医赚钱呢？

李玲：这又是一个问题。企业的利润非常薄，那药品的利润在哪儿呢？在流通。可能出厂价是1元，到消费者手上却是100元。医生拿回扣，医院拿回扣，所以虚涨上来几十倍、上百倍。这相当于我们的企业受到几座大山的压迫。它在低端产品的位置，各方面的成本压力都在它头上，在流通环节又被攫取了一大块儿利润。那你想能创新吗？靠什么创新？最糟糕的是，很多腐败都在流通领域。卖药的贿赂医生，其他领域呢？贿赂各路人呀。这不但腐化人心，也极大增加了产品成本。为什么中国经济被压在低端？生产的无序竞争、流通的高昂成本——远高于国际的流通成本，造成在国际市场上我们卖什么，什么就是白菜价；我们买什么，什么就贵。

玛雅：*鹬蚌相争，渔翁得利。中国企业过度竞争，互相掣肘，市场和利益就是人家的。*

李玲：没错，我们的药品市场就成了跨国公司赚取暴利的场所。我们现在70%是进口药，90%以上的耗材和器械——CT、核磁、彩超、钢板、支架等，全是进口的。这实际上是在抽我们的血呀！医药行业是世界上利润最高的行业，它们又是以最高价格进中国，这不是把我们辛辛苦苦挣的一点儿血汗钱全都赚回去了吗？我一直在讲，中国医改的配套工程应该是药品和设备、耗材国产化。不走这条路，国家再多的钱投进去都不够。

我出国调研发现，我们国家太需要加强宏观治理了。你看美国、英国、法国、德国，人家是铁哥们儿，但是在利益上算得非常清楚。比如美国制药公司要在英国卖多少药，英国制药公司就要在美国卖多少。他们每年都谈判，你给我开放多少市场，我就给你开放多少，法国、德国也一样。而我们基本上是裸放，你想来就来，想卖多少就卖多少，没有任何限制。所以才会出现葛兰素史克行贿这种事，我们成了他们跑马圈地的地方。

玛雅：中国企业进军海外却屡屡受阻，人家大门把得死死的。美国有《综合贸易和竞争法》，有外资审查委员会，对外资的安全审查机制极其严密，欧洲也一样。

李玲：我们真的要反思，开放不是裸放，国家利益是底线啊！说实在的，拥有近14亿人的市场，我们什么样的产品都能研制出来，什么样的创新都可以实现。但是我们恰恰把自己这么好的"金矿"，变成了别人的创新成果。韩国企业不是在中国市场上创新出来的吗？三星突飞猛进、现代汽车更新换代，不都是中国人在用吗？北京为什么不用自己品牌的出租车？中国人应该坐中国车，凭什么坐韩国现代呀？我认为，中国官员都应该坐红旗车，并且让红旗生产出租车。这是多大的需求量啊，让给别人不冤吗？

这些都涉及体制机制，怎么利用我们14亿人市场的巨大优势，否则谈扩大内需就是空话。国内需求需要保护，用的都是国外的品牌，利润全都给了国外，就没有国内需求。你去美国看,所有商店里的东西都是made in China,而我们又花很多的钱给买回来了。中国人发疯一样在美国买各种品牌包包,打开一看全都是made in China。

　　追溯改革开放40年的市场经济实践,确实释放了很大的生产力,但现在弊端越来越明显。所以我认为,是时候应该深刻反思,做出调整了。在调整经济的背后,是要捋顺发展思路,还顺着老的思路往下走,是改变不了的。这就意味着,中国经济要转型升级,经济理论一定要升级。

大经济时代,
盲目无序的市场是不行的

　　玛雅:5000家企业过度竞争,是不是和药品行业的性质有关系?别的行业是什么情况?

　　李玲:2014年我去江苏丹阳调研眼镜行业,发现问题是一样的。丹阳是县级市,20世纪60年代开始做眼镜,眼镜市场中外闻名,中国80%的眼镜、全世界50%的镜片都在这里生产。可是丹阳全市约1000亿元的工业总产值中,眼镜只有100亿元左右。为什么呢？就是大量的小企业过度竞争。

其实再看看，中国几乎所有的行业都这样，2015年初的倒牛奶事件就是一例。可见经济学一般原理在实践中确实是有作用的，完全竞争到最后就是过度竞争，过度竞争肯定就有过剩，过剩以后就只有靠破坏性的毁灭。这就是资本主义的规律。过去资本主义国家倒牛奶，现在我们倒牛奶。《人民日报》文章说倒牛奶跟主义没关系，跟主义是没关系，但是跟经济理论有关系。

玛雅：市场失灵了，什么主义结果都一样。

李玲：现在讲创新，以创新促进产业升级，这肯定是对的。中国不能永远在产业低端，挣血汗钱，污染环境。但问题是，我们目前的经济结构是不可能产业升级的。比如丹阳，100多家眼镜企业竞争，每家的利润都不高，哪有钱来做研发？怎么可能升级呢？这背后就是经济理论问题。

按照传统的经济学理论，完全竞争的市场是最好的。它是个乌托邦，可能在亚当·斯密的时代，也就是小经济、小作坊的时代，是田园牧歌式的完美状态。但完全竞争是"菜市场经济学"，在今天大经济、大企业和全球化的时代，这种盲目无序的市场是绝对不行的。今天科学技术日新月异，需要大量的研发，所以国际上的大企业都是垄断，而不是完全竞争。可是我们至今还在强调竞争，在过度竞争的环境中，谁研发谁就死。因为研发要投入一大笔钱，所谓创新、产业升级的成本是很高的。这就使得中国人的聪明才智发挥不出来，不可能像国际大公司那样去搞研发；反而在恶性竞争的压力下，假冒伪劣的"创新"层出不穷。

玛雅：现在提出，加快国有经济布局优化、结构调整、战略性重组，推动国有资本做强做优做大。

李玲：2014年底南车、北车整合，在国际市场上一个拳头对外，这非常对。但是我们太多的行业都需要这样的整合。中国经济创新背后的关键是，怎么让我们的产业政策符合产业的规律性，符合国际大潮，也符合信息技术发展所带来的机遇。再这样盲目无序地竞争下去，中国经济转型升级就是空话。

玛雅：关于经济理论升级，你近年来经常讲的"计算社会主义"，是这方面的一个探索？

李玲：可以这么说。之前我叫"计算社会主义"，现在再加一个概念，叫"订制计算社会主义"。提出这个理论，是看到了盲目无序的生产带来的弊端，以及西方国家因此走向集中，就是垄断。但是垄断也有很多弊端，中国现在就是一些国际垄断企业在跑马圈地，药卖得那么贵，车卖得那么贵，什么都那么贵，所以需要管理市场。也就是说，对资本的力量要加以限制，否则规律使然，它一定要不断扩大再生产，不断扩大市场份额，不断攫取更多的利润来维持再运作。这个问题一百年来都在争议，现在也在争议，包括皮凯蒂《21世纪资本论》的出现。所以我认为，有必要回过头来看一下社会主义。

"订制计算社会主义"理论和方法

玛雅：能不能介绍一下你的理论？

李玲：计算社会主义是兰格在20世纪30年代提出的，当时他和哈耶克等人争论。他认为，社会主义经济可以通过大规模的计算，在试错过程中获得一个隐性的"均衡价格"，从而让基于计划的社会主义经济在实现资源合理配置的同时，避免市场的无序和价格机制的高额成本。兰格这个理论是超前性的，那时候还没有计算机，他就做出这样的展望，不愧为一代先知。

玛雅：在当时看来，兰格的理论是天方夜谭。

李玲：是的。但在今天，他的理论已经为实践所证明。在现代的沃尔玛体系中，高效的中央计算系统通过对各个零售卖场需求信息的搜集与计算，并同时规划生产部门的订货和存货状态，在严格的计划标准下对生产和销售环节进行组织与调节。

谁能否认，沃尔玛不就是一个袖珍的"计算社会主义"呢？

传统经济学理论是基于过去的生产力水平，今天的信息化、智能化和新的生产力革命将改写经济学理论。马克思说，生产力决定生产关系。人类已经进入信息时代，信息化的生产力必然决定今天的生产关系。资本主义从自由竞争走向集中，垄断是它组织生产关系的一种方式。中国是社会主义国家，在信息时代，我们可以发展真正的社会化大生产。

中共十九大报告提出，建设现代化经济体系。我认为，中国建设现代化经济体系，其核心在"化"字上，而这个"化"意味着生产力和生产关系的重构。为什么这么说？因为我们面临的是日新月异的新的生产力，智能化社会在爆发，生产关系一定要跟上变革，而中国最大的优势正在于我们的社会主义生产关系。

玛雅：为什么叫"订制计算社会主义"？订制什么？怎么订制？

李玲："订制计算社会主义"是说，这个社会化大生产可以兼顾个人的选择、市场的效率和计划的优势。"订制"就是把这几点给综合起来，因为很多消费是确定的。这种确定的消费可以由个人先报需求，然后统一汇总，有针对性地做计划。比如牛奶，每个人前一年大概食用了多少，根据这个消费数据，再根据人口的变化趋势，就可以做出下一年的生产计划。钢铁、煤炭、电力等等，所有这些大宗商品都要有计划。我们现在因为没计划，造成50%—60%的产能过剩，这是多么毁灭性的浪费啊！

中国当年的计划经济确实有它的弊端，方法简单粗暴。国家计委做计划，每个人定量，整齐划一。当时又是短缺经济，所以现在一谈计划经济，大家就想到短缺。但是今天不一样，生产力极大丰富。"订制计算社会主义"的理论核心还是有计划、按比例安排国民经济生产，但是机制设计和操作方法完全是现代的。指导思想是社会主义理论，具体运作则是通过市场设计。

玛雅：是什么样的市场设计？

李玲：市场设计简单说，就是设计出来的市场。不同于自发的市场，这个设计出来的市场有一套明确的交易规则。只要交易双方按照这个规则进行匹配，就可以实现有效率的结果，比自发的市场更有效率。从设计的角度说，市场设计是中央决策的过程。但从执行的角度说，不是用过去计划经济简单粗暴的办法，而是充分注重参与者的个体差异，运用信息化、智能化手段和大数据处理，来兼顾各方平衡。也就是说，在市场设计的平台上把市场和政府的作用比较好地融合。

玛雅：如果在设计层面是中央决策，有计划、按比例安排生产，怎么能保证这个设计的科学性？

李玲：这种有计划、按比例不是长官意志，也不是官僚系统的偏好，它是一种科学决策。可以设计一个巨大的信息中心，甚至可以说，这个中央数据库就是一个虚拟的市场。在这个平台上人人都有发言权、选择权，所谓"订制"就是尊重亿万消费者的个人意愿。然后再把信息集成起来，根据每个人的需求做计划，安排生产。同时留有余地，比如说，5%—10%的过剩是可以接受的，就留出这个空间来。这样既能做到商品极大丰富，又不会给社会造成大的浪费。

我们需要
新版的社会主义

玛雅：听起来，这个理论非常吸引人。但是这样一个"宏大叙事"，实际应用可能吗？

李玲：2012年的诺贝尔经济学奖授予了两位美国经济学家，罗斯和沙普利，表彰他们的"稳定分配理论和市场设计中的实践"，也就是市场设计理论，即对整个市场做设计。罗斯是我在美国的老师，2018年他来中国讲学，我和他谈了很多。他认为，他的这套理论在中国应用会是最好的。

玛雅：为什么？他的理论是在美国提出并应用的。

李玲：因为美国缺乏数据整合的能力，他的理论应用空间有限。比如他自己，获得诺贝尔奖的时候是哈佛大学的教授，现在转到斯坦福大学任教，想把他的病历从哈佛转到斯坦福都不行，因为系统和法律不兼容。这说明，美国的制度缺乏数据整合的能力。

他来到中国，在用了微信、考察了滴滴公司和物流业的仓储后，认为他的理论在中国应用会是最好的。因为市场设计的特点是，越大的规模、越多的数据，设计的精准度就越高。而中国最大的优势就是近14亿人口，这些年基于我们的人口规模，整个经济在信息化领域的发展是飞速的。

玛雅：市场设计理论给我们的启示是什么？

李玲：启示是，我们重新来认识这个大家一直在争论的问题：市场经济和计划经济如何更有效地结合？也就是说，所谓社会主义市场经济是否存在合理性和可行性？我认为，解释社会主义市场经济，我们可能有了一个新的话语体系。在这个话语体系中，此市场非彼市场。这个市场是科学设计出来的，既能保证市场配置资源的效率，又能完成社会主义的功能，保证社会的公平正义。

玛雅：既保证效率，又兼顾公平，这正是中国社会主义市场经济的出发点和既定目标。

李玲：我们的政治路线、思想路线和组织路线就是要坚持社会主义。但是传统的社会主义已经被妖魔化了，因此就像香港中文大学王绍光教授讲的，我们需要新版的社会主义。"订制计算社会主义"是选项之一，它的核心是国民经济的宏观效率，有计划按比例、统筹协调发展，实现手段是市场设计和信息化、智能化、大数据。

信息技术的发展给我们带来了崭新的生产力，也一定会带来新的经济组织形态以及新的理论。现代信息生产和处理的高效性为"订制计算社会主义"带来现实的可能性。罗斯教授的市场设计在美国只能应用于单个或局部市场，而在中国，我们可以对整个国民经济做市场设计。所以我说，中国最大的优势就在于我们的社会主义生产关系。相对于其他国家，我们的生产力和生产关系是匹配的，在这一轮的国际竞争中，我们是有优势的。

现在的问题是，我们有没有充分利用这个优势？很多学者和官员至今认为，中国现在还应该一切都对标美国。他们不明白，美国今天恰恰是无能为力的。它的生产力和生产关系严重不匹配，以至于宏观经济完全没有把控。中国如果一切对标美国，会把我们带到沟里去。

理论创新：
中国人必须有所突破

玛雅：如果"订制计算社会主义"成为现实，将极大增强中国人的理论自信。

李玲：我认为，有计划、按比例发展国民经济的理论其实没有错。当年社会主义实践遇到重大挫折，是因为当时的生产力水平、技术水平达不到计划的要求。做计划要基于信息，当年哪有今天的信息化手段？今天是一个新的时代，信息技术突飞猛进，我们完全可以做精准化的计划。我认为这是未来的趋势。

这些年中国的大数据发展非常快，因为有制度优势，我们可以做到大数据的集成。比如，山东是中国人口第二大省，1.07亿人口。山东与公安部在人口信息上共建了全民健康信息系统，可以把所有的健康管理、公共卫生、医疗记录都集成起来。通过大数据分析，找出疾病发生的规律，就可以提早预防。

再比如，这些年中国人生活最大的改变，就是用手机可以"搞定一切"。目前全世界只有中国可以做到，是通过我们制度和文化的优势做到的，中国的信息化发展已经走在世界的前列。大家都知道，美国之所以打压华为，主要是因为华为引领了5G时代。中国现在已经在推2019年的5G商用，很多地方在做试点。5G时代来临，信息化又进入了一个新的阶段，就是万物互联，一切都可以联起来。我相信，在这一轮的国际竞争中，我们中国是有优势的。

玛雅：科技手段的进步给社会主义经济带来了新的生机，也使得经济理论创新成为可能。

李玲：中国近代的落后是我们错过了工业革命的机遇，但是西方现在遇到了困境，意味着工业革命以来的发展模式难以为继。西方这套思维是定量化的、微观的，科学上是还原论的。而中国文化是总体、系统的，跟西方还原论定点、定量的理论不匹配。所以中国的学术动辄就被说成是"不科学"的——中医不科学，中国文化不科学，因为总体、系统的这套思维没有科学来阐述，来支撑。而信息网络思维和中国人的思维方式是一致的，它是一个总体思维。但是微观上它又是灵活的，不像我们过去缺乏客观细致的分析。因此我相信，借助于这一轮的信息革命，中国人有希望重写宏观经济学。甚至不是重写，而是建立，因为西方其实没有宏观经济学，西方经济学只研究微观效率。所以要由我们来建立崭新的宏观经济学，包括新的政治理论，以及其他社会管理的理论。

玛雅：从宏观经济学的角度看，西方经济学的局限性是什么？

李玲：西方经济学只有微观效率，即单个企业利润最大化。

美国的企业微观效率是非常高的，但国家整体能力却在加速下降。这也是今天美国的焦虑，背后是它的理论出了问题。2018年诺贝尔经济学奖得主保罗·罗默是经济增长理论的主要建立者之一，现在以他为代表的主流经济学家已经在反思经济学理论。罗默说：我们犯的错误就是总认为所有的问题都是由于资源短缺所导致的，其实最大的问题是个体利益与社会利益不协同。他就是从宏观经济学的角度，反思西方经济学的局限性。

玛雅：中国错过了工业革命的机遇。而在今天中国快速崛起之际，信息革命给我们带来一次新的改写历史的机会，这也许是天命所归。

李玲：所以我认为，中国学者应该做这个工作。如果说21世纪是中国的世纪，中国人必须在这方面有所突破。只有在理论上实现突破，整个经济结构和市场形态才能改变。从这个意义说，建立现代化经济体系是我们经济学家应该努力的方向。这是"道"，新经济理论应该是用现代化的体系配置资源，充分发挥政府和市场的作用，并加上信息化、智能化的手段。

我们的目标是宏观效率优先、国家利益最大化，其次是中观效率，再其次才是微观效率，我们要追求的是系统整体协同。要成为一个有机整体，意味着微观主体不能各自为政，个人利益要与国家利益兼容，短期利益要与长远目标协调，这样才是一个具有生命力的、能够蓬勃发展的、不断自我转型升级的新经济。建设现代化经济体系，最有效的手段就是信息化、智能化、大数据。在信息空间里，计划手段和市场机制有机融合，效率和公平也可以和谐共存。

这个新的理论可以叫作"智慧经济学"。我设想，未来的中央数据库能够快速整合、分析经济和社会的所有数据，有效配置资源，满足人民对美好生活的需求。而且它可以不断演化升级，智能化将重构人、企业、国家之间的关系，逐渐形成全球一体化的生活、生产、管理体系，实现中国人两千年前就希冀的"天下为公"的理想社会。

玛雅：放在"天下为公"的语境中，这也是中国特色社会主义经济理论。

李玲：实现国家治理体系和治理能力现代化，背后其实是中国特色社会主义理论的现代化。这套新的理论需要集成和创新，集社会主义的经典理论、中国的传统文化和智慧、新中国的丰富实践经验以及西方理论实践和现代信息技术之大成，开创社会主义新理论。这个挑战非常之大，但是如果我们不抓住这个机遇，在理论创新上有所作为，我们将会愧对历史。

共产党的最大贡献是
把人民组织起来

玛雅：你认为，中国经济要转型升级，我们的理念也要转变。是什么样的理念？

李玲：中国是个农民国家，每个人追根溯源都是农民的后代。农民文化的优点是勤劳肯干，但是不可否认，小农意识一亩三分地思维，自私、短视，缺乏合作精神。中国近代落后挨打，说到底，就是中国人一盘散沙。日本侵华时军队可以屠城，我们那么多的人哪儿去了？全都各自逃命了。那真的叫"蛇吞象"啊！

中国共产党的最大贡献，就是把一盘散沙的中国人组织起来。为什么抗美援朝我们没有被世界头号强国打败？就是组织起来了。一根筷子和一把筷子的力量是不一样的，一把筷子和一大捆筷子的力量又不一样。

中国农村改革从小岗村分田开始，这在短期内适应了生产力的变迁。但是别忘了，小岗村分田的基础是什么？是1949年到1978年农业合作化和人民公社奠定的基础——农田的平整，8万座水库的修建，先进种子化肥的使用，还有大量人才的培养。1979年是在这个基础上放开以后，农村改革取得了一定的成效。

玛雅：网上有人说，现在中国人基本上都在喝人民公社的水，吃人民公社的粮。全国几乎每个城市都是水库供水，而现有的8万多座水库大都是在毛泽东时代修建的。毛泽东时代农业学大寨，开发北大荒，不仅增加了大量良田，还修了大量灌区，使近5亿亩旱地成了水浇地。

李玲：实事求是说，毛泽东真是一位好当家人。他做的这些事就是打基础，播下种子，让后人收获。真的就是习总书记说的，功成不必在我。我老家是江南，当地人跟我讲，当初如果不是一刀切，所有的村社土地都得分，他们的经济发展一定比现在更好，江南的农村都能达到华西村的水平。不否认分田给很多地方带来了好处，但其实分的代价是很高的。看看小岗村后来发展的落后，再看看今天很多农村地区的凋敝，是时候我们应该思考下一步该如何发展了。而这背后，就是理念更新的问题。

玛雅：你的意思是，应该把农民重新组织起来？

李玲：对，不能再顺着惯性走。比如分给个人这种激励机制，在某种程度上确实顺应了人性，也顺应了农民意识——比较看重短期利益，所以刺激作用很强。但我认为，中国作为一个国家、一个民族，要实现伟大复兴，就要战胜自己的弱点。中国的经济总量已经超过13万亿美元，但是中国人在世界上的认可度不升反降，被视为唯利是图的经济动物。这背后有我们的农民习性，比较急功近利，喜欢单打独斗，只要有利不择手段，更多的是"一切向钱看"的制度导向。

中共十八大以后又提农业现代化。我认为，农业现代化应该是把农民重新组织起来。可能不是人民公社那种方式，但应该是顺应时代潮流的组织起来的方式。现代社会的组织形态是大协作，需要相互配合，不再是小乱差的单打独斗。

玛雅：把农民组织起来，这是共产党的看家本事。共产党凭着这个本事打江山坐江山，今天实现民族复兴伟业，责无旁贷要把农民组织起来，把整个中华民族凝聚起来。

李玲：我们需要一场新的思想解放。这个思想解放不仅仅是意识形态的"左"和右，从根本上说，是我们作为一个民族——一个在人类历史上没有中断过的民族，也要有勇气正视自己的弊病，吸收人类文明所有好的东西，融合我们自己传统的好东西。人类面临第四次工业革命的时代——信息时代，这个时代我们怎么能跟得上？这个跟得上的背后更重要的是，我们的思想理念怎么能跟得上，中国人怎么能有更多的国家和天下的意识，有一个地球村公民应该有的责任感。而不是说我有肉吃了，有房住了，有车开了，都是我、我、我这种极端的自我意识。这方面如果不改变，谈中国复兴就是空谈。

以大团队的力量科技创新，
是我们的优势

玛雅：现代化大生产需要大团队协作，这是中国经济转型升级必须走的一步。

李玲：现在讲大众创业、万众创新，这很对。但是这背后需要什么？需要理念和制度的支撑。否则在互联网时代，有些可以是个人创新，比如开网店，但只要是现代化大生产，个人是很难创新的。中国这些年科研经费投入巨大，在全世界都数得上，可是为什么没有相应的创新成果？就是我前面讲的，我们的小农意识，把现代科学技术研发当成了一亩三分地的活计，好像给他一点儿钱，他就能干成事儿。这我是非常反对的。

比如航天工业，一个人能做吗？这种基础研究、大型尖端技术的突破，是靠巨大的团队力量。钱学森当年回国，给他几个亿，让他自己去折腾，他能造出"两弹一星"吗？不可能。国家给他的是什么？是全国大协作的平台。当年建的那个机构，整个是部队建制啊。钱学森是将军指挥作战，调度人才，把他的研究和创新变为成果。

"两弹一星"、航天技术、登月、蛟龙号，还有特高压等，凡是人家不卖给我们的，我们自己都搞出来了，都是靠大团队协作，自主创新，实现超越。还有高铁，是集成创新。说实话，如果没有高铁，何来今天的"一带一路"？

玛雅：高铁成为中国的"国家名片"，是我们制度优势一个强有力的证明。高铁在 2004 年引进后能够快速国产化，跟铁道部的垄断地位有直接关系。铁道部作为一个具有高度组织性、计划性的大集团，科研能力、制造能力都是一体化的，因此能够有效组织内部的消化吸收，高铁就上得快。

李玲：在国家组织大规模科技攻关方面，我们是有自己优势、自己特色的。但另一方面，今天仍有很多管理科研的人还在以小农意识和方法搞科研。为什么中国的药企不搞研发创新？因为他怕鸡飞蛋打。如果有人研发搞得不错，他马上就会被挖走，或者自己跳槽单干。国外大药企是大团队协作，成千上万的人在干，大规模协同。每个人就相当于一颗螺丝钉，做非常具体的一项工作。做得好，高薪待遇；离开了，一钱不值，因为不可能带走整个研发成果。我们回头看，当初社会主义大生产就是这样，每个人都是螺丝钉，怎么现在资本主义是这样，我们却变成了每个人都是一根桩？理念完全错了。中国经济要转型升级，这种理念必须得变，尤其领导干部的理念要变。毋庸讳言，很多时候，有些部门和地方的领导，小农意识比普通老百姓更严重。

玛雅：这涉及用人的问题。如果领导干部的理念先进，中国政治体制的优势就能得到更好的发挥。

李玲：中国的政治体制下，靠政府推动是最有效的，比如向世界推广高铁，非常有力。我们需要市场的活力，但是政府不可或缺。涉及国家重大产业的创新——基础工业的、材料科学的研发和生产，电子信息技术、互联网等，都不是个人能完成的，神人也创不出来，必须要国家来搭建平台。现在搞定点投资，大量的钱投进去，我希望能真正定点到实体经济。中国发展的核心还是实体经济。

玛雅：回到新版社会主义话题。有个问题我感到好奇，你在基层调研看到这样那样的问题，通过医改也看到国家治理体系和治理能力存在问题，你对中国社会主义的未来乐观吗？

李玲：当然。我的乐观就在于辩证唯物主义和历史唯物主义。马克思所揭示的真理是人类社会的必然走向。你看欧洲国家走的路，也在从资本主义往社会主义这条路上走。这是历史规律使然。历史的潮流滚滚向前，中间肯定九曲回转，我们应该对未来充满信心。过去我们说社会主义救了中国，今天中国将为世界发展和进步创造一个新的社会主义。

我很乐观，人类社会将不断往前走，人类追求美好社会的探索是不会停止的。20世纪所向披靡的资本主义制度遇到了百年未有之大变局——2008年爆发的国际金融危机以及不断蔓延的经济危机、债务危机、社会危机，把世界带入了一个政局动荡和社会冲突多发期。金融危机引起人们对主流经济学的质疑和反思，指导当代西方发展的社会科学理论遇到了挑战。在这个重要转折时期，中国怎么能抓住机遇？我认为，我们需要新一轮的或新版的社会主义。唯此才能解决中国面临的问题和挑战，实现中华民族伟大复兴，真正从道德制高点上赢得话语权。而这，才是真正的中国梦。

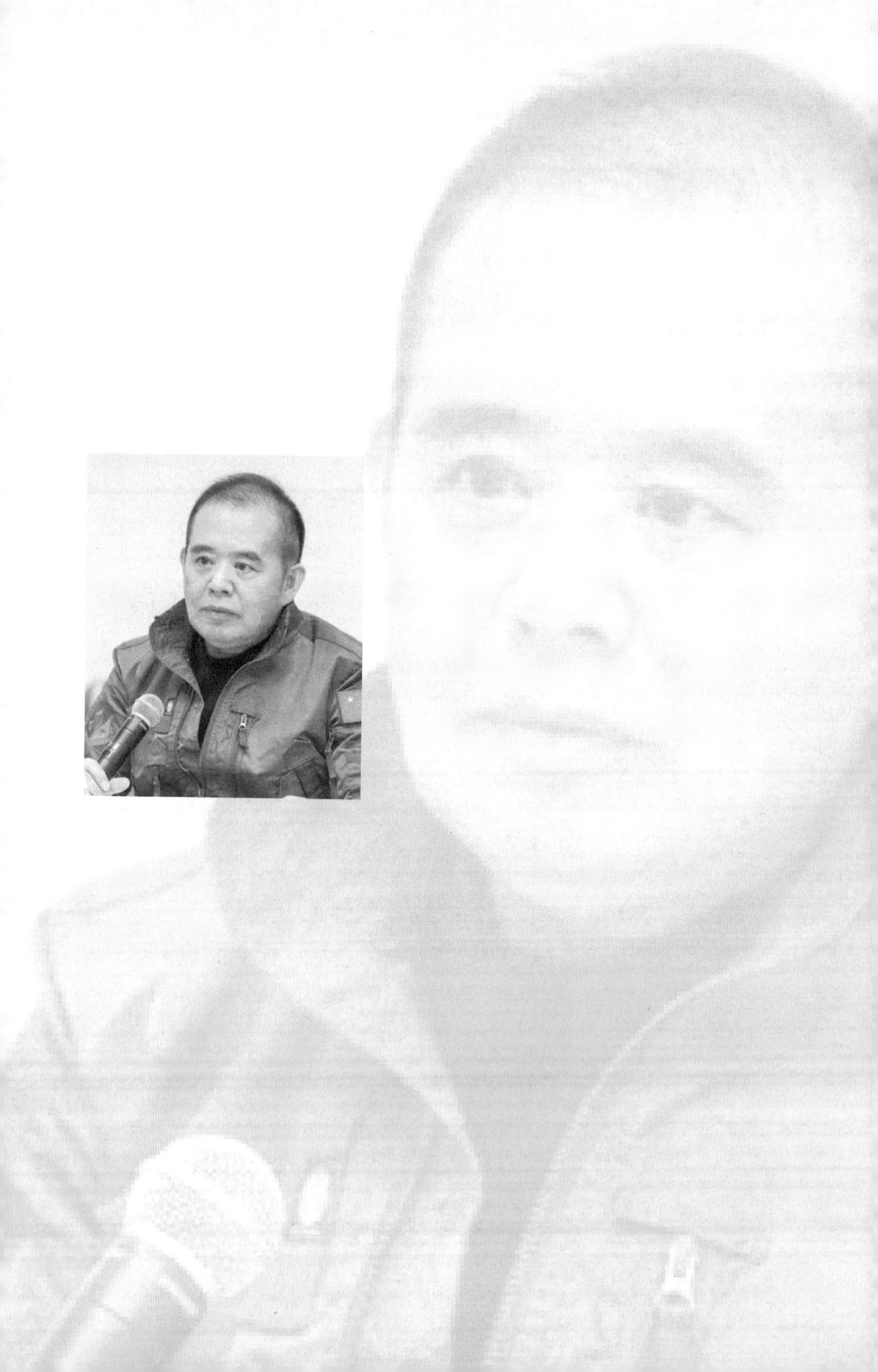

风物长宜放眼量：
新时代中国战略大视野

乔良

军事理论家、评论家，
国防大学教授，空军少将。
主要著作有
《超限战：全球化时代的战争与战法》（合著）
《全球军力排行榜》
《帝国之弧——抛物线两端的美国与中国》等。

美国的"剪羊毛术"对中国不灵

玛雅：你研究"币缘政治"理论，认为美国作为一个金融帝国，通过美元隐蔽地控制各国经济，把世界各个国家变成它的金融殖民地。美国这个招数，你称之为"剪羊毛"。具体说，美国是通过什么手段，来达到剪全球羊毛的目的？

乔良：首先说明一下，"币缘政治"理论不是我一个人的研究成果。它是由王建[1]最先提出的，然后在我们四个人[2]合著的《新战国时代》中为之命名，最后由王湘穗[3]在《币缘论》中完成。我的贡献，只是在《帝国之弧》中阐明了"美军为美元而战"这一命题。但时移世易，这一理论的适用性在美国总统特朗普上台后发生了微妙变化。究竟发生了什么变化，我后面再谈。这里我先从布雷顿森林体系解体、美元与黄金脱钩说起。

在我看来，20世纪最重要的事件不是第一次、第二次世界大战，也不是苏联解体，而是1971年8月15日尼克松政府放弃布雷顿森林体系，将美元与黄金脱钩。从此之后，人类社会看到了一个真正的金融帝国的出现，而这个帝国把整个世界纳

---

[1] 王建，经济学家，长期从事宏观经济研究。
[2] 王建、乔良、李晓宁、王湘穗。
[3] 王湘穗，北京航空航天大学战略研究中心主任、教授。

入它的金融体系之中。所谓美元霸权就是从这个时刻开始的，世界也从此进入了美元全球化时代。为什么说美国利用美元把世界各国变成了它的金融殖民地？因为很多主权独立的国家，包括中国在内，都脱离不开美元，各国之间的贸易主要用美元结算。而正是通过与美元的兑换，世界各国的实物财富源源不断进入美国。

从尼克松时期到奥巴马时期，美元全球化大约持续了40年，基本是按照美联储设计的路径往前走。在这期间，美国先后两次用了"剪羊毛"的手段，一次是1982年拉美金融危机，一次是1997年东南亚金融危机。两次都成功地剪了这些地区的羊毛，让美国获利甚丰，赚得钵满盆满。

玛雅：这种"剪羊毛"招数的套路是什么？

乔良：简单说，就是一种"金融呼吸"，"呼"是输出美元资本，"吸"是收回美元资本。先是大量印钱，让美元指数走弱，把资本投向某一个有发展潜力的地区，制造一轮经济繁荣；等该地区经济繁荣起来了，再收紧银根，减少美元输出，让美元指数走强，并且在该地区有意制造危机，恶化那里的投资环境。同时美联储宣布美元加息，致使已经投在发生危机地区的美元大量撤出，回来追捧美国的三大市，即债市、期市、股市，给美国人带来一次特大牛市的发财机会。而当美元撤出的地区因此而发生金融危机甚至经济崩溃时，美国人又趁势拿着在大牛市上赚到的大把美元，重新回去购买那些已经跌到地板价的优质资产，狠狠地剪一回羊毛。1982年拉美金融危机、1997年东南亚金融危机，都是这个情况。

但是到了第三次——2012年前后，当美国把剪刀伸向以中国为代表的新兴市场国家的时候，它失手了。2008年国际金融危机后，中国成了拉动世界经济的火车头。这时候中国是吸引全球投资最多的国家，大量的国际资本看好中国经济，纷纷进入中国。这也意味着，美国第三次"剪羊毛"轮到中国了。

玛雅：当时美国采取"重返亚太"战略，剑指中国；周边国家一哄而起，趁火打劫，地区性危机随时可能爆发。

乔良：就是在那段时间，中国周边地区陆续发生了韩国天安号事件、中日钓鱼岛争端、中菲黄岩岛争端，还有后来的中越"981"钻井平台冲突和再后来的香港"占中"事件。所有这些事件，都可能成为引发地区性危机的炸点，导致中国周边投资环境恶化，迫使投资人大量撤出资本，投入美国的三大市，从而再度形成有利于美元获利模式的态势，也就是美国"剪羊毛"所需要的基本条件。

但是对美国人来讲很不幸的是，他这回的对手是中国，结果他费尽心机羊毛也没剪成。原因有两个：一个是美国人自己金融衍生品的游戏玩儿过头了，次贷及次债危机让美国在2008年先遭遇了金融海啸；另一个是中国这个大国不好对付，中国人用打太极的方式，一次次化解了周边危机。

没有科技优势，
美国对中国就没有优势

玛雅： 特朗普上台后，不按以前的套路出牌，"剪羊毛"的游戏不玩儿了？

乔良： 华尔街的那一套逻辑今天在特朗普这儿已经不太适用了。特朗普政府在经济路径选择上，明显区别于奥巴马以前的美国政府。特朗普是美国产业资本利益集团的代表。美国的产业资本利益集团长期被金融资本利益集团边缘化，可以说，特朗普作为产业集团的成员，被华尔街金融集团打压了很多年。所以他不玩华尔街那一套，那套路数他也不熟悉。而且那种方式对2008年以后的美国也不太有利，有点玩儿不动了。

最重要的是，真正让美国人——不管是哪一个阶层，感到担心的是中国的崛起。中国成为世界制造业第一大国，对美国人的震动非常大。美国人今天的焦虑和恐惧都来自这一点：居然制造业第一大国是中国，而且是和美国的意识形态、政治制度完全不同的一个国家。美国人已经意识到，没有制造业，没有实体经济，如果将来有一天真的像他们自己说的，中美之间陷入"修昔底德陷阱"的话，美国拿什么跟中国抗衡？

玛雅： 中国在世界前五大经济体中，增长速度是最快的。

美国人担心中国经济继续增长，会将财富转化为军力，挑战美国在亚太地区的霸主地位。

乔良：目前来看，美国手中最后的优势就是高科技。而在高科技方面，最让美国人沮丧的一点是，它在 5G 技术上已经没有优势了。美国现在只能跟中国打政治仗，甚至背后是靠军事实力支撑，以这样的强权来打压中国的科技优势。它已经不能用科技优势来碾压中国科技的发展势头，而实际上如果没有科技优势，美国对中国就没有优势了。

有人会说，不对吧？它还有军事优势呢。我说你不能只知其一不知其二，没有科技优势，美国就没有军事优势。美国今天对全球的军事优势，包括对中国的军事优势，主要是建立在高科技之上，没有高科技，美国就没有军事优势。这才是中美贸易战最深层的原因。所以，特朗普不光要继续保持美国的科技优势，还要恢复制造业，把美国的实体经济重新振兴起来。

玛雅：重振制造业谈何容易。如今美国制造业仅占 GDP12%，全国从事实业的人口不到总人口的 20%；80% 以上的财富来自金融为核心的服务业。美国人已经玩惯了钱生钱的游戏，现在要靠实业兴邦，真够难为他们的。

乔良：所以要恢复实体经济，特朗普和美国金融利益集团就要有一番博弈，比如和美联储。现在美联储认为，美元已到了强势美元的最后阶段，必须要加息。而对特朗普来说加息肯定不行，因为这和恢复实体经济，特别是恢复制造业是相背离的。特朗普认为美联储一直不跟他配合，所以耶伦当了一任主席就让她走人了，换上来鲍威尔。特朗普指望鲍威尔上来以后能够听他的，结果鲍威尔一旦进入美联储，也只能随着惯性往前走，那就还是要加息。加息对美国恢复制造业非常不利，因为制造出产品得卖出去，货币强势产品的价格就高，不利于出口，特朗普当然不高兴。

玛雅：奥巴马当初也曾信心满满，推行"制造业回归"战略，试图重振美国的实体经济，结果不了了之。

乔良：奥巴马提出了一个"再工业化"的目标，试了几下就发现根本不行。就连他亲自去动员乔布斯把工厂搬回美国，乔布斯都告诉他不可能。特朗普认为他自己比奥巴马聪明，奥巴马要恢复制造业，但完全没有招数，而他知道怎么能让制造业回来。

特朗普上台后的第一步，在咱们中国人看来，就是搞反全球化，逆全球化而行。"逆全球化"实际上就是逆美元的全球化，因为眼下这一轮全球化就是美元全球化，是美国人要把美元输向全世界。这是奥巴马之前的美国政府一直遵循的路径，到了特朗普，他要改弦更张了。

特朗普有哪些步骤呢？首先是减税。对内减税 35%，给制造业的回流一个低税的空间。但是低税空间也不够，因为美国的人力成本太高，各种成本都高，同样的产品按购买力平价来算，中国都优于美国。为什么呢？因为一比一的话，一美元在美国能买到的东西在中国一块钱人民币就能买到，何况美国的人力成本高出中国几倍甚至 10 倍以上。所以，光减税 35% 是不够的。特朗普还有一个办法，就是对外增税，这就抬高了别的国家产品进入美国的门槛。这样一减一增，就给制造业回流美国打出了一片空间。

玛雅：于是我们看到，美国没有吹响美元加息的号角，而是吹响了发动贸易战的号角。

乔良：打贸易战，就是特朗普自认为比奥巴马高明的地方。他以为这样能让制造业回流美国，所以不惜去和全世界开战。很多人都看不明白，美国跟中国打还可以理解，因为你非我族类，怎么跟欧盟也打，跟日本也打，跟韩国也打？似乎六亲不认。当然，资本的本质就是六亲不认。但是特朗普跟全世界开打，是为美国的利益着想——他要让美国再次伟大。再次伟大就不能只会印美元，还得在制造业上站得住，特别是将来如果有一天真的和中国陷入"修昔底德陷阱"的话，那就要打仗。打仗能打美元吗？打的是制造业。你说我跟中国开战拼命印美元，那能打得赢吗？你得靠武器呀，那就得有制造业。可是美国今天中低端制造业都不存在了，不恢复制造业，你拿什么跟中国打？所以我认为，这就是美国和中国打贸易战的基本背景和动因。

"大国之殇"，
美国恢复制造业何其难

玛雅：奥巴马的"再工业化"不了了之，特朗普也没多大戏。就像王湘穗老师说的，美国不可能再工业化了。这就和动物进化一样，如果说制造业国家是"食草动物"，美国已经是金融"食肉动物"，不可能再去食草了。

乔良：特朗普同样不行。恢复制造业不是说你把成本压下来就能恢复的，你得有完整的产业链。为什么乔布斯告诉奥巴马我的工厂回不来？因为他的工厂在中国，在6平方公里之内就有一条完整的产业链。中国有的是这样的地方，苏州、杭州、深圳、珠海，甚至连郑州都可以。给乔布斯打工的富士康，从珠海直接迁到郑州，照样干。为什么？产业链是完整的，6平方公里之内所有的零配件一次性搞定。如果乔布斯把总装厂搬回美国，产业链还在中国，成本无形中还是会增加。

玛雅：这么说，美国试图恢复制造业，结果只能是"大国之殇"？

乔良：美国恢复中低端制造业不可能了。美国人如果能够看清楚，把心态放平和，应该还有希望利用高端制造业优势，建立高端制造业产业中心。但是这样做，美国人必须心气儿平静，不要以邻为壑，用打击别人抬高自己的方式来解决问题。美国人今天非常毛躁，非常不平静。他需要心平气静，这样才能看清楚，建立高端制造业中心，你美国也不是唯一的，你将和中国、德国并列全球三大高端制造业中心。美国人必须接受这个现实，不能说，我要当老大，我就什么都得是老大，高端制造业中心只能有我这一个，你们都不能建。你们要建，我就给你的高端企业捣乱，惩罚你的中兴，惩罚你的华为，再不行咱们就打一仗。用这样的方式是解决不了问题的，但是美国人现在还没醒过神儿来。

玛雅：美国人称霸惯了，以为21世纪仍然是"美国世纪"，是它"独步天下，谁与为偶！"的时代。

乔良：美国恢复实体经济还有一条路，就是利用它页岩油、页岩气全球储量第一的优势，大量出口能源。美国要在2030年成为世界最大的能源出口国，这个目标奥巴马和特朗普都没改变。美国为什么可能会对伊朗动手，打了这么多年还没打够？不是。它是要让中东产油区继续乱下去，造成油价高企。油价上去了美国的页岩油、页岩气才能挣钱，因为它的成本高于中东石油的成本。

玛雅：可是这样一来，美国就成了卖资源的国家，美国人心理就更不平衡了。

乔良：是啊，你变成了卖资源的国家，那不是更憋屈吗？

这样一来就有一个问题，美国人就更得心平气和了。你要当全球第一大能源出口国，面对的第一大能源进口国就是中国。你得把油卖给中国，否则别人消化不了你那么多油。卖给中国你就是中国的原料供应国了，就从中国的下游国家变成了中国的上游国家。到那个时候，你不放平心态怎么办？这是美国人今天还没有看清的结果。

中国的长期战略就是一个"熬"字

玛雅：如果中美关系的发展前景是这样的，长远来看，中国应该采取什么样的战略？

乔良：中国的长期战略就是一个"熬"字。熬到美国人渐渐地心平气静，认识到这个前景——美国未来的发展系于中国的发展上。中国将来是全球第一大消费市场，包括消费你美国的石油，消费你的高端产品，如果甩掉中国你根本无路可走。为什么？中国即使你这么打压，照样可以发展。而且中国的发展是这样的：我现在近14亿人口，人均GDP为9000多美元，加总是 13 万亿美元。如果我这 14 亿人，人均 GDP 到了 2 万美元，就是 28 万亿美元。而美国要想达到 27 万亿美元 GDP，人均需要 9 万美元。那谁的目标更容易达到？谁的上升空间更大？不用拍脑袋也能算出来。按每年 6% 增长速度计算，到 2035 年中国 GDP 将超过美国，这个目标就会实现。到那时，中国就不再是全球最大的潜在市场，而是摘掉"潜在"这个帽子，成为全球最大的市场。

想想看，到了那个时候还有人放着钱不挣，非要去跟人打仗吗？你要放弃这个全球最大市场，非要跟这个最大市场国家打仗？那时候可是欧盟、日本、韩国全都会向中国靠拢，因为要依赖这个全球最大市场。你美国如果一意孤行，一定要与中国为敌，就成了孤家寡人。这个前景目前还没有完全显现，美国人还可以张狂一阵子。

玛雅：如何应对当下中美之间的紧张关系？

乔良：国内很多人现在就急于让步，让中国现在就认怂。现在认怂显然不对，鹿死谁手还说不定呢。中国今天还没有这样一个敌人，说要灭掉我们就能灭掉。但是过于硬怼也不对，还没到彻底翻脸的时候。应该找到一个让美国人拿你没有太多办法的办法，就是打太极的办法。让他不能完全下手打压你，也不敢真正跟你对决，大家就这么相持下去，一直相持到我说的那个局面渐渐显现。

玛雅：中国既要有战略智慧，也要有战略耐心。

乔良：对，战略的实现需要耐心。一个大国，没有战略耐心怎么能成大器？所谓中国智慧，很大一部分就是战略耐心。所以我说，中国的长期战略就是一个"熬"字。当中国的GDP 到了 16 万亿美元，就是美国的 3/4，离它就只有一步之遥了。而日本当年 GDP 最高的时候是美国的 2/3，苏联最高的时候是美国的 1/2。

但中国的 GDP 要超过美国，代价是能源消耗也必然大于美国。我计算了一下，大约 5000 万吨石油产生 1 万亿美元的GDP。今天美国的 GDP 超过 20 万亿美元，它每年的油耗超过9 亿吨。GDP 增长和能源的消耗成正比。中国的 GDP 要赶上美国，在能源消耗上也一定会超过美国。我们未来的能源需求会非常大，缺口也非常大。目前我们一家已经吃光了全球每年石油生产的增量，并开始吃全球石油的存量了。那么，将来从哪儿能得到那么多油？我认为，最好是从美国拿油，把它变成一个长远战略。即使美国的油价高一点儿也无妨，因为这样一来，我就和它完成了利益捆绑。

"一带一路"
是中国的全球化

玛雅：你认为，中国化解危机的有效方法是打太极，"一带一路"倡议就是中国的太极。你是如何认识的？

乔良：你看美国人追捧的运动，第一是篮球、第二是拳击。拳击这项运动典型地反映出美国人崇尚实力的风格，直来直去，重拳出击，最好KO（击倒获胜）对手，一切都很明确。而中国人擅长打太极，风格与美国人正相反，喜欢模糊，以柔克刚，我也不追求KO你，但我要把你所有的动作都化解掉。我认为，太极是一门比拳击更高的艺术，"一带一路"就反映了这种思路。

历史上所有的大国在崛起过程中，都有围绕它的崛起展开的全球化运动。罗马帝国有罗马帝国的全球化，大秦帝国有大秦帝国的全球化。我们今天经历的是美国特色的全球化，也就是美元全球化。中国作为一个崛起的大国，"一带一路"是中国式全球化的初始阶段，也就是中国的全球化。

我第一次提出这个概念是在2014年。当时有人说，中国的"一带一路"是和全球经济一体化接轨。我不同意这个说法，那就等于说"一带一路"是和美元全球化接轨，这样理解是不对的。

玛雅："一带一路"是中国在全球层面建立的对冲战略，特别是以陆权战略来对冲美国的海权战略。

乔良：对，"一带一路"是和美国战略东移的一次对冲。应该说，这是迄今为止中国能提出的最好的大国战略。有人会提出疑问：对冲应该是相向而行，还有背向而行的对冲吗？对了，"一带一路"就是中国对美国战略东移的一次背向对冲——我拿背朝向你。你不是从东边压过来了吗？我往西走，既不是避让你，也不是畏惧你，而是非常巧妙地化解你由东向西给我带来的压力。

玛雅："一带一路"倡议的实施，推动了世界经济政治秩序的重构，这是美国最不能容忍的。

乔良：美国剑指中国，极限施压，是选错了对手，也选错了方向。未来真正对美国构成挑战的根本不是中国，而是美国自己。美国最大的问题是，它没有意识到，一个大时代正在到来。这个大时代将会让美国所代表的金融资本主义从巅峰跌落下来，自己把自己毁了。为什么呢？因为一方面，美国通过虚拟经济，已经把资本主义的红利吃尽了。另一方面，它又通过引以为傲的领先全球的科技创新，把互联网、大数据、云计算推到了极致，而这些工具最终将成为毁掉以美国为代表的金融资本主义最主要的推手。

玛雅：为什么这么说？我们说，信息技术创新给中国带来了一次具有颠覆性意义的发展机遇，为什么对今日美国意味着"历史终结"？

乔良：这正是中国和美国的不同所在。你看中国人今天消费用什么方式来支付，用支付宝，用微信。这意味着什么？意味着货币正在慢慢退出交易舞台。虽然数字货币也是货币，但人类的信用体系真的会永远吊在货币这棵树上吗？而美元是什么？美元是货币。美国的霸权又是建立在美元基础上的。那么你想，未来当我们不再使用货币结算的时候，传统意义上的货币就将成为没用的东西。而当货币成为没用的东西时，建立在货币之上的资本帝国还会存在吗？这才是美国人今天要考虑的问题，是美国所面临的真正危机和挑战。

玛雅：从这个意义说，美国和中国过不去，其实是和时代过不去，最终将被时代所淘汰。

乔良：毫无疑问，中国走在了美国的前面！不是在科技创新上走在美国的前面，而是在创新科技的经济运用上，我们走在了美国的前面。今天，当资本霸权可能随着货币的消失而消失，当生产方式也将随着3D打印机的出现而改变时，人类即将跨入一个新时代的门槛。这时的中国和美国站在同一条起跑线上，都站在互联网、大数据、云计算的起跑线上。这个时候我们要比的是谁先迈入这个时代，而不是谁把谁打压下去。而美国人恰恰是在这一点上，显示出惊人的迟钝。这是因为，美国太想保住自己的霸权地位了，从未想过要与别的国家分享权力和利益，大家共同迈过那道对所有人来说，还有很多未知领域和不确定性的新时代的门槛。

理顺内部、稳住周边、交好要国、避免对决

玛雅：特朗普卸任后，美国新的领导人会不会重拾"币缘政治"？

乔良：不一定。特朗普不光是一个搅局者，他在很大程度上改变了美国，特别是改变了美国对待中国的态度和方式。美国新的领导人即便在经济上不会完全延续特朗普的政策，在对待中国的态度和方式上也基本不会改变。美国既然已经撕破脸了，就不会再去缝这张撕破的脸，只会继续撕下去。特别是中国今天的实力让很多美国人认为，他们上当了。他们原来以为，只要中国的经济发展，意识形态、政治制度就会跟着变化，现在发现不大可能。所以不管新上来的是哪个党、哪个人，对中国的立场都不会有太大变化。

玛雅：美国今天一分为二：一个是全球化美国，一个是本土化美国；前者由金融资本主导，后者由产业资本主导。但是针对中国，只有一个美国，一切的分歧都让位于搞垮中国的共识。可以预期，中美关系注定有一个多事的未来。甚至有人预言，中美必有一战。你认为有这种可能吗？

乔良：这种可能性不大。而且真要打的话，也没有赢家。当然，这是理性判断——历史上几乎所有战争都不是理性判断的结果。所以也不能一言断定，中国和美国绝不会开战。但是我认为，中美之间发生战争的可能性非常小，起码眼下还看不到迹象。有人说，万一中国和美国在南海擦枪走火怎么办？我说再怎么擦枪走火也打不起仗来。为什么？美国打一场中等规模的战争就要准备半年时间，跟中国打一场战争，按美国人自己的"空海一体战"理论，差不多要准备10年。就算美国的B1、B2飞机可以直接从它本土轰炸中国，那又有什么用呢？你得完成前沿部署。美国今天在中国有前沿部署吗？只有冲绳的基地、韩国的基地，还有一个关岛。三处基地就能和中国打一场大战？这个想法也太小儿科了，更何况都是核大国。

玛雅：中美关系发生了质变，中国发展的外部环境充满不确定性。在这种情况下，中国应该怎么做，来实现和平发展目标？

乔良：中国应该怎么做？我之前提出过一个"十六字"战略方针，今天来看仍然适用。这十六字是：理顺内部、稳住周边、交好要国、避免对决。

理顺内部，就是做好自己的事。中国和美国被这个时代推到了擂台上，成为最大的竞争对手，但是无论外部环境怎么样，真正的对手是我们自己。中国经济长期向好的趋势没有变，但是贫富差距在拉大，成为社会不稳定之源。理顺内部，最根本的不是被动维稳，而是主动缩小三大差距：贫富差距、城乡差距、东西差距。把这几个问题理顺了，才能保持社会大局稳定，为经济持续发展提供保障。

稳住周边，就是在地区性经济中，继续发挥火车头作用，形成一个人人都想搭中国发展这趟快车的趋势。就像美国当年推动全球化一样，中国今天要拉动亚洲经济，同时还要树立起自己车长的权威。

玛雅：新加坡总理李显龙2019年5月在香格里拉对话会上表示，中国的发展与成功让全世界受惠。新加坡支持"一带一路"，视之为中国积极参与区域和区域以外活动的建设性机制。他还说，亚太地区国家正努力完成区域全面经济伙伴关系协定（RCEP）的谈判，有望在年内完成。这个结果令人期待——如果RCEP达成，将成为世界最大的自贸区，GDP总和将达到23万亿美元，占全球总量的1/3。

乔良：现在全世界，尤其是亚洲，中国经济已经成为当之无愧的火车头。火车头的优势是什么？就是我有权决定挂不挂你这节车厢。我甩掉你这节车厢，倒霉的就是你，你可能永远失去机会。所以，我们必须有能力让周边国家掂量，让它们信服。要让周边国家看到好处，看到前景，把对"中国威胁"的担心，变成对被中国这个火车头甩掉的担心。衡量国家关系最重要的标尺是利益。如果它们发现，追随美国跟中国作对、不跟中国合作是利益最小化，而不是利益最大化，它们就会选择跟我们合作。

玛雅：远亲不如近邻，这个问题其实中国比美国有优势。周边国家权衡利弊，还是要和中国交善，不会为了美国跟中国作对。

乔良：肯定，因为我和你离得近，和你有地缘联系。美国今天实行贸易霸凌主义，为了一己私利不惜向全世界开战，你能指望它拉动你什么？

交好要国，就是要兼顾"大"和"多"。中国很长时间以来在外交上过于注重大国关系，一谈就谈大国外交，结果疏远了中小国家，而且获利甚少。跟大国打交道更大程度上是权力博弈，获实利并不多，因为很多实利不掌握在大国手里，况且大国真有实利也不会给你。中国要考虑，你是个资源不足的国家，有很多资源国家是小国或者中等国家，但是对你很重要。处理好要国的关系就包括了大国关系，大国很重要，是要国；资源小国、中等国家也是要国。只注重大国外交，表面上抓住了"大"，实际上丢掉了"多"。只有处理好要国关系，才能"大"和"多"两方面兼得。

避免对决，主要是避免与大国，特别是与美国对撞。要把一切可能的冲突化于无形，在无形中实现自己的最高目标。这需要智慧，也需要胆识和耐心。即使每一次全球权力的转移都可能伴随一场决定性的战争，中国也要尽力避免自己成为战争的一方，除非战争打到我们家门口。中国绝不要干鹬蚌相争这种蠢事，也不要干螳螂捕蝉的傻事。

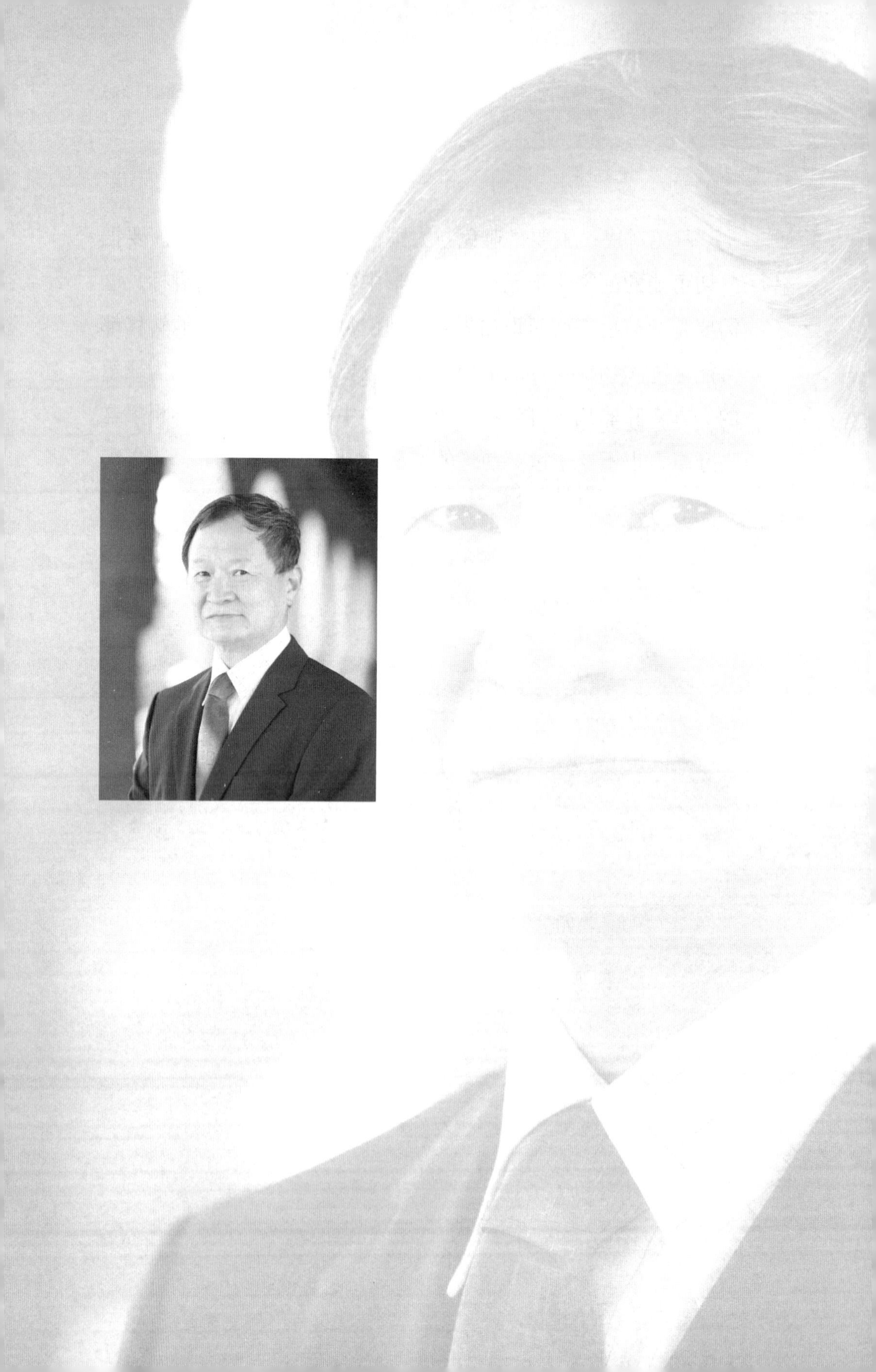

"后美国时代"的世界格局与中国战略

王湘穗

北京航空航天大学战略研究中心主任、教授。
主要研究方向为国家安全战略。
主要著作有《三居其一：未来世界的中国定位》
《币缘论——货币政治的演化》
《超限战：全球化时代的战争与战法》（合著）
及论文《美式全球化的终结与世界体系的未来》等。

美国体系百年周期的"春夏秋冬"

玛雅：2019年2月5日，特朗普在国情咨文讲话中称，在20世纪，美国拯救了自由，改变了科学，世界上任何国家都无法与美国匹敌。美国当下应该做什么？美国将如何被历史铭记？美国人必须从心底将美国置于首位。必须相信美利坚的使命："在上帝的庇佑下，我们的国家必须成为世界诸国的荣耀和希望之光。"显然，美国人至今认为，21世纪仍然是美国的世纪。但是你提出了一个论断：美式全球化正在终结。你是怎么论证这个问题的？

王湘穗：我所说的美式全球化，是指由美国主导的全球化周期。在此意义上说美式全球化终结，是指过去一百年里由美国主导的世界体系正趋于瓦解，美国引领的全球化难以为继了。

人们通常把新航路的开辟视为全球一体化的开端。从那时起，全世界各大陆都被纳入一个沃勒斯坦称为"现代世界体系"的整体经济网络之中。阿瑞吉等人把1500年以来的资本主义世界体系，大致分为四个发展周期，即西班牙周期、荷兰周期、英国周期、美国周期。每个体系周期一百多年。

玛雅：美国体系周期是从什么时候开始的？

王湘穗： 美国体系周期始于 19 世纪末 20 世纪初，许多历史著作因此将 20 世纪称为"美国世纪"。美国在 19 世纪末经济总量超过英国，成为世界性的经济大国和新兴的世界性强权，彻底完成由其主导全球资本主义体系的转变过程，是在第二次世界大战以后。

当二战还在进行时，美国就对战后秩序做了全面的制度设计，包括组建联合国并设立安理会、以美元金汇兑本位制为核心的布雷顿森林体系、世界银行、国际货币基金组织、关贸同盟等等，从政治、经济、贸易、安全各个方面，建立起一整套制度。凭借其压倒性的力量，美国主导了二战后的世界秩序。

只有斯大林领导的苏联不愿意进入美国主导的世界体系，决心另搞一摊。这导致美苏之间的冷战，形成了资本主义和社会主义两大阵营。从世界格局来看，冷战的实质是美苏分治世界。从世界体系的总体看，还是美国在主导。

玛雅： 苏东剧变后，美国如日中天，成为世界体系的绝对主导。现在说它"体系周期终结"，主要标志是什么？

王湘穗： 我说的美式全球化终结，不是美国强国地位的终结。而是说，美国主导的世界体系周期终结了。这意味着，美国不再是独步一时，能够称霸世界、主导全球的超级强权了，而只是世界几个大的力量中心之一。从近几年的叙利亚、阿富汗、乌克兰、伊拉克等事件看，美国包打天下、通吃利益的时代已经过去了。今天的美国必须学会分享利益，与其他大国或国家集团合作，共同来处理世界事务。就此意义，美式全球化已经进入穷途末路。具体而言，2008年的金融危机就是一场终结美式全球化的体系危机，甚至可能是资本主义现代世界体系走向衰落的整体性危机。

玛雅：美国体系由盛到衰经历了怎样一个发展过程？

王湘穗：过去一百年的美国体系，可以用春夏秋冬四季的变化来形容它的不同阶段："实业春天"，1890年成为世界第一工业国；"产业盛夏"，1945年成为世界最大的实业国家，成为军事强国；"金融秋天"，1971年美元与黄金脱钩，布雷顿森林体系解体，美国推出金融衍生品，制造业大规模向外转移；"危机之冬"，2008年爆发金融危机，标志美国体系进入"终结阶段"。

1971年是美国周期进入金融秋天的重要转折点。此前美国主要是以实体经济占优，此后开始向金融服务业发展。1971年以前，美国所有的货币投资和金融活动，80%和实业有关，20%和实业没关。到1976年以后反过来了，变成了二八开，只有20%和实业有关，80%没关系了。这意味着实业地位的下降，体系周期的金融秋天来临。

玛雅：从实业大国转向金融大国，是美国体系周期由盛到衰的重要转折。

王湘穗：对。20世纪80年代以后，美国创造出大量信用和金融衍生产品。以金融为核心的服务业狂飙突进，而制造业则大规模转移海外，导致国家产业结构和利润来源发生了根本性改变。如今美国制造业仅占GDP12%，全国从事实业的人口不到总人口的20%；80%以上的财富来自金融为核心的服务业。金融化不仅导致了实物经济与金融经济在数量上的此消彼长，改变了总体经济结构，而且带来食利者阶层势力扩张和社会财富分配的变化。美国变成了金融立国的国家，进入了虚拟资本主义的发展阶段。

玛雅：为什么说2008年金融危机是终结美式全球化的体系危机？

王湘穗：因为这次危机的发生表明，美国通过高度金融化垄断全球经济利益的全球化模式走不下去了，属于美国的"漫长20世纪"已经接近尾声。处于危机中心的美国将越来越没力量，也没意愿，继续拉动全球化这驾大车。放弃全球目标和全球责任的美国，将逐渐失去全球支配力和主导权。或许就国家实力而言，那时的美国仍然是世界性强国，但只是强国之一，它将主要是美洲的美国了。

美国的全球霸权走向"终结阶段"

玛雅： 有观点认为，美国已经到顶了，很难再上升。但是美国的顶峰是个平顶山，它还能在山顶上走一阵子，什么时候开始走下坡路还不知道。即使美国行将衰落，这种趋势也未必不可逆转。你怎么看？

王湘穗： 从国家生命体来看，美国进入了退行期。就像有的人，80岁了各项指标都还正常，活到100岁没问题，但80岁的老人是不能像20岁棒小伙或40岁壮年汉那样折腾的，他只能颐养天年。哪怕他当年是武林高手，如今也折腾不起了。不折腾，还能延续久一点儿。如果不服老，自我感觉特壮实，还想承担管理世界的重负，造成国力透支，坚持不了几年也就完了。目标定得越高，能量消耗越大，衰竭就越快，这是帝国衰落的规律。

大英帝国的下降曲线也是从一个大平顶开始的。英国打完反拿破仑战争，就到了帝国的顶峰；从1900年布尔战争开始下滑，到第一次世界大战就已经撑不住了，但它真正放弃全球权柄是1945年以后。这个过程也有近半个世纪。在一个长的历史周期中看，几十年也是个小尖顶，那美国这个平顶山还能延伸到哪儿去？

作为一个经济体，美国的资源比较丰富，人口资源比较好，科技发展水平也比较高。但它最大的问题是，华尔街的金融力量太强，吃相太难看。1∶99式的独占利益，绝不允许任何政治力量对它进行制衡，美国政府也不行。

玛雅：美国的政治体制非但不能制衡资本，反而受到资本集团的制衡。美国总统竞选最大的金主多数来自华尔街，那总统上台后能不"效忠"华尔街大佬们吗？克林顿曾经叹息说："你做了总统，却发现决策都是别人做的。"

王湘穗：金融资本集团拥有权力太大、占有利益太大，这个尖锐矛盾很可能是戳破美国气球的那根针。吉普林说，帝国的毁灭不是轰隆巨响，而是扑哧一声。美国的衰亡可能最后也就是扑哧一声。

玛雅：美国的战略家们怎么看，是否承认美国正在走向衰落？

王湘穗：已故著名战略家布热津斯基生前坦承，美国的全球霸权正在走向"终结阶段"，未来的世界将在"无序和混乱"中形成多边主义。为此，美国必须学会与其他大国相处，需要"寻找更多的伙伴而不是盟友，来共享在经济和社会稳定方面最基本的利益"。

美国国家情报委员会2013年发表了一份报告，题目是《全球趋势2030：变化的世界》。报告称："'单极时刻'已一去不复返,国际政治中始于1945年的'美国治下的和平'即将结束。"这句话,与一百年前"英国治下的和平"终结遥远呼应。可见,美国的战略家们已经感到,按照衰落周期律行事的帝国死神正在敲门。

世界变化趋势：
走向天下三分

玛雅：与之相应,美国在如何进行战略调整？"后美国时代"的世界格局将会发生什么变化？

王湘穗：概括说,世界格局发展的基本趋势是从美国的一超独霸,经过目前大西洋、太平洋的两洋格局,走向天下三分,形成北美、欧洲、亚太三大经济圈。

玛雅：奥巴马在位时曾公开表示,"美国必须一如既往在世界舞台上发挥领导作用。我们如果不领导世界,谁来领导？"

王湘穗：美国无疑想继续当老大。奥巴马政府对未来世界秩序的设计是,巩固并维持以美国为核心的"两洋格局"。也就是，以北美自贸区为核心，一边是跨大西洋的TTIP(跨大西洋贸易与投资伙伴协定)，把欧洲整合起来；一边是跨太平洋的TPP(跨太平洋伙伴关系协定)，把西太、东亚整合起来。美国希望一肩挑两洋：左右逢源，欧亚通吃。

可是欧洲不听它的，自己抱团。欧洲从20世纪50年代的煤钢联盟开始，到1970年利用空中客车搞产业联盟，再到1985年的申根协定、1999年的欧盟，已经慢慢形成了自己的一个圈，内部贸易占80%，欧系货币体系占世界货币量40%。欧洲想成为世界独立的一极，而美国还想继续主导和控制欧洲，美欧的战略目标难以调和。推进跨大西洋合作，需要美国让渡更多的利益，这是日趋困难的事，美国越来越难做到。而追求利益最大化，就难以形成紧密、一体化的共同体，所以美欧之间只能是相互竞争和博弈。总的趋势是，双方从貌合神离到渐行渐远，最后欧洲脱美，成为欧洲人的欧洲。

玛雅：TTIP是为了控制欧洲，TPP是为了控制亚太。

王湘穗：奥巴马政府推进TPP有三个目的：一是阻止亚洲形成统一的贸易集团，维护美国在亚太地区的战略利益；二是全面介入东亚区域一体化进程，确保美国的政治、经济和安全利益；三是重塑并主导亚太区域经济整合进程。然而，美国的环太战略忽略了中国和其他东盟国家的利益，使这些国家成为环太区域的边缘国家。这就可能产生离心力，导致这些国家脱离美国主导的太平洋体系。

从东亚来看，自2010年中国和东盟形成自贸区，开始货币互换，内部贸易量大幅上升，已经到50%左右。中日韩在谈自贸区，也在谈货币互换，内部贸易量也在逐步上升。东亚虽然没有脱离美国，但已经逐步形成一个内部贸易量越来越大、整合越来越多的经济圈。美国因为经济能力退化，已经难以用经济手段扭转这一趋势，而只能凭借过人的军事能力来搅局，挑起主权争端，利用安全议题在亚太地区扮演"隔岸平衡手"的角色。这样做的结果，可能促进中国和部分东盟国家的脱美化进程，导致环太平洋区域分裂为东亚和北美两大经济圈。

玛雅：特朗普上台后，美国调整了对外政策，退出TPP，美欧关系也发生了变化。但是看一看美国近年来的所作所为，对中国不加掩饰地打压遏制，伊朗、委内瑞拉两个重要石油国成为它现阶段最想颠覆的国家。可见，特朗普的所谓"美国优先"，丝毫不会改变美国想要继续主导世界的霸权主义本性。

王湘穗：这就是美国对未来世界秩序的设计，核心就是由它继续主导世界，控制全球核心地区。问题是，美国还有力量主导世界吗？它已经越来越心有余而力不足了。它想通吃利益，却又没有二战和冷战时期一掷千金的实力与魄力。野心和胃口还在，但能力在衰减，这就是美国的战略困境。

玛雅：美式全球化终结，对中国来说意味着什么？

王湘穗：有人预期，美国无力主导全球化了，是不是该轮到中国主导的全球化周期了？我觉得不是。首先，不能超越历史阶段，在全球化的退潮期，就憧憬着当弄潮儿，这是逆潮流而动。更何况，中国目前还没有主导新的全球化的力量。中国的目标，是推进多极化世界，而不是与美国竞争全球权力。中国的任务，就是当好东亚区域的核心，把东亚发展成为能与欧洲、北美比肩的经济圈。只有当这三大经济圈或更多区域的经济发展到一定程度后，才有可能再进行一体化的整合，进入新一轮的全球化。新一轮全球化将是一种什么方式、由谁来主导，现在还看不太清楚。

可以确定，未来世界的大趋势，是全球力量格局的多极化和世界体系发展的多元化。不只是地缘政治意义上的多极化，也包括发展路径和模式的多样化。沃勒斯坦几年前曾经预言，资本主义制度可能很快会崩溃。无论这一预言是否成真，在未来世界，资本主义都不会成为唯一的模式，会有社会主义模式或其他模式成长的空间。人类文明将进入一个百花齐放的阶段，不光是欧美的西方文明，还包括中华文明、欧亚文明、伊斯兰文明，等等。这些文明不会总处于边缘地带，而将成为世界体系中平等的一员。

美国追求排他性利益
将致中国脱美化

玛雅：美国国家情报委员会《全球趋势2030》报告预测，未来一个可能的前景是，"美中合作，推动新一轮全球化的大融合世界。"这种可能性有多大？

王湘穗：美国作为一个曾经主导，或者说现在仍然继续主导全球化的国家，可能会有一种大势渐去的悲凉感。对于任何有可能取代它，或者在它衰落时期不断上升的国家，很难抱以一种平常心去看待和对待。日本是美国的盟国，前些年美国对日本也是不断打压。日本对美国说"不"，美国就说"日已西沉"。现在中国在崛起，美国就总想遏制。对待中国这样的新兴国家，它这是一种本能的反应，也可以说是帝国的醋意。不解决心态问题，就无法放下身段去谈合作，更不要说让渡部分利益。

美国有些理智的政治家已经认识到，美国主导世界的时代已经过去了。布热津斯基认为，美国要学会与非盟国的大国共同管理世界，学会和中国、俄罗斯这样的国家打交道，尤其是中国。基辛格也有类似的看法。

玛雅：当局者迷。这些顶级战略家看到的问题，当政者未必看到。或者看到了也不承认，死扛到任期满，一走了之。小布什如此，奥巴马如此，特朗普看来也不过如此。

王湘穗：美国现在共和、民主两党和政治精英群体基本形成了一种共识，就是把中国当作美国的战略对手。这与美国国内社会分裂、需要寻找共同对手来弥合内部有一定的关系。因此，中美关系已经成了美国国内斗争的筹码，中美合作的难度越来越大。特朗普与前任历届美国总统不太一样，他是资本家不是政客，主要代表美国产业资本和铁锈州的利益，提倡"美国优先"的反全球化政策，奉行可交易的现实主义，具有从全球收缩和减少帝国成本的趋向。他需要中国对其内外政策的配合，因此中美之间存在互利合作的可能。然而，如果想合作，美国必须改变通吃利益的态度，在一种平衡权利与义务的框架下，通过分享利益来稳定地推行合作。中美之间如果没有利益分享，就没有合作。

玛雅：美国自恃世界老大，霸道惯了。以前还打着人权民主、打击恐怖主义的旗号，现在连这种遮掩都不要了。把阿拉伯世界搞得乌烟瘴气、鸡犬不宁，又来亚太地区搅局，现在又想搞垮委内瑞拉。如今的世界，美国把手伸向哪儿，哪儿就不得安宁。

王湘穗：我觉得，美国的战略家和政治家们有些短视。他们做了力量分析和判断，认为太平洋必须由美国来主导。问题是，美国不可能通吃太平洋地区的安全和经济利益。它现在债台高筑，已经不像以前财大气粗了。它靠什么来通吃呢？军事力量。美国唯一一个强大的杠杆就是军事力量。因此它就对东亚地区的经济整合进程进行了一种反设计：利用亚太地区原来缺少安全框架的设计，制造主权争端，在安全问题上拉偏架，使它这个"隔岸平衡手"获得干预的可能，阻断东亚的合作进程，让东亚整体处于美国的控制之下。

这和英国当年在欧洲大陆做的是一样的。德国强了帮法国，法国强了帮德国，永远不让一个大陆强国来统治欧洲，否则就意味着英国的边缘化。美国现在也是这手，绝不允许亚太地区进行整合，更不能让中国来主导，中国主导就意味着美国的边缘化。

可是美国忘了一点，就是东亚与欧洲的最大不同——欧洲四分五裂，而东亚只有中国一个大国。利用日本来制约，在地缘上很难实现，何况日本的利益主要在亚洲。中国只要保持统一，美国这个"隔岸平衡手"就只能在海上捣乱，而捣乱无伤大局。

玛雅：美国为了阻碍中国崛起，维持其世界霸主地位，已经从道貌岸然变得利令智昏。

王湘穗：美国不断挑事儿，看起来得计，结果很可能导致中国在政治上、经济上、安全事务上脱美化。你不跟我玩儿，我还不跟你玩儿呢！美国对待中国，不过就是开放一般商品市场和国债市场，其他方面，高技术不转让，政治上不断指责，网络上实施监视，军事上拉偏架，还老在周围耀武扬威，那中美之间还可能合作吗？尤其是打压中国高科技企业、冲击高科技产业链，结果就是中美在经济、科技体系上的分道扬镳。

玛雅：美国这样做，促使中国加强与俄罗斯合作，中俄一起对美国说"不"。中俄战略接近，可能会带来什么样的格局变化？

王湘穗：可能会形成一个以中俄为核心的东亚，或者西太平洋地区。普京 2014 年亚信峰会的设计是，中俄印三方统合。这些国家有人口，有制造，有资源，也不缺少独立的金融体系，发展下去，将成为一个脱美化的经济体。亚信峰会还开始解决安全问题，不让美国来打楔子，不让域外的国家军事干预。相关各国之间，经济问题、政治问题可以商量，安全可以互保，这就隐然形成一个大的体系。

如果美国不跟中国合作，可能一段时间后，中国的美国市场份额会越来越小。但是中国不用太担心，中国沿海发达地区 5 亿—6 亿人口，消费水平、消费能力已经相当于中等发达国家水平。把近 14 亿人的大市场开发好，就是世界最大的统一的单一市场。如果再加上俄罗斯和中亚，"一带一路"的阿拉伯地区，还有印度、巴基斯坦和孟加拉国，这是近 40 亿人的大市场，是亚欧大陆新时代的合作网络。历史上，这个网络维系了这一区域数千年的文明发展，完全有可能在新的时代再现辉煌。

玛雅：中俄有共同利益，又能优势互补，中俄背靠背相互借力、彼此支撑，可以形成对美国以及西方的制衡。

王湘穗：美国如果误判中国和世界大势，它跟中国合作的机会就会失去——目前正在失去。这是美国的战略家们需要反省的。大家合作，合作什么？先不讲别的，就讲利益。如果美国想通占利益，始终把别人当作小伙计压着，不能平等待人，人家就会用脚投票，自己去抱团。到那时，你美国还能主导世界吗？甚至还能主导太平洋地区吗？没有了中国的配合，没有了东南亚，还是美国的太平洋世纪吗？再说，为什么不能是太平洋地区国家的太平洋世纪呢？为什么让你美国独占，利益通吃？想通吃，就找不到真正的合作伙伴。如今美式全球体系已经丢掉了半个欧元区，又失掉了俄罗斯，如果再失掉中国的合作，日后或许还会有印度、土耳其、沙特等中东国家甚至是韩国、日本的背离，美式全球化体系就土崩瓦解了。

中美之间，
以博弈求合作则合作存

玛雅：如果美国想通吃，中国越来越脱美化，美国会采取什么样的战略手段来对付中国？

王湘穗：可能有两种选择：一是持续向中国施压，迫使中国让步或转身离开；二是承认中国的大国地位，与中国分享亚太地区的利益。前一种方式，目前美国正在做，我认为一定碰壁。原因是从长期趋势看，美国越来越心有余而力不足，而中国的发展越来越快。同时，在原来的格局下，中国已经没有什么可让的。我出口的顺差都买你的国债了，你的国债总体在不断贬值，我还能一直这样买下去吗？高科技你卖高价，还随时要封锁我，这是逼迫我自力更生。现在中俄正在合作搞大飞机，有可能在航空产业体系和标准上形成独立于空客（A）、波音（B）的中国商飞（C）系列。为什么？美欧想垄断高技术，老卡着我，中国当然要另起炉灶，到最后就是三足鼎立。你举起大棒，结果就是一拍两散。中国绝不会屈服，朝鲜战争美国占据那么大的优势，中国也没屈服，何况今天。

玛雅：目前来看，美国的对华战略，还没有从对冲转为对抗。

王湘穗：美国目前还是两面下注的对冲性战略，因此中国要以两手对两手——你想合作，欢迎；你要遏制，反对。中国提出与美国建立新型大国关系，表面看是强调不对抗，更深层的含义是，中国在追求实现平等的中美关系。以前讲中美关系是重中之重，在某种程度上把美国放在一个不可替代的地位，而新型大国关系的前提是咱俩得平等。这是重大的战略改变。中俄战略接近，就是中国采取的战略对冲，在很大程度上是制约美日破坏雅尔塔格局的举动。当年尼克松拉中国合作对抗苏联，获得了大三角关系中的有利地位；如今美国把中俄逼到了一起，这绝对是美国地缘政治的梦魇。中俄通过产业链整合，形成东亚圈的核心，并发展与区域国家间的资源、制造和金融等多层次的合作，这也将导致美元币缘政治体系乃至美国全球体系的瓦解。

玛雅：这就应了那句话：多行不义必自毙。

王湘穗：对，通吃无法合作，独占没有伙伴。我们说国家关系应该是"伙伴"，伙伴是什么？伙伴要一块儿干活，分享成果。你不干活却要独占成果，还故意使绊子，制造矛盾拉偏架，谁跟你合作？这个问题美国如果不改变，中美很难长期合作。

国家关系中，历来是实力决定地位。地位决定利益份额的大小，也决定在产业链和消费链上支配与从属的角色分工，也就决定了在不同国家之间谁骑马和谁被骑的关系。实力一旦转化为制度，就很难改变；当出现重大实力变化或严重危机必须对制度进行调整时，难免会出现残酷的竞争。前几年美欧6国建立"货币互换网络",就是试图通过"金融泡沫国家"的抱团合作,提升与实业国家和资源国家竞争的能力。这也说明,在围绕改变制度和体制的竞争中,发达国家尤其是美国很难改变"赢者通吃"的观念,更不愿意放弃"排他利益最大化"的原则。这样只会加剧各国摆脱美国主导的全球秩序体系的努力,"脱美化"将成为一种长期趋势。

玛雅: 我有一次和一位商人交谈,他说中国为什么要追赶美国,与它和谐不好吗?我说没有追赶,哪来和谐?中国与美国即使是伙伴,也必须是它强有力的对手。

王湘穗: 你说得对。中国要成为美国的朋友,首先要当美国打不败的敌人——不打不成交。打,主要不是军事交锋,而是战略博弈,是精神、物质、行动的博弈,在博弈中实现合作。这样可能促使美国对中国采取第二种选择,即承认中国的崛起,以分享的姿态跟中国建立战略合作关系。如果是这样,中美还能走得更远,在太平洋共同发展。为什么呢?美国已经不走工业化的路了,它对资源的需求不大,不会跟中国争资源。它争的是制成品后面的利润,是金融配置。那中国可以继续把美国作为市场,可能还继续持有它一部分国债,用它的金融杠杆来做一些投资。但前提是,美国必须改变,让渡一部分利益。像现在这样 99∶1 是不行的,必须往 70∶30、60∶40、50∶50 的比例让。中国近 14 亿人,美国 3 亿人,即使 50∶50,美国也比我们多得多。

如果以强硬的方式对付中国，中国的脱美化会越来越快，最后彻底断缆。但如果以拉的方式、合作的方式，就能走得更远，甚至形成新型大国关系。中国与美国是有不同战略利益的两个国家，绝不是"夫妻"。中美之间，以博弈求合作，合作就可能出现，因为他认为你是合格的对手。如果你退让，结果就是不断被他欺负。就像毛泽东当年谈统一战线，以斗争求合作则合作存，以退让求合作则合作亡。中美之间，如果我们以退让求合作，就没有合作；以博弈求合作，合作可能会存在。中国的战略家们要看到这一点，坚持博弈论和辩证法，所有的利益都要靠博弈来获得。通过不断博弈来争取利益，实现合作。

玛雅：从奥巴马口是心非表示，乐见"一个强大而繁荣的中国的崛起"，到特朗普政府对中国极限施压，美国遏制中国崛起的意图尽人皆知，中国不能再抱幻想。

王湘穗：中国经济要独立自主，不可受制于美国。把准备脱美作为战略，可以通过建立并行体系摆脱美国控制，为构建平等关系奠定基础。作为策略，中国准备脱美，美国就会拉中国，那时就有跟它讨价还价的余地；如果一味求它，美国就会更起劲地打压中国。中国要准备脱钩，不要对美国的市场、技术抱太大希望。不抱希望，至少是不抱奢望，也许还有点儿希望，这就是辩证法。

中国作为发展中国家，当然希望继续跟美国合作，能走多远就走多远，但是决不能损害国家的根本利益去委曲求全。中国现在是在底线上跟美国进行利益博弈，如果双方不让步，一个可能是发生对撞；另一个可能是渐行渐远，最后分手。目前来看，后一种趋势越来越明显。美国现在还占据着合作的主动权，再折腾下去，中国就不指望与他合作了，而是集中力量与周边合作，形成东亚合作圈。将来的中美合作，就是东亚的中国与北美的美国合作，是更为平等的合作。

中国的选择：共同体战略

玛雅：如果说，美式全球化正在终结，在"后美国时代"，中国应该采取什么样的战略选择？

王湘穗：看清了美国体系周期将告一段落的大势，中国的大战略就应该根据局势的变化，做出新的选择。既然美式全球化正在走向终结，那么世界未来可能出现多极化的局面，在经济上会形成若干个经济圈，这是大趋势。近年来，中国政府发出"一带一路"倡议，提出构建人类命运共同体，这实际上是中国的大战略，是中国在国际关系领域的创新。

推进共同体战略必须坚持两个原则，一个是"自立"，一个是"合作"。自立是说，中华民族要自立于世界民族之林。中国是世界体系中的平等一员，是多元文明中的一元，是国际政治中的重要一极。这里面有两个意思：第一，我是谁？要有清醒的主体意识。第二，要有自信。我就是我，我要自立。

合作是说，既然是"世界民族之林"，中国就不是孤立存在的，就必须学会跟其他民族、其他国家、其他文明共处。尤其在今天，面对人类共同的全球性大问题，环境、气候等，单一文明是解决不了的，必须有多文明的生存智慧才能解决。所以必须相互尊重，还要利益分享，这一点很重要。因此，要尊崇文明多样性原则，尊重世界各国，开展全球合作，构建利益共同体和命运共同体。在这当中，中国不要试图当老大，而要守己一元，安于一极；自立而不自闭，更不能自傲，合作而不失本。要有主体意识、责任意识，乐于为人类作更多更大的贡献。

玛雅：推动构建人类命运共同体，也体现了中国文化的先进性。就像习近平所说，"我们应该坚持你好我好大家好的理念，推进开放、包容、普惠、平衡、共赢的经济全球化，创造全人类共同发展的良好条件，共同推动世界各国发展繁荣。"

王湘穗：说得对。当今世界各国之间是休戚与共的关系，一个国家要发展，就必须坚持合作共赢，树立人类命运共同体理念。另一方面，全球性问题日益突出，给各个国家的发展都带来严峻挑战，没有哪一个国家可以置身事外。这就要求各国树立人类命运共同体理念，发扬同舟共济精神。构建人类命运共同体，有利于各国勇于变革创新，为促进共同发展提供不竭动力；有利于各国同心维护和平，为促进共同发展提供安全保障；有利于各国着力推进合作，为促进共同发展提供有效途径；有利于各国坚持开放包容，为促进共同发展提供广阔空间。着眼于共同发展构建人类命运共同体，也是对当今世界发展不平衡的一种纠偏。"一花独放不是春，百花齐放春满园。"只有追求共同发展，构建人类命运共同体，才能缓解当今世界存在的各种矛盾，让各国人民共享世界发展的成果。

玛雅：中共十九大提出，坚持总体国家安全观。你对这个问题如何认识？

王湘穗：如果说共同体战略是中国的大战略选择，那么中国在面对全球危机和自身发展问题时，还应该有国家安全战略，以应对这些挑战。习近平主席指出："必须坚持国家利益至上，以人民安全为宗旨，以政治安全为根本，统筹外部安全和内部安全、国土安全和国民安全、传统安全和非传统安全、自身安全和共同安全，完善国家安全制度体系，加强国家安全能力建设，坚决维护国家主权、安全、发展利益。"我认为，其中的核心思想，就是提出了"发展安全一体"的国家安全战略。

玛雅：这一战略的具体内涵是什么？

王湘穗："发展安全一体"的国家安全战略，核心是"统筹发展和安全",把两者作为整体来把握。保证国家的安全是第一位的,但不能与发展分离。在今天的世界上,国家不保持发展,就难以生存,特别是中国这样人口众多的发展中大国。努力发展固然少不了挨骂、挨訾,若一松劲落后了,还会挨打。所以,必须要做到发展安全一体。要正确认识两者的关系,在实际施政过程中做到相互协调、统一运行、一体化推进。不仅要军力强大、慑止入侵、防止颠覆,还要遏制腐败、社会安定、舆情平稳、生态良好。在持续发展方面,要保障资源、维护市场、优化环境、通道畅达,还要军民融合、民心安定、化解危机。

概言之,面对正在发生巨变的全球局势,中国的国际战略应该是共同体战略,国家安全战略应该是发展与安全一体。如果做这样的选择,就能适应世界大势,即在一超、两洋之后,出现天下三分或多分的局面,形成一个多极化的世界。

世界正在走向多极化,中国在这个多极世界中应该有自己的地位,中华文明应该占有一席之地。当然,这需要中国自己先做好准备,朝着这个方向走。

玛雅:推动构建人类命运共同体,体现了中国致力于为世界和平与发展作出更大贡献的崇高目标,体现了中国将自身发展与世界发展相统一的全球视野和大国担当。

王湘穗:中国顺应人类社会发展趋势,积极为构建人类命运共同体贡献智慧和力量。推进"一带一路"建设,就是推动构建人类命运共同体的具体实践。自 2013 年提出以来,"一带一路"倡议得到越来越多国家的积极响应，正在向落地生根、持久发展的阶段迈进。

玛雅："一带一路"倡议受到广泛欢迎。6年来，已经有123个国家、29个国际组织同中方签署了共建"一带一路"合作文件，明确投出了支持票和信任票。就连日本的安倍态度都变了，从反对转变为合作。

王湘穗："一带一路"建设坚持共商共建共享，努力实现政策沟通、设施联通、贸易畅通、资金融通、民心相通，是实现相关国家共同发展的重要国际合作平台。当前，经济全球化遭遇一些问题，逆全球化思潮抬头，但经济全球化是历史大势，需要克服的是其弊端而不是经济全球化本身。共建"一带一路"为经济全球化注入新的动力和生命力，也在为实现共同发展、构建人类命运共同体奠定坚实基础。

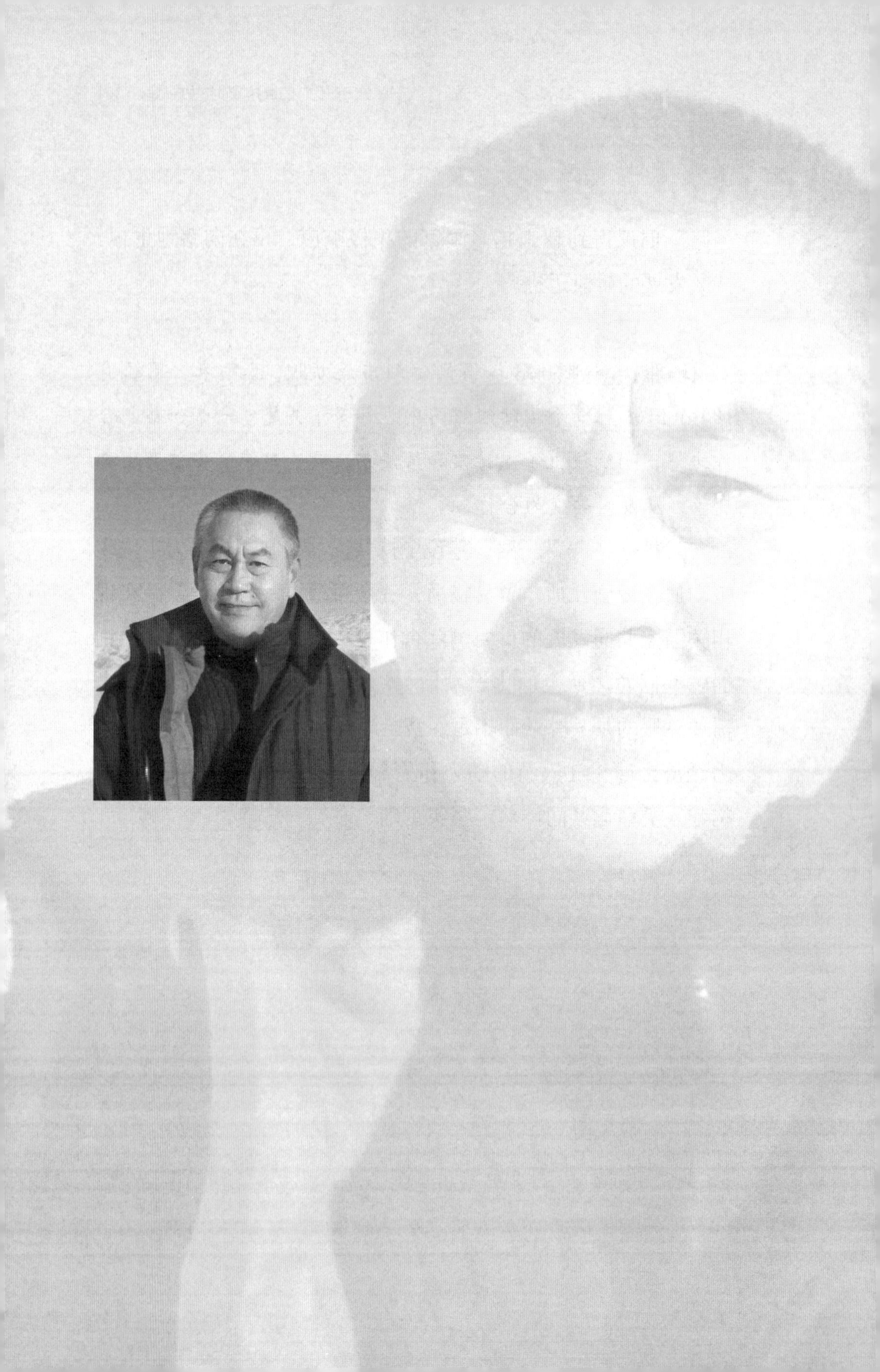

世界社会主义理论体系中的中国学派

潘维

北京大学国际关系学院教授、
北京大学中国与世界研究中心主任。
主要研究方向为比较政治、国际政治、中国政治。
主要著作有
《农民与市场——中国基层政权与乡镇企业》
《当代中华体制——中国模式的经济、政治、社会解析》
《信仰人民：中国共产党与中国政治传统》
《士者弘毅》等。

现实超出理论带来的
困境与挑战

玛雅：你的文章《立足中国，创新社会主义理论》，在学界颇有反响。有人认为，文章观点新锐，指出了中国今天理论研究的问题所在。但也有人认为，文章观点有失偏颇，只是片面的一家之言。你写这篇文章是出于什么样的考虑？

潘维：中国自改革开放以来，特别是进入21世纪，随着改革实践的不断发展，随着共产党从革命党向执政党转变，"实现党的指导思想和基本理论的与时俱进"，成为一项重要而紧迫的任务。

过去40年来，中国的经济发展取得了举世瞩目的成就，成为世界第二大经济体，成为世界经济的火车头。然而，不论中国发展取得怎样令人赞叹的成就，中国一党执政的政治体制始终遭到西方的诟病，共产党执政地位的合法性始终遭到西方的质疑。这是为什么？

2013年11月在21世纪理事会"理解中国"的北京会议上，美国政治理论家福山发言称：中共执政的"合法性危机"并非来自西方竞争式选举制，而在其所使用的话语系统早已过时，不仅无力为自己的行为辩护，还被国内国际很多人质疑。福山的话，令与会的政治家和思想家们感到疑惑：中国的传统思想博大精深，为什么当今共产党的基础理论落后于21世纪中国与世界的现实，以至于中国的软实力与硬实力不相匹配？

玛雅：福山这样说是质疑中国的软实力吗？看来这是西方政治学界一个主流认识。约瑟夫·奈在《为什么中国的软实力弱？》一文中称，中国在对外宣传方面投入了大量资金，但是得到的回报却很有限。中国似乎没有意识到，当文化与国内现实不相符时，很难用它去树立软实力。

潘维：福山的观点固然没有脱离西方思想界的主流认识。但是他的话给了我一个启发，促使我从西方意识形态偏见以外的原因，来分析思考中国的理论研究和创新问题。

玛雅：那么你认为，为什么我们今天的理论落后于中国和世界现实，软实力与硬实力不相匹配？

潘维：这是因为，人类社会的发展进步不是一条直线，现实的发展超出了经典理论的预想。马克思的核心主张是国际公认的，即全世界（从事制造业）的工人阶级团结起来，为消灭私有制而实行无产阶级专政。这场"最后的斗争"将一劳永逸地解决人类的基本矛盾——物质生产越发展，物质短缺感就越强烈。

我国40年的改革发展实践远远超出了这一理论。由此也引发了国内外很多学人的质疑，认为共产党宣布的战略目标和重大政策与马克思主义似乎不相干。当然了，学者们这样质疑也许不重要。但问题是，如果公众受其舆论影响，感到执政党理论与实际相脱离，知与行相矛盾，所产生的政治后果将是严重的。

玛雅：为什么呢？公众关注更多的是实际利益和与之相关的具体政策，对执政党的理论并不那么关心。

潘维：因为话语权。革命家列宁和葛兰西都曾指出话语系统之争对于执政者的生死意义。执政不仅靠恰当的政策，更靠"说辞"。"说辞"被攻破意味着执政的危机和革命的契机。我们看现实，话语系统的成熟是西方政体生存的重要原因之一，而话语系统的不成熟是苏联崩溃的重要原因之一。

由此带来的思考是：如果公众认为执政党说的和做的不一样，理论脱离实际，脱离群众诉求，甚至讲假话，后果是十分严重的。这会造成公众对党和政府的不理解、不信任、不认同，使政府难以主导政策日程，从而严重削弱执政能力和执政地位。

玛雅：对执政党来说，这其实是话语权之争。

潘维：这是一个不容忽视的问题。因此我认为，共产党应当立足中国，逐步创新自己的理论和话语体系，追求知行合一，以应对现实发展带来的理论困境。这是我党巩固执政地位，树立理论自信，在国内国际争取话语权所必须面对的挑战。

没有理论创新，
就没有成功而独特的中国道路

玛雅：实现党的基本理论与时俱进成为一项紧迫的任务，是因为共产党从革命党向执政党转型这一现实，超出了马克思主义的理论范畴？因为如何实现这种转型、如何执政一个现代国家，在经典著作中没有现成的理论可以遵循。

潘维：是这样。马克思是近代以来对人类思想影响最大的思想家。他的思想产生于19世纪中期，是关于如何反对执政者的思想，不是也不可能是关于如何执政的思想。马克思无情地批判现实社会的一切支柱，特别是私有制、家庭、国家、宗教、意识形态。他让过去、现在和将来的执政当局感到芒刺在背。在私有制、家庭、国家、宗教、意识形态消失之前，作为思想家的马克思是永恒的，他的著作是一切革命者和叛逆者的精神家园。全世界所有优秀的大学都讲授马克思的思想，不是因为马克思具体地预言了其身后现实，而是要学子们欣赏其批判精神。

中国理论界今天一个令人诟病的问题是，一些人不是根据中国改革发展的实践经验创新理论，而是实用主义地断章取义，用马克思著作里的个别词句去曲解他的核心思想，来为自己所用，为他们所谓的"理论研究"进行包装。这也是中国理论界被外界批评创新能力薄弱的一个原因。

玛雅：毛泽东、邓小平从不生搬硬套经典理论来指导中国，而是在中国革命、建设和改革实践中丰富和发展党的思想理论。他们是中国共产党人理论创新的典范。你批评今天有人实用主义地断章取义、曲解马克思的核心思想，那么你对马克思主义的核心如何理解？

潘维：马克思主义的社会革命学说重在揭示剥削和阶级斗争，不是"和谐社会"。他认为制造业时代的市场竞争将使世界分化为两大阶级——资产阶级和工人阶级。资产阶级靠生产资料的占有来剥削工人阶级的剩余价值，导致工人阶级反抗，并意识到消灭生产资料私有制的必要性，实行无产阶级专政是消灭私有制并实现社会主义/共产主义的必经之路。

然而，现实大大超出了马克思的预期。自20世纪后半期开始，以设计研发为核心的高端第三产业崛起。如此，脑力劳动的重要性逐步增加，生产资料所有制的作用逐步下降，尽管在新兴工业国中依然重要。美国的第三产业在1945年就已超过其总产值的一半儿，而今所有发达国家的第三产业都占其GDP的70%—80%。

马克思是举世公认的伟大思想家，在人类思想史上地位崇高。他和恩格斯都极为注重生产方式，但是他们不可能在19世纪上半叶预见到一两百年后新生产方式的崛起。20世纪初的列宁则把第三产业的崛起称为发达国家的"腐朽"现象，也未能预见资本主义国家的持续活力。不仅如此,他们强调生产方式,却都忽略了生活方式对上层建筑的塑造作用。

玛雅:这说明,社会科学理论需要与时俱进,不断创新和发展。

潘维:你说毛泽东、邓小平是中国共产党人理论创新的典范,这话很对。他们的创新正是立足中国实际,同时因应世界变化,所提出的杰出战略性思想和指导性理论,否则就不会有成功而独特的中国道路。共产党今天从革命党转变为执政党,这是改革开放、发展社会主义市场经济的需要,是为了更好地治理一个现代化的国家。这是新的任务、新的实践,所以提出"以全新的角度思考国家治理体系问题"。相应地,党的指导思想和基本理论也要与时俱进,跟上中国与世界的发展变化,这才符合共产党一贯的实事求是、解放思想的精神。

毛泽东、邓小平是"中国学派"的开创者

玛雅：你提出，立足中国，创新社会主义理论。你认为中国传统思想中包含社会主义因素？

潘维：是的。2500多年前的孔子，还有稍晚于孔子的柏拉图，都阐述过最终消灭私有制的"共产"理想。这样说来，社会主义思想的萌芽早于马克思的思想，科学社会主义理论是在继承前人思想的基础上创建的。社会主义思想的核心是社会平等团结的利益至上，东方和西方自古都有以平等为导向追求社会团结的思想。应该说，社会主义是一种古往今来的人类精神，是一种以"共产"为最终导向的精神文明。

玛雅：孔子的"共产"理想是他的天下大同思想？

潘维：孔子天下财产归公的理想，中国传统知识界称为大道或大同。《礼记·礼运》记载了以孔子之名表述的中华"共产主义理想"："大道之行也，天下为公，选贤与能，讲信修睦。故人不独亲其亲，不独子其子，使老有所终，壮有所用，幼有所长，矜寡孤独废疾者皆有所养，男有分，女有归。货恶其弃于地也，不必藏于己；力恶其不出于身也，不必为己。是故谋闭而不兴，盗窃乱贼而不作，故外户而不闭，是谓大同。"

可见，中华先贤的理想社会也是私有制和家庭消亡以及共产主义新人类。"大同"的表述不仅精确、简练、易懂，而且极具人情味，为世人所赞扬。这是社会主义在中华文明里的"地气"。这种"共产"理想早于马克思两千多年。

社会主义是一种宏大的社会思想，是理想和人文精神。社会主义思想的应用并不拘泥于某种具体的社会、经济、政治制度形式，不限于政策框框，也不拘于路径。视暴力革命为唯一途径是狭隘的，视议会选举为唯一途径同样狭隘。在 21 世纪的今天，如何定义社会主义，将决定国内和国际社会主义的参与者、支持者和同情者的多寡，决定世界社会主义运动的生命力。

玛雅：中国道路的成功就是一个"不拘一格"的例证，是中国共产党在思想上坚持实事求是、解放思想、与时俱进、求真务实的结果。

潘维：当代世界社会主义思想早已不是无本之木，而是以最近一个半世纪的丰富实践为基础的。在马克思阶级划分和无产阶级专政思想指导下，苏共消灭了其他阶级，建立了产业工人和科学家的国度，包括把全部农民变成国营农场（集体农庄）的工人。然而，单一职业的社会导致单一的官僚管理，导致计划的社会、计划的思想、计划的经济、计划的科学、计划的党中央，还有对抗型的外交。这种统一管理忽视了人民对自由的需求，苏共成为脱离劳动者的僵化机构，成为社会自由的障碍。

又由于核武器带来了可预见的持久和平，用于战时的计划经济丧失了优越性。生活资料的需求是无法被计划的，而是靠无数生产者的智慧创造出来。在"党国"体系里，党崩溃了，苏联也就解体了。

较之地广人稀、自然资源富饶的苏联，中国自然资源匮乏，人力资源却极为丰富。在不到20年的时间里，新中国也曾经试图将所有的劳动者变成国营工厂的工人，却根本办不到。在超大城市里都还存在二轻局管理的"小集体"，遑论乡村的"队为基础"。当中国放弃了"以阶级斗争为纲"，转向以经济建设为中心，承认市场机制的作用，多元社会劳动者的活力就焕发了出来。

玛雅：对比之下，就显示出中国共产党的智慧所在——放弃了封闭僵化的苏联模式，却没有改旗易帜照搬西方模式，而是走自己的路，发展社会主义市场经济。在改革开放后短短30年的时间里，GDP增长了18倍，2010年超过日本，成为世界第二大经济体，创造了人类现代发展史上一个奇迹。

潘维：从世界范围看，比起制造业初兴的19世纪40年代，经过一个半世纪以上的实践，社会主义思想已极大丰富。社会主义实践有共产党人的实践，有各国工人党和社会党的实践，更有包括欧洲、亚洲、非洲、大洋洲、拉美、美国、加拿大的各种社会主义导向的实践。在税收、经济、社会、政治各领域，因平等原则而致社会团结的实践蓬勃兴旺。扶危救困、同工同酬、族群平等、性别平等、基础教育平等、维护人类共同利益等主张，都是社会主义导向的主张。

社会主义是宏大的思想取向，不是制度和政策的教条。社会主义在各国的实践不可能脱离各国实际，脱离本国的历史变迁进程。社会主义思想受各国的历史和现实条件限制，也受各国在世界资本主义体系中所处位置的限制。所以，尽管苏联的实践留下了伟大遗产，但教条主义的苏共垮台了，而欧洲社会民主党上台了。在东方，中国共产党更塑造了一个蒸蒸日上的新中国。

习近平说："创新决定民族前途。"中国共产党领导革命、建设和改革的成就不仅是马恩列斯思想的成就，而且是毛泽东思想的成就，是几代共产党人思想创新的成就，更是继承中国传统、根据中国实际汲取各国发展的经验教训的成就。

玛雅：中国共产党从来不是抱残守缺的政党，而是实事求是的政党。毛泽东坚持实事求是，理论联系实际，使我党找到了中国革命的胜利之路。邓小平坚持实事求是，理论联系实际，使我党找到了中国现代化发展的成功之路。从这个意义说，毛泽东、邓小平不但是中国道路的开创者，也是"中国学派"的开创者。

潘维：你说得没错。如果仅以19世纪40年代的马恩思想为唯一"科学"的理论，以20世纪斯大林思想指导下的实践为社会主义政治经济的基本模板，社会主义的路会越走越窄，就不会有今天的中国特色社会主义道路。同样，尊奉欧式社会民主主义为新正统，看不到西方"旧大陆"难以逆转的衰落，亦属目光短浅，中国道路就走不长远。

新中国70年的三个"新时代"

玛雅：新中国已经走过了70年，你对中国特色社会主义如何认识？

潘维：回顾新中国的70年，中华民族有三大现代追求：第一，繁荣的经济；第二，廉洁的政府；第三，均等化的社会（教育、医疗、养老、住房），即社会主义社会。这三大追求代表了我国人民对现代美好社会的向往，是中华民族发展进步的根本目标。

新中国70年，可以视为"正反合"三个新时代。前30年即"毛泽东新时代"，中国实行计划经济。计划经济让国家强大，人民脱离了饥饿和愚昧，社会比较平等，政府比较廉洁。但同时，我国人民在富裕程度上与许多实行市场经济国家的人民相比，差距越来越大。国强而民不富是不可持续的，这让"患不均"也"患寡"的国人充满焦虑。富裕未必是社会主义，但贫穷显然支撑不住社会主义。

1978年末，邓小平把握国内国际各种因素构成的战略机遇期，果断放弃计划经济，开启了全面市场化的时代。这是一个神奇的"新时代"，极大释放了全国老百姓的劳动积极性和创造力。如今我国人民已经形成牢固共识：只有市场才能创造出支撑社会主义的巨大财富。然而，在市场经济大潮中，一方面官场腐败如鱼得水，大肆泛滥；同时民生领域市场化，造成老百姓被教育、医疗、养老、住房"新四座大山"压得喘不过气来。随着贫富差距不断扩大，前30年比较均等的社会出现分离。

玛雅：面对这样的现实和挑战，你对中国社会主义的未来是否乐观？

潘维：中国正迈入一个新时代。中共十九大报告指出："我国社会主要矛盾已经转化为人民日益增长的美好生活需要和不平衡不充分的发展之间的矛盾。"中国经济如何实现可持续发展，满足人民群众的切实需求？我认为，逆转个体家庭负担加重的趋势，由中华大家庭共同分担养小送老的责任，解放我国近14亿人无与伦比的消费潜力，才是经济繁荣的最大动能和持久保障。面对"新四座大山"带来的困境，是时候由政府主导，大力投资于社会领域，来实现公共服务均等化了。

推翻"新四座大山"，人民中蕴藏着无穷伟力。不同于西方仅仅依赖政府财税,我国社会均等化之路必定具有中国特色。它是靠我们党精心组织人民,实行"四轮驱动"——个人、社区/集体、地方政府、中央政府,按比例、按人头支付经费,逐步推进均等化的全民医疗保障和12年全民义务教育,建立包括养老在内的覆盖城乡居民的社会保障体系。

玛雅: 新中国为追求经济繁荣、社会平等、政府清廉所做的努力,在改革前后两个时期都没能达到平衡。在今天,这三者有没有可能有机共生?怎么才能有机共生?

潘维: 前面说了,新中国70年的巨变,可以视为"正反合"三个新时代:"正题"是经济社会的计划化;"反题"是经济社会的市场化;"合题"则是经济市场化,同时社会均等化。市场经济下,社会不平等是必然的,但努力缩减社会不平等也是必然的。

玛雅: 这也是社会主义的题中之义。中国是人民共和国,蛋糕做大以后怎么分?应当遵循"人民福祉最大化"原则,让改革发展成果更多更公平惠及人民。

潘维: 说得对。在我看来,经济繁荣、社会平等、政府清廉这三者是有机共生的,否则一个都不会有。三者越是有机共生,中华大家庭的凝聚力就越强,14亿人民才能同心同德。孟子曰:"入则无法家拂士,出则无敌国外患者,国恒亡,然后知生于忧患而死于安乐也。"迄今,经济发展、社会平等、政府清廉这三大富强要素尚未达到有机共生，为此，我深深寄望于中华民族的先锋队中国共产党。

我们党要站在民众的前面，办大事，引领国家迈向光明的未来；更要站在民众的身边，办小事，在每一个城乡社区维护社会公平正义，为家家户户排忧解难；还要站在民众的后面，时刻检讨大事与小事的平衡，时刻警惕失去人民的信任、失去民心的危险。我相信，只要党和人民上下同心，逆转社会分离趋势，让贫富尊卑团结如一家，中国必然举世无匹。

习近平说，"房子是用来住的，不是用来炒的。"我认为，"房住不炒""让全体人民住有所居"的政策导向开了个好头，"习近平新时代"的大幕已然开启。如果我们把"毛泽东新时代"称为中国社会主义的 1.0 版，把"邓小平新时代"称为中国社会主义的 2.0 版，那么"三生万物"，中国社会主义的 3.0 版就系着中华民族光明的未来。

中国不能放弃
社会主义旗帜

玛雅：回到理论创新话题。为什么在今天谈理论创新不但要谈创新，也要谈社会主义？

潘维：因为这是一个基本原则。就是说，无论什么人质疑我们，中国都不能放弃社会主义旗帜。这是因为：

第一，社会主义是20世纪中国革命的目标。先辈们流血牺牲，经过艰苦卓绝的英勇奋斗，才建立起社会主义新中国。放弃社会主义旗帜是对革命先烈和人民共和国的精神背叛。

第二，较之资本利益至上的主义，社会利益至上的主义符合中国传统的民本主义思想正统，即以民为本。从两千多年前开始，中国历代的执政者就尊重自己年代的"市场机制"但也从不迷信它，而是为全社会百姓的利益"干预市场"。从历史上的常平仓、盐铁官营，到今天的土地公有私用，都是中华的固有传统。

第三，在世界竞争中，本国人民的凝聚力至关重要。社会主义理念能够凝聚中国人民，资本主义和个人主义理念却会分裂人民，让中国社会重新变为一盘散沙。

第四，社会主义导向的政党主张共同富裕，致力于改变恒有贫富之分的社会结构。这样的政党占有道德高地，趋向"共产",代表着人类精神文明的进步。

玛雅：中国特色社会主义进入了新时代。中共十九大报告指出,"必须从理论和实践结合上系统回答新时代坚持和发展什么样的中国特色社会主义、怎样坚持和发展中国特色社会主义。"

潘维：这是一个重大时代课题。正因此,中国共产党应当坚持高举社会主义旗帜。同时应当承认,社会主义并不限于马克思主义,也不等于马克思主义。科学精神就是在实践中不断探索、与时俱进,根据实际情况变化而不断修正的精神,就是拒绝教条主义,拒绝"唯一正确"的精神。事实上,世界社会主义思想的中国学派已经呼之欲出,超越唯一"科学"的社会主义思想,是中国特色社会主义理论的题中之义。

所以我认为,立足中国,以中国悠久的文明传统和新中国成功的实践经验为基础,通过中外学者的共同努力,世界社会主义思想宝库里能够出现一个强大的中国学派。具体而言,我们可以通过分析中国共产党的性质和中国社会核心价值观,来理解和阐释中国学派的社会主义理论。

中国共产党是维护中华全民利益的先锋队

玛雅：西方学界认为，中国共产党是列宁主义政党；中国学界有人希望共产党转型为现代议会政党。你对中国共产党的性质如何理解？

潘维：中国共产党既不是苏式"立国为党"的工人党，也不是西方此起彼伏的议会党（Party），即代表社会某一部分利益的组织。中国共产党是立党为国的政党，为中国利益服务，为全体中国人民服务。我党自称"共产党"有中国革命时代的历史原因，但也继承了中国历史上传统执政集团的民本主义和大同理想。

"大一统"的中国为什么两千多年来都由思想上、政治上和组织上统一的执政集团来治理，而没有形成西方的两党制或多党制？与欧洲社会不同，中国传统农耕社会不是欧式分层的阶级社会，而是独立小农家庭的社会，是因为缺乏"长子继承"及"富不过三代"而产生的"百姓平等"的社会，也是士农工商四民分业的多元社会。这个社会的基本组织形态是社区，由血缘社区和扩大的、虚拟的"血缘社区"组成，从紧密的小家到松散的、层层扩大的"家"，直至国家。

这个社会由单一执政集团治理。执政集团超脱于一盘散沙的小农，以德治国，以公正治国。《论语·颜渊》记载了孔子的铮铮铁语："政者，正也。子帅以正，孰敢不正？"

在中国传统概念里，"黨"由"尚黑"二字组成，结党必为营私，故有"君子不党"之说。党争是大一统的致命敌人。因此，中国传统政府不是阶级统治的工具，也从不声称仅仅代表某个社会阶级或阶层集团。

玛雅：传统概念认为"结党必为营私"，延续了中国传统的执政集团又如何做到"立党为公"呢？

潘维：中华执政集团在理论上、政治上和组织上统一。理论上，执政集团信奉民本主义——政府为中华大家庭全体成员的福祉服务，否则造反有理。政治上，执政集团以"视民如子""治国如治家"为正统，历朝均称"以孝治天下"，即以德治国。组织上，执政集团的成员经公开考选而来，原则上逢选必考，无功不拔。功绩考核导致执政集团内部的激烈竞争。中国东西南北差异极大，功绩竞争还意味着不同政策的竞争，比西方的集团权益竞争往往更激烈。

既然治国如治家，传统中华执政集团的官员就要"修身、齐家、治国、平天下"。齐家难于治国；能齐小家，才有管理大家的公信力。家人借官员的公权谋私利,何能"子帅以正"？执政集团靠责任感以及能力智慧去平衡三对利益，即部分与整体、眼下与将来、变革与不变的利益。因此，与西方政府不同，中华执政集团不是靠代表性治国，而是靠责任感治国。

玛雅：历史上，这样一个理论上、政治上和组织上统一的执政集团，为什么跳不出王朝兴衰的周期率？

潘维：由俭入奢易，由奢入俭难。当执政集团的主要成员由俭入奢，不再信奉民本主义，丧失了伦理道德责任感，自私自利、公器私用，就是改朝换代的契机。"得民心者得天下"是一个独特的中式规律。改朝换代之后，又崛起同样的一个以民为本的执政集团。如此循环往复，生生不息，中华体制延续了两千多年，超越了朝代变换，超越了生产方式的升级变换，成为世界制度文明中的一朵"奇葩"。这是中国社会具体条件塑造的，是历史塑造的。

玛雅：在你看来，今天的中国共产党同样是一个以民为本的执政集团？

潘维：中国共产党是为中华民族整体利益而奋斗的党，以为人民服务为宗旨，实行统一战线，并与世界各国政党平等交往，目标是带领全国人民实现中华复兴，让世界列强平等待我。今天"一颗大星"领导着由"四颗小星"组成的社会，类似两千七百年前就有的四民分业。因此，中共不是某个阶级或利益集团的代表，不是西式"代表党"，而是一个立党为公、以民为本的执政集团，代表中国最广大人民的根本利益。所以我说，作为中华民族伟大复兴先锋队的中国共产党，也应该是中华大家庭公正无私的当家人，坚持高举社会主义旗帜，以天下大同为理想。

中国的核心价值观
应该是"中华大家庭"

玛雅：从社会核心价值观来说，如何理解中国学派的社会主义理论？

潘维：社会核心价值观是官民一体信奉的主流价值观，是能够把各种社会利益凝聚在一个共同体内的思想。这种主流价值观具备四个基本条件：(1) 官民共享。官与民虽然职责不同，但必须在统一的认同体系内，社会才可维系。(2) 概念简洁。社会核心价值观通常有庞杂内涵，但表述必须简单响亮，比如自由、民主、平等。(3) 本国特色。社会核心价值观是凝聚本国社会的思想，与他国有别，比如美国强调"自由"，欧洲各国强调"民主"。(4) 世界接受。世界各国人民普遍接受的价值观导致立国的正当性，比如可以是和谐世界，不能是种族主义。

玛雅：中共十八大以来，大力培育和弘扬社会主义核心价值观，构建反映中国特色的价值体系。你对中国的社会核心价值观有何见解？

潘维：依我看，"中华大家庭"一词就很好，简明、亲切、响亮、实用，更重要的是接地气。"大家庭"上接强调社会利益至上的社会主义，下继以孝治天下的中华传统。"大家庭"伦理博爱的道德观核心是普适的，退可守自然社区大家庭的自治，中可支持中华大家庭，进可号召"人类一家"的世界大家庭。

"大家庭"的内涵非常丰富。家庭是我国社会和经济生活的基本单位。血缘和虚拟血缘的城乡居住社区和工作单位社区构成我国的社会网格。血缘关系称谓覆盖了整个社会，体现了虚拟的大家庭。以家庭为基础层层扩大构成的最大"家庭"就是国家。我们的军队是百姓大家庭的子弟兵，为保家而卫国。从家庭关系里衍生出的道德是中式道德，即伦理道德，讲求互帮互助，贫富一家。作为执政党的中国共产党，应该是为这个大家庭操心的当家人。当家意味着责任，意味着为了大家庭的福祉呕心沥血的公心，绝非专制的家长制。对大家庭的责任要求当家人支持平等，捍卫公平正义，制止以权谋私，严厉惩处腐败。

玛雅：2019年3月习近平在会见意大利众议院议长菲科时，菲科问他，当选中国国家主席时是什么心情？习近平说："这么大一个国家，责任非常重、工作非常艰巨。我将无我，不负人民。我愿意做到一个'无我'的状态，为中国的发展奉献自己。"

潘维：所以我说，"大家庭"立足我国实际，召唤各族人民不分东西南北、男女老幼、贫富高低，与"大家长"同心同德，建设和谐社会，为实现中华复兴而共同奋斗。

玛雅：2008年你第一次提出建立中国学派，现在又提出创建中国学派的社会主义理论，你是想为中国特色社会主义争取话语权？

潘维：我们创建中国学派的社会主义理论，既是为了改善中共与本国和外国民众的交流沟通，也是为了与世界主流政治话语系统竞争，获得与中国硬实力相匹配的话语权利和地位。

以民为本、有容乃大，扶老携幼、守望相助，追求小康、向往大同，这是中国自古以来的社会主义精神，已经传承了两千多年。资本和资本利益至上是资本主义，社会和社会利益至上是社会主义。中华信奉中庸，开创了以市场和资本为工具，以社会利益为依归的中国特色社会主义道路。社会利益就是公共服务均等化，也就是医疗、教育、养老、住房的均等化，从而把社会凝聚成一个大家庭。富足是我们共同的追求，互帮互助的社会主义大家庭是我们的精神依归。因为有社会至上的精神，中华大家庭万世一系，迄今高寿两千多岁，独步全球。

中国特色社会主义是强调伦理和民生的社会主义，是强调国族发展的社会主义，是暗合"博爱"思想的社会主义。中国的社会主义有自己的特色，却在基本导向上坚持社会至上，坚持以民为本，拒绝个人至上，拒绝资本利益和效率至上，拒绝强调个人和资本自由的自由主义。因此，中国特色社会主义是世界社会主义运动的生力军，也是世界社会主义思想的生力军。

中国的国家治理与国家能力
专访王绍光

我们的队伍向太阳：新时期中国军队的使命与担当
专访秦天

大国法治：政制架构、社会基础与最终目标
专访苏力

人民政协：中国特有的民主政治与制度优势
专访潘维

超越历史：中国大陆兴起的全球意涵
专访朱云汉

制度篇
一个大国崛起的新模式

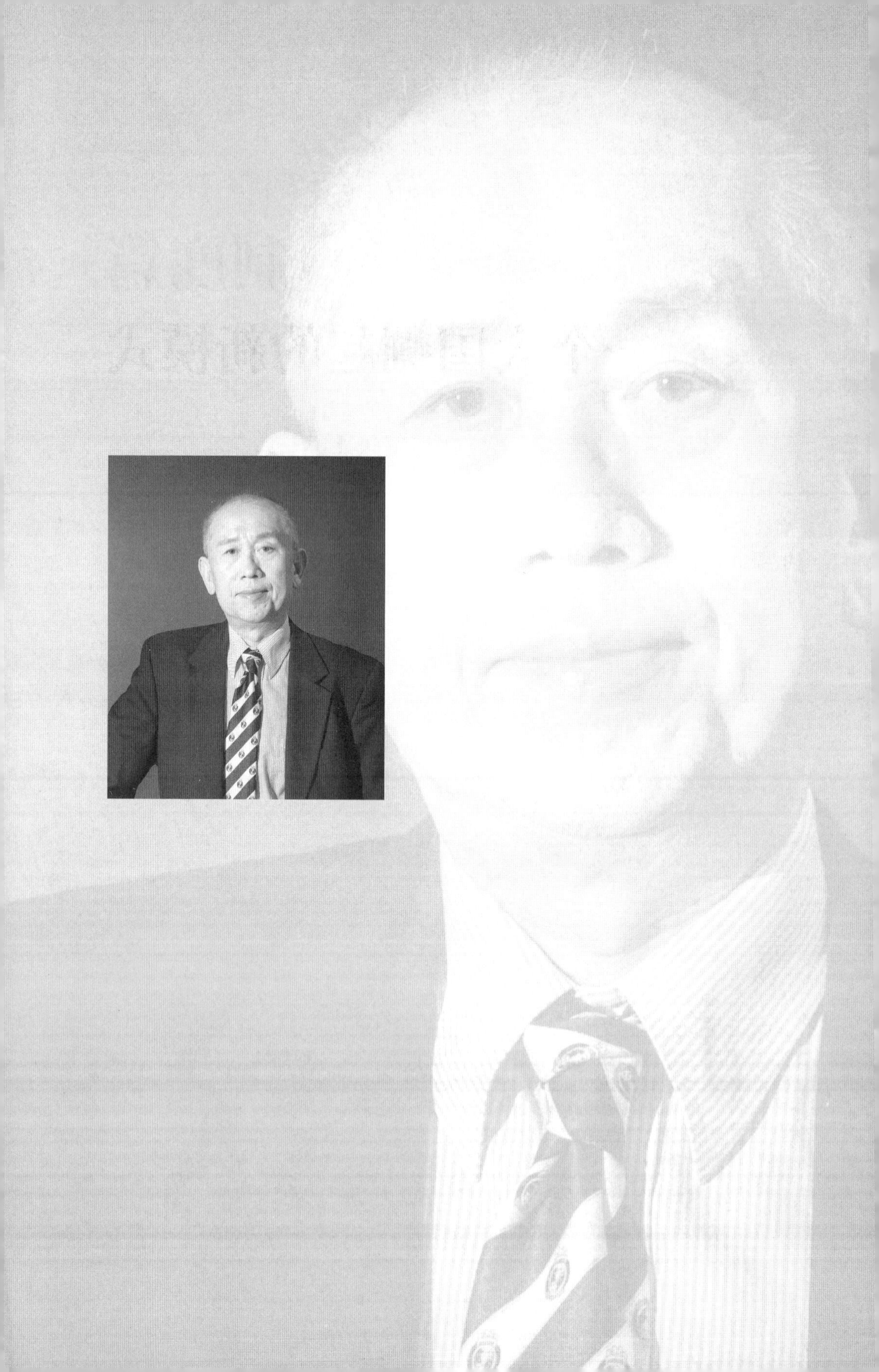

中国的国家治理
与国家能力

王绍光

香港中文大学政治与公共行政系讲座教授、
清华大学公共管理学院长江讲座教授、
重庆大学人文与社会科学高等研究院兼职教授。
主要著作有《民主四讲》
《安邦之道：国家转型的目标与途径》
《中国式共识型决策："开门"与"磨合"》
《抽签与民主、共和：从雅典到威尼斯》等。

党国体制解决了
治国能力问题

玛雅：进入21世纪以来，"中国崛起"成为全球热门的新闻主题，是一个"关键词"。那么中国崛起这个事实本身的关键词是什么？用最通俗的话来说，中国为什么能成功，为什么能行？请谈谈你的看法。

王绍光：中国为什么能行？实际上是新中国这70年才行，之前的150年并不太行。当然再往前还是行的，19世纪以前中国在世界上是比较发达的，19世纪以后落后了。

1949年以前的150年，中国在治理国家上遇到了大问题：中央政府不具备治国能力。也就是我们常说的，遭遇了内忧外患。内忧是从18世纪末开始，出现在全国各地的农民起义。外患从1840年的鸦片战争开始，大清国被打得一败涂地，签订了一系列丧权辱国的条约。我之前查资料，发现有个1898年中刚条约。我很纳闷，中国怎么会和刚果签订一个不平等条约？后来意识到，刚果当时是比利时的殖民地。"刚果人"来中国谈条约时，来的是白人殖民者，李鸿章说，我以为非洲都是黑人。比利时那时在中国有租界，1929年才撤销。比利时国王当时甚至突发奇想，要把大量的中国劳工运到刚果去，把他们训练的刚果军队派到中国来。你可以想象，中国这么大一个国家，对小小一个比利时都得俯首帖耳，这是什么样的屈辱啊。

玛雅：*弱国无公义，弱国无外交。*

王绍光：所以你就知道，内忧外患之下，这个国家没法儿治了。

晚清末年出现了军阀割据的局面，没有一个政治势力能够治国。1911年辛亥革命爆发，孙中山从美国回来了，他也治不了国，只能让位于袁世凯。袁世凯上台没几天就发生了"二次革命"，后来又是护国战争；他死后，军阀混战天下大乱，还是国将不国的局面。1928年南京政府成立，宣布统一全国，但在所谓"黄金十年"里，它真正能掌控的不过是长江中下游那几个省份。日本军国主义入侵后，国共都在抗日；抗战结束后不到一年时间，1946年又开始打内战，还是没人治国。所以，从1800年到1949年一个半世纪的时间，中国面对的首要问题，都是如何解决治国的问题。

玛雅：*1949年中共建政，是一个全新的开始。*

王绍光：1949年10月1日中华人民共和国成立。从1950年到1956年期间，中央政府做了大量工作，把军事统起来，把行政统起来，把经济统起来，包括统一财政，建立中国人民银行、发行人民币，等等。新中国建立起权力高度集中的制度，可以说是矫枉过正，而矫枉必须过正。矫什么枉？矫前150年的柱——那么长一段时间没有人能够治国。到1956年这个问题终于解决了，全国范围内，除了台湾还没解放，香港、澳门还没有收回，不再有割据势力，中国真正实现了统一。中国150年来第一次解决了治国能力的问题，这是历史性的。

玛雅：也就是说，实行权力高度集中是要解决中国当时的首要问题，否则共产党建立了政权，也没办法治理国家。

王绍光：是的。今天的人不太在意这个问题，其实这是非常重要的。当时的政治家们，不管是孙中山、袁世凯，还是蒋介石，考虑的是同样的问题：国将不国了，中国怎么办？一开始他们有人想得非常好、非常理想化，就是把西方模式搬过来，解决治国问题。比如孙中山就说，也许采用美国联邦制，就可以把中国治好。甚至毛泽东年轻时也说，建立湖南共和国。但是他们后来都认识到，用西式联邦制的方法来解决中国的问题是行不通的，所以才会有1949年以后权力高度集中的制度。

现在有些人从理念出发，认为中国当初学的苏联模式，太过了。其实和苏联模式不相干，当时就是要解决中国的问题：能不能治国，怎么能够治理这个960万平方公里土地、6亿人口的大国。要治理这个大国，就得有一个权力高度集中的政府。而且从国民党时期就开始探索，把党和国家统一在一起；共产党后来建立的体制，就是一个党政合一、高度统一的党国体制。这个体制你认可也罢，不认可也罢，它确实解决了中国的第一个问题，就是治国能力。

玛雅：它是历史的产物。

王绍光：对。它有观念的因素，但更重要的是历史的产物。

治国能力问题解决了，中央政府开始起关键作用，在国家经济、政治、文化生活中扮演最重要的角色。这也是我们常说的计划经济阶段。在这个阶段，经济是政府管，所有产业都是国有制或集体制；文化也是政府管，政治生活更不用说，都是政府管。

政府全面管理国家的好处在于，能够把非常有限的资源集中起来。当时中国很穷，哪怕所有的人都节衣缩食，按最低生活标准过日子，积累也还是很少。国家发展要打基础，需要大量的资源，不管是人力的、物力的，还是财力的。这个时候，靠市场来调节是完全没有可能的，只能靠政府来进行强制性的积累，把各种资源集中起来，集中力量办大事。

前30年打下的基础
相当雄厚

玛雅：这个时期是我们过去常说的"社会主义建设高潮"时期。这个时期最主要的成就是什么？

王绍光：是打基础。新中国前30年办了很多大事，在硬的软的方面都打下了坚实的基础。硬的方面，建立了一个布局全面、门类齐全的工业体系，工业占整个经济的比重从很小达到将近一半儿。在农村进行了大规模的水利建设和农田基本建设。中国8万多个水库绝大多数是在这个时期修建的，农田基本建设绝大部分也是在这个时期完成的。这些对后来的粮食增产有着直接的作用。

软的方面更重要，就是人力资源，包括健康和教育。新中国刚成立时，人的健康水平很低。1949年人均预期寿命只有35岁，婴儿死亡率非常高。受教育水平也很低，只有10%左右的人识字。也是在前30年，中国的人力资本有了巨大改善。人均预期寿命翻了一番，从35岁提高到68岁——印度今天刚到68岁。人们受教育的水平也大幅提高，初中、高中教育大范围普及，在册中学生的数量在1978年达到顶峰。大量的人掌握了一些最基本的技能，读书的技能、工作的技能，这是了不得的成就。

新中国前30年打下的基础相当雄厚。这个可以和很多发展中国家对比，尤其是和发展中大国对比。打基础是政府的事，政府集中力量办大事，用党政合一的方式动员各种资源，全力以赴提升国力。当时出于军事的目的、政治的目的，当然也有经济的目的，都要举全国之力提升国力，国家要富，国家要强。

更早以前的思想家就讲富强，严复讲富强，孙中山、蒋介石、毛泽东都有这个梦想，再到邓小平。所以，这个阶段由政府全面管理国家，也不完全是理念的产物。更重要的是，中国在这个阶段需要强大的政府力量把基础打好。没有这个基础，改革开放后的经济起飞几乎是不可能的。

玛雅：厚积薄发，前30年功不可没。就像习近平说的，改革开放前后的历史绝不是彼此割裂的，更不是根本对立的。现在有一群"民国粉"否定前30年，说民国时期的成就虽然不能和改革开放40年相比，但是比毛泽东时代要高得多。

王绍光：这样说是罔顾历史事实。解放前的中国内忧外患，大小势力一盘散沙，没有一个强有力的、具有明确现代化目标和意志的中央政府，没有基本的治国能力，更谈不上什么成就。共产党解决了治国能力问题，这是非常关键的。在中国今天有这个能力的时候，如果我们假设这个能力不重要，这是非常错误的。世界上很多国家至今没有解决治国能力的问题；解决不了这个问题，就不可能有一个有效的政府来管理国家。有了一个有效的政府才能过渡到后来的治理阶段，也就是我们现在讲的国家治理。在这个前提下，国家管一些事，不管一些事；政府适当放权，让其他力量参与经济社会管理。

今天回头看，中国共产党领导中国经历了三个阶段。第一阶段通过武装斗争，建立起一个统一的人民共和国，解决了治国能力问题。第二阶段用政府统管的方式，为建设一个富强的国家打下基础。第三阶段以治理的方式，释放活力，快速发展，取得了改革开放的成功。新中国这70年，改革开放前后的历史转折不能说非常平稳，但是在一个政治体系下，就是在中国共产党领导的体制下，完成得是不错的。

玛雅：我想起毛主席的话，"领导我们事业的核心力量是中国共产党。"

王绍光：在我看来，中国共产党从创建到现在扮演了三种角色：第一是民族国家的建设者，即从革命年代争取民族解放，建立人民的国家，到新中国成立后实行民族区域自治，构建起一套国家制度框架。第二是国家机器的建设者。前面说了，1949年以前150年的时间，中国的国家机器处于衰败之中。中国共产党执政后，建立起强大的国家机器，国家能力不断加强。第三是共同体的建设者。中国是个大国，是一个大的共同体，里面有很多小的共同体——不同的城镇社区、不同的乡村社区。这样一个共同体需要强大的内聚力量，是共产党的各级组织、广大共产党员在建设和维护共同体中发挥着作用。

中国共产党就是这样一个组织，它不是一般意义上的政党。

加强党的建设和加强国家能力建设是一致的,这是中国特色社会主义在国家能力上一个非常重要的特点。

中国改革的成功
依托于国家能力的支撑

玛雅:20世纪80年代新自由主义的治理理念从西方蔓延到全世界,从撒切尔到里根,到世界银行,都鼓吹政府要少管事,把权力下放给公民社会、私营企业。而你在90年代初写了《建立一个强有力民主国家》一文,论证国家能力问题,你当时是怎么认识到这个问题的?

王绍光:我从1991年开始谈国家能力问题,这与当时全球流行的观念是相悖的。我认识到这个问题是因为去了一趟俄罗斯,看到苏联东欧虽然实行了改革和转型,但是国家一塌糊涂,一片乱象。1993年我和胡鞍钢[1]一起出版了《中国国家能力报告》,那时候没有多少人讲国家能力。曾经一度坚称"历史已

---

1 胡鞍钢,清华大学国情研究院院长、清华大学公共管理学院教授。

经终结"的美国学者福山后来在 2004 年写了《国家构建》一书，也讲国家能力问题，其实就是我 90 年代初那些认识。

玛雅：关于国家能力，你是如何定义的？

王绍光：国家能力是指一个国家能够将自己的意志变为政策、化为行动的能力。它重要到这种程度：它就像空气一样时时与每一个人息息相关，以至于大家已经忘记它的存在，忘记它有多重要了。

国家能力大致分为七种：(1) 强制能力，即对外保卫国家领土和主权完整，对内维护社会治安；(2) 汲取能力，即通过税收从经济社会中抽取一部分资源用于国家财政；(3) 濡化能力，即在全体公民中培养和树立社会核心价值观；(4) 认证能力，即在数据与人和物之间建立一一对应的关系，以便进行现代化管理；(5) 规管能力，即规管个人和团体的外部行为，使之符合国家制定的规则；(6) 统领能力，即政府有能力管理自己，各级国家机构与国家工作人员能够履行各项职能；(7) 再分配能力，即国家在不同社会集团之间对稀缺资源的权威性调配。前三项是近代国家的基本能力，后四项是现代国家的基础性能力。

玛雅：前面你说，俄罗斯在改革后出现的乱象使你认识到国家能力不可或缺。这也就是说，一国改革的成功或失败与其国家能力有直接的关系。

王绍光：是的。很多人认为，中国 40 年来取得了伟大的发展成就，是因为实行了改革开放。这个看法毫无疑问是对的。但是反过来问，如果仅仅只是改革开放，没有其他的条件，中国是否也能取得这么伟大的成就？再来看苏联，1986 年戈尔巴乔夫担任苏共总书记以后，大张旗鼓地开始进行改革。最终苏联东欧走向西方模式，走向所谓市场经济、西式民主。但是苏东改革成功了吗？结果大家都知道：经济崩溃，长期停滞，十几年后才回到改革前的水平。

这说明，改革开放本身并不能保证带来经济繁荣。经济繁荣涉及诸多因素，其中关键的一个就是国家能力。改革开放与经济繁荣的关系在于，它们的中间有一个相关的因素，就是国家能力——国家能力是改革成功的前提条件。所以，改革要成功，除了政策要对，步子要稳，还要有一系列的国家能力作为支撑。探讨中国改革成功的"秘诀"，我认为这一条至关重要，就是我们有相应的国家能力。

中国"福利国家"的崛起

玛雅：中国在20世纪80年代中期接受治理理念后，出现了"三农"、民生等一系列问题，是因为国家能力受到了削弱？

王绍光：就是这个问题。中国在走向治理阶段后，政府一度误认为，市场导向的改革意味着由个人和家庭承担各类风险（失业、患病、养老等），从而漠视了自己在这方面的责任，导致国家能力一度被削弱。有段时间政府放得太多，把医疗放给市场管，把教育也放给市场管，甚至一度希望军队自己能挣钱，公安自己能挣钱，政府机关搞三产，自己养活自己。但是到20世纪90年代上半期，发现这样做有很大的问题，一些政府希望由其他力量来承担的责任，其实是一种虚幻的、不切实际的假设，于是开始纠正。

进入新世纪以后，这种状况发生了改变。在政府主导下，短短十几年的时间里，中国在最低生活保障、医疗保障、养老保障等方面，建立起一整套福利体系。

玛雅：中国是社会主义国家，增进民生福祉是发展的根本目的，保障和改善民生是政府应尽的责任。

王绍光：最近这些年发生了一个巨大变化，我称之为中国"福利国家"的崛起。中国以前只有以城镇单位、农村社队为基础的福利体制，没有全社会范围的福利体系，但是过去十几年，覆盖城乡居民的社会保障体系基本建立。新世纪以来，中国出台了一系列新政策，比如农业税从减免到取消；2002年推出低收入保障；在农村重新建立合作医疗；2006年开始布局医疗保障体制改革；2009年正式启动基层医改，短短3年时间，至2012年医保覆盖率达到95%以上。养老方面，以前国家只管城镇职工，现在城镇居民也管。农村从2009年开始实施养老金，钱不多，每人每月几十元。这几年不断上调，北京地区已经700多元，上海地区900多元；其他地方还是不多，100多元，但是这个势头不得了。在短短十几年的时间里，建立起这么一整套的社会保障体系，没有国家的参与是根本不可能的。

玛雅：社会保障体系的建立，意味着国家能力的提升？

王绍光：是的。进入新世纪，中国基础性的国家能力一步一步得到提升。这不仅使得我国经济快速发展，也使得国家的各项政策更加人性化，更能保护人和自然。我们建立了覆盖城乡居民的社会保障体系，现在又提出"绿水青山就是金山银山""建设人与自然和谐共生的现代化"等新的发展理念。与改革的成功一样，中国"福利国家"的崛起，也是依托于国家能力的支撑。

所以，谈国家治理，一方面政府要放权，让其他力量参与管理；另一方面还要保持和巩固国家能力。两者结合才能真正做到政府该管的管好，不该管的不管，避免国家出现乱局；才能实现国家治理体系和治理能力现代化，不断提高运用中国特色社会主义制度有效治理国家的能力。

"中国为什么能"的四个制度优势

玛雅：你谈到，新中国70年在共产党领导的体制下，比较平稳地完成改革开放前后的历史转折。在你看来，中国体制的特点和优势是什么？

王绍光：我认为有四个优势。第一，有一个稳定的、能够做决策的政治核心。这很重要，有很多国家不可避免会出现一种局面——无法做决策。政治学有个非常有名的理论，叫veto player（有否决权的玩家）。在一个政治体系中，如果有否决权的玩家很多，不同的玩家在不同的阶段有否决权，就没办法做决策。如果套用这个理论，中国"有否决权的玩家"很少，在非常重大的决策上，真正"有否决权的玩家"恐怕只有政治局常委会。权力高度集中可能会产生问题，有潜在的危险。它的优势是，减少了太多的掣肘的局面，在重大问题上可以做出决策。

第二个优势是，有一个解决问题的思维方式。中国的决策者也好，各级干部也好，老百姓也好，有一种不是哲学的哲学，比如邓小平的"白猫黑猫"理论，它是一种解决问题的态度。遇到问题时，大家不是抽象地卷入意识形态争论，而是认为，出现问题了，就要解决问题。这种意识非常重要，使得我们的体制有回应社会需求的动力，能够实事求是地针对问题，解决问题。

玛雅：中国40年的改革与发展，就是一个实事求是地针对问题，解决问题的过程。

王绍光：第三个优势是多样性，中国的体制允许多样化。中国立法的方式跟西方国家非常不一样。西方往往是议会通过一个几百页甚至上千页的法律，然后要求全国来实施。中国不是这样，而是有问题了，允许各地去试着解决。这种方法叫实践，中央说要做这个，具体怎么做，各地去摸索。还有一种方法叫试验，当中央也不确定该怎么办时，就先搞试点。抓点带面是共产党历来的方法，当年办特区就是这样做的，最早办人民公社也是如此。这些试点成功了，推广；不成功，对全国的影响也不大。即使推广也不是一刀切，允许各地因地制宜做出调整。这种多样性成了我们的学习源，也构成我们一种独特的学习方式。

第四个优势是，中国体制有较强的回应性，能够适时回应社会需求。比如2002年以来出台的一系列政策，取消农业税、建立社会保障体系等等，就是因为民生压力过大，需要得到解决，政府回应社会大众需求所采取的举措。

玛雅：回应性也是中国式民主的一个特点，政府做决策要想着人民，"谋民生之利、解民生之忧"。

王绍光：以上四点概括起来，是新中国70年来非常重要的经验。这种中国经验对治理我们这样一个地广人多、情况复杂的大国是非常适用的。这也是中国为什么能成功的四个制度优势。当然，事物都是两方面的，这四个优势在不同的时期由于某种原因也产生过一些问题。这需要我们在今后的实践中不断总结经验教训，扬长避短，不使优势变为劣势。

西方政体思维与
中国政道思维

玛雅：治理中国这样一个大国从来都是很难的事。有些人不考虑这种艰巨性和复杂性，把中国的一切问题都归咎于体制。

王绍光：很多人批评中国的体制，其实并不知道自己在说什么。他们说的体制只有一样，就是政治体制，即政体。政体他们归结到哪呢？就是有没有自由的多党竞争式选举。他们的解决方案都是一个，就是推翻现行的政治体制，建立一个多党竞争选举的体制。

这是一种典型的西式思维方式，我称之为"政体思维"。政体思维在西方是有传统的，觉得政体是最重要的。西方政治学研究的大量问题都是和政体相关的问题，比如民主能不能带来经济增长、能不能实现公平、能不能让人幸福等等。

你可以把这种思维方式叫作"政体决定论"，中国那些动辄就讲体制的人实际上就是政体决定论的思维方式。在他们眼里，一切问题都与政体相关，诸如经济增长、社会公平、腐败、幸福，不一而足。政体好，其他什么都会好；政体不好，其他什么都好不了。欧美、印度的政体好，因此不管存在什么问题，长远来讲都可以解决；中国的政体不好，因此不管取得了多大成就，长远来讲都是靠不住的，迟早必须转换轨道。

玛雅：有人说，印度凭借所谓"体制演进比较优势"——政治民主化、经济私有化，发展后劲会更足，将会赶超中国。我觉得这是一叶障目。

王绍光：政体思维和政体决定论听起来似乎很有道理，其实似是而非。我在《民主四讲》一书中提供的大量证据表明，政体与经济增长、社会平等、人的幸福其实都没什么必然联系。

换句话说，政体未必有传说中那种神乎其神的决定性作用。

经常有人说，如果有了自由竞争选举制度，国家就会变得多好多好。他们只讲这种体制带来比较好的结果的例子，比如西欧、北美。他们忘了，这些国家也正是当年的帝国主义国家、殖民主义国家，它们今日的富裕与当年大国崛起的血腥历史不无相关。但是被西方政体思维方式忽悠，同样采取这种体制的国家，不成功的例子也是大量的。这也就是为什么做大数据的、长时段的比较研究，得不出任何结论说，政体是决定性的。不管是政治体制对经济发展的影响，还是对社会公平的影响，还是对人民幸福感的影响，大量的统计，跨时段、跨国家的研究，只能得出一个结论：不相关。所以，政体不是一个决定性的要素。

玛雅：西方是政体思维方式，中国是什么思维方式？

王绍光：中国传统的分析政治的方式，从来不讲政体。它不是政体思维，而是政道思维。所谓政道，是指为政之道，就是治理的"道"。在中国古代典籍中，与为政之道相关的词语随处可见，例如，"政不得其道"，"有道之君、无道之君"，"君有道、君无道"，"国有道、国无道"等。庄子在《天道》篇中区分了"治之道"与"治之具"，前者指治世的原则，后者指治世的手段。与西方哲人不同，中国历代的先哲考虑最多的不是政体，或政治体制的形式；而是政道，或政治体制运作的目标与途径。

政体思维与政道思维的不同在于，前者所关注的只是政治秩序的形式，而后者的着眼点是政治秩序的实质。"横看成岭侧成峰"，如果我们把西式政体的视角换为中式政道的视角，那么无论是回顾中国历史上的政治，评判当代中国的政治，还是展望未来中国的政治，我们都会有不同的感受。

玛雅：中国人自古以来就与西方人政治视角不同，是不是也不关注西方政体及其优长？

王绍光：现在中国人并非不关注西方政体，不了解政体思维。最早注意到西方政体、把政体思维引入中国的是梁启超。19世纪最后几年，梁启超读了一些西方的书，发现西方讲政体，非常兴奋，颂扬"自由民政者世界上最神圣荣贵之政体也"。他很快把政体概念运用到政治分析中，说中国是个专制国家；把专制推翻，中国的问题就解决了。

但是梁启超也是中国最早放弃和批判政体思维的人。1903年他去美国走访了8个月，那时正是美国问题最多的"镀金时代"。他很快就对这个自己曾经大加赞誉的"世界共和政体之祖国"大失所望，并得出结论："自由云，立宪云，共和云，如冬之葛，如夏之裘，美非不美，其如于我不适何！"他认识到政体决定论是错误的，把视线转向政体以外的其他因素，开始强调，政治的好坏不能光看政体，更重要的是道德。"政在一人者，遇尧舜则治，遇桀纣则乱。政在民众者，遇好善之民则治，遇好暴之民则乱。"就这样，他从政体思维转向政道思维。

共产党讲的民主是
政道层面上的

玛雅：梁启超的思想转变过程和今天很多西行归来的"中国派"学者如出一辙。

王绍光：中国人，尤其是中国的思想大家，当他们把问题想清楚以后，解决问题的方式都不是集中在政体上，都是集中在政道上。比如，毛泽东在《新民主主义论》中也谈到政体问题，即"政权构成的形式问题"。但是他所说的"政体"并不是亚里士多德或孟德斯鸠意义上的政体，而是一种政道。例如，他把"民主集中制"称作是理想的政体。显然，西式的政体理论绝不会把民主集中制看作一种政体，它不过是中国共产党的一种治国之道。

同样，在与黄炎培的"窑洞对"中，毛泽东讲的"民主"也不是政体的概念，而是政道的概念。他说："我们已经找到新路，我们能跳出这[历史]周期率。这条新路，就是民主。只有让人民来监督政府，政府才不敢松懈。只有人人起来负责，才不会人亡政息。"

可以说，中国共产党讲的民主从来都是政道层面上的，因此才会有诸如"民主作风""这个人比较民主""这次会议开得比较民主"之类的说法。如果从政体的角度来理解，这些话几乎毫无意义，也没有道理，因为这些跟竞选、多党制没关系。但是从政道的角度来理解，这些说法很有道理，因为只要能让大多数老百姓的意愿在施政中得到体现，就是政道要达到的最终目的。

玛雅：共产党的民主观更接近中国传统的民本主义。

王绍光：民主本来的意思是人民当家作主。民主既可以从政体的角度看，也可以从政道的角度看。从政体的角度看，民主的关键在于，政府是否由竞争性的选举产生。从政道的角度看，民主的关键在于，政府能在多大程度上回应人民的需求。从这个意义说，中国的体制对人民的需求具有回应性，就是政道思维所理解的民主。

那么对于普通老百姓来说，是竞争性选举重要还是政府政策具有回应性重要？当然两者都重要。但是老百姓最关心的，恐怕还是政府制定政策能否反映他们的切实需求。环视当今世界，我们不难发现，有些政治体制从形式上看，因为采用竞争性选举，似乎具有"代表性"，但是回应性未必高；有些政治体制没有多党竞争，但对人民需求的回应性却比较高。

实事求是：
一个中国成功的关键词

玛雅：西方有学者评价印度和中国的政治体制：印度虽然有竞争性选举，但是在"权贵主导的民主"（elite-dominated democracy）之下，执政者在制定和推行经济政策中，利用国家有限的资源为权贵集团的利益服务，这是印度民主70年来，老百姓仍然极度贫困的根本原因。反之，中国虽然没有多党竞选，但共产党不是利益集团的代表，政府大力推行改革，积极改善民生，这使得中国在发展经济和提高人民生活水平方面均领先于印度。

王绍光：把中国的一切问题归咎于体制的人，是因为没有想清楚，这种政体思维方式本身有什么问题。政体思维是一种非常简单的思维方式，认识不到政治现实的复杂性，把复杂的政治现实简约为几个标签：民主、专制，非此即彼，截然对立。网上有一篇文章，说中国的问题是一党制，是政体的问题。那么变成多党制好不好呢？很多人想搞两党制，但是他们没有想过，他想搞两党制，别人也想有两个党，最后可能出现几百个党、几千个党。

玛雅：苏联解体后，出现了几百个政党。俄罗斯只有1.4

亿人口，是中国的1/10。按这个比例，中国如果实行多党制，将会出现几千个党。

王绍光：这种局面完全可能出现。就像加拿大出现魁北克党、英国出现苏格兰党一样，中国会新疆成立几个党，西藏成立几个党，四川省内川南成立个党，川北成立个党……全国出现无数个党。所以不能拿这种事做试验。中国1912年就有过这种经历，当时一开放，从政体的角度来看，非常像西方——多党制，多到有几百个党；有宪法，有议会，有总统，有选举，也有言论自由，表面上看什么都有。但是1912年到1916年那段时间，中国到底怎么样？尤其后来造成的结果，军阀混战、一盘散沙，我们都看得很清楚。

政体思维是非常简单的方式。简单到什么地步？当年苏联搞改革，美国人给弄了个"500天计划"，说你按我这个计划走，500天就从社会主义经济变成资本主义经济了。事实证明，这是非常荒唐的，害得那些国家几十年都没翻过身来。苏联1991年解体前有人说，理想的改革方向是变成一个北欧式的国家。但事实上，俄罗斯改革后走过的政治道路不像北欧，更像非洲，陷入混乱和贫困。这个曾经的世界第二大超强，遭遇让人不胜唏嘘。所以，以为政体一旦改变，好的结果就会出现，这样的逻辑思维是没有任何根据的。

其实按照真正的政体理论，西方国家没有一个是标准的民主制，它们都是混合政体。这种混合政体含有大量的非民主因素，这样才能解决它们的实际问题。中国偌大一个国家，情况如此复杂，要是用非常简单的政体思维方式来解决问题，就把国家带到沟里去了。

玛雅：正如习近平所言，"中国不能全盘照搬别国的政治制度和发展模式，否则的话不仅会水土不服，而且会带来灾难性后果。"

王绍光：中国人今天要汲取历史教训，否定政体决定论这种思维方式，采取政道思维方式。应该多考虑考虑中国的问题是什么、治理的目标是什么；有多少不同的治理方式、什么样的方式比较适合中国。坚持实事求是，具体问题具体分析，这样来解决中国的问题会更好。

回答你一开始的问题：中国为什么能成功，它的关键词是什么？我认为，最重要的就是实事求是。中国一路走来，从革命年代到建设时期到改革开放，正是因为坚持实事求是，才取得了今天的伟大成就。凡是不讲实事求是的时候，都会遇到挫折，走弯路。在今后的道路上，我们要记住老一辈革命家留下的宝贵经验，坚持实事求是，坚定不移地往前走。这样才能避免偏差，行稳致远，走向"两个一百年"的美好明天。

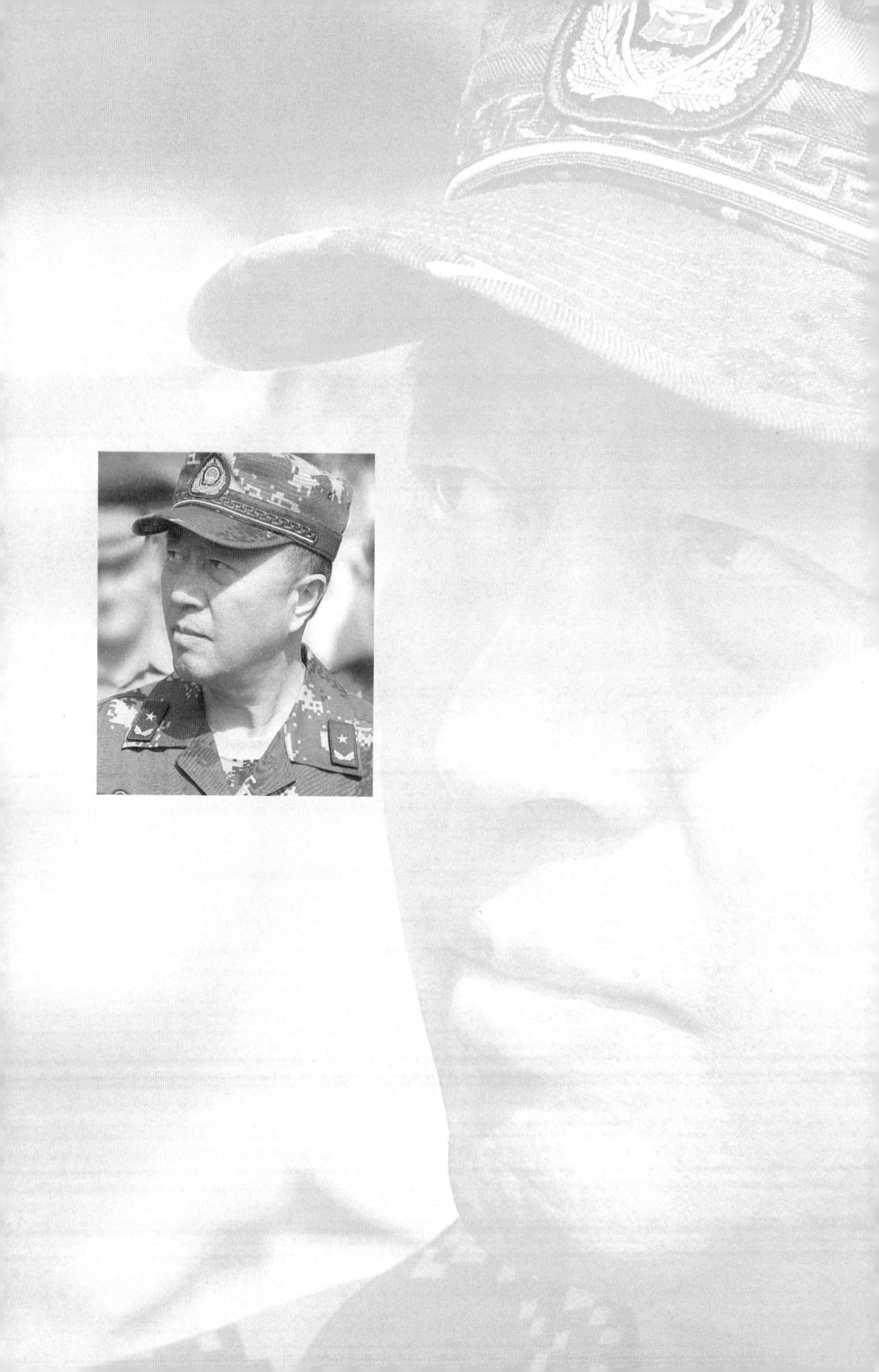

我们的队伍向太阳：新时期中国军队的使命与担当

秦天

中国人民武装警察部队副司令、中将，
国家安全和战略问题专家。
曾任"济南第一团"团长，并率部赴云南前线作战。
在担任国防大学科研部部长、军事科学院副院长期间，
曾主持完成多项国家级和军队级重大研究课题。
主创影片《惊沙》、政论片《较量无声》、
军教片《暗箭刀锋》、史论片《向前！向前！向前！》等。

回归本色，重塑精神，筑牢我们的军魂

玛雅：党的十八大之后，习近平总书记鲜明提出，党在新形势下的强军目标是建设一支听党指挥、能打胜仗、作风优良的人民军队。并强调，全军要准确把握这一强军目标，用以统领军队建设、改革和军事斗争准备，努力把国防和军队建设提高到一个新水平。如何实现党在新形势下的强军目标？什么是新时期中国军队的使命与担当？请谈谈你的看法。

秦天：党在新形势下的强军目标，是我军建设的根本方向，同时也体现了新形势下军队建设和履行职能使命的新要求。如何实现这一目标，涉及诸多方面，但首先要回答一个问题：我们这支军队能不能保持自己的光荣本色？军队打胜仗，硬件条件是器物层面的，更重要的是精神品质，是军队的灵魂。如果不能保持我军的优良传统和光荣本色，我们靠什么去打仗，怎么能打胜仗？这才是最根本的。

什么是新时期中国军队的使命和担当？与改革开放前相比，今天军队的职能和使命，其内涵外延都有了很大变化。过去传统的抵御外敌、保卫祖国的使命还在，同时随着国家利益的深度拓展，又增加了很多新的内容。习近平主席明确指出，新的历史条件下，军队必须"坚决维护党的领导和中国特色社会主义制度，坚决维护国家主权、安全和发展利益，坚决维护我国发展的重要战略机遇期，坚决维护地区与世界和平"。应该说，任务是艰巨的，挑战是严峻的。但是我们始终不变的，也是永远不能变的，就是这支军队要真正肩负起对党和国家、对人民的使命担当。1989年小平同志辞去中央军委主席一职时曾殷切寄语：这支军队要永远忠于党、忠于人民、忠于国家、忠于社会主义。这实质上是对新时期保持军队建设正确方向提出了严肃的政治要求和郑重的政治嘱托。

老一辈完成了他们的事业，我们是他们的传承者。这个传承不光是事业的传承，也是精神的传承。一代人有一代人的事情要做，一代人有一代人的历史责任和使命担当。当前最重要的，就是围绕实现新时期强军目标破解军队建设的诸多现实问题，实现人民军队的本色回归和精神重塑。一句话，首先要把我们的军魂找回来。因为只有重塑军魂，才能谈得上使命担当。

玛雅：回归本色，找回军魂，是因为曾经丢掉了？现在重提本色和军魂，有什么特别的意味？

秦天：这一点当前是最值得我们军人，特别是军队高级干部认真思考的。军队要想有效履行新时期的职能使命，没有魂的确立是不行的。这个挑战极其严峻。在过去较长一段时间，特别是近十几年，因为有徐才厚这种人，军队的政治生态遭到严重破坏，对这支队伍的影响和伤害太大了。党的十八大以后军队反腐，是一个浴火重生的过程。这个问题回避不了，直面这一问题体现了习主席这代领导人的担当，也让我们看到了希望。只有敢于面对问题，坚决纠正问题，我们才有可能回归本色，重塑精神。

玛雅：外媒称，中国正致力于打造高质量的军队，努力缩小与美军的差距。如何评价我军的作战能力？是不是一支能打胜仗的军队？

秦天：这是我们的目标，像现在这样抓下去，我们完全有希望。中国现在不差钱儿，也不差技术，在硬件方面早已过了仰人鼻息、拾人牙慧的年代。论打仗，现在不是硬实力的问题。硬实力有差距，需要提升和加强，但是从紧迫性和侧重点来讲，主要是软实力——怎么加快本色回归，精神重塑，提高这支军队的精神品质。精神品质上来了，我们凭现在的能力就不得了，更不要说将来。抗美援朝我们用的什么武器呀？这是很简单的一个道理。

我是充满信心的，现在这样做不仅方向对了，而且力度空前之大，决心空前坚定。只要坚持下去，我们的目标都是可以实现的，假以时日，大有希望。

玛雅：2014年10月全军政治工作会议在革命老区古田召开，是习近平亲自提议的。他说"要让大家深入思考我们当初是从哪里出发的、为什么出发的"。从"寻根"的角度看，你对这次会议如何认识？

秦天：我认为具有里程碑意义。老古田会议和新古田会议一脉相承，就一个主题：思想建党，政治建军。两次会议的时代不同，但背景是一样的，都面临着严峻的现实问题。老古田会议的问题是，那样一支在成分上鱼龙混杂的军队，目标、任务、性质都不很清楚，要把这支军队改变成党领导下的新型人民军队，完成中国革命的历史任务，就必须解决思想建党、政治建军的问题。

这次也是。虽然军队的成分和政治质量与当年不一样了，但毋庸讳言，在思想上、作风上一样存在着鱼龙混杂的现象。各种各样与人民军队宗旨完全不相容的思想、各种各样与当代军人职能使命和自己岗位职责完全不相容的行为，问题太多了。所以说，两次古田会议的宗旨是一样的，新古田会议就是在新的历史时期解决好思想建党、政治建军的问题。

玛雅：会议提出，发挥政治工作对强军兴军的生命线作用。你对加强军队政治工作有何预期？

秦天：我感到乐观。过去思想政治工作不力是我们自己没做好，你自己没做好就怪不了谁了。毛主席早就说了，思想阵地你不去占领，别人就要去占领。军队出现的种种问题，思想政治工作也好，作风建设也好，你怪不了谁的，只能在自己身上找原因。而现在你看，我们不仅高度重视和努力解决存在的问题，而且方法是正确的，是从高层抓起，从自身抓起，从上到下一级抓一级。

身先士卒，正人先正己，我们的军队历来需要这样。国民党和共产党，一个"给我上"，一个"跟我上"，一字之差，一个丢了江山，一个得了天下。战争年代我们的老一辈都是这样，带着部队往前冲。我们现在解决问题，端正风气，还是要靠"跟我上"。军委主席带头这么做了，总部、大单位的领导都这么做了，下面各级干部谁敢不这么做？就这样一级做给一级看，一级带着一级干，官兵一致，上下同心，我们的军魂就回来了，铸牢了。

贯彻落实军委主席负责制是大问题

玛雅：怎么解决当前军队建设中存在的问题、未来如何治军正军，有什么思路和措施？

秦天：从根本上讲，还是要加强和完善党对军队的绝对领导，筑牢党对军队绝对领导这个军魂。

任何一个强大的军队都有它的魂。我们这支军队风风雨雨一路走来，从小到大，从弱到强，从胜利走向胜利，它的魂就在于党对军队的绝对领导。中国共产党是中国革命和社会主义建设事业的领导核心，代表着最广大人民的根本利益，坚持党指挥枪，才能保持人民军队的方向与整个国家和人民的利益是一致的。

党对军队的绝对领导是一个完整的制度体系。这个制度体系是在长期的革命斗争和建设事业中不断创建、发展和完善的。三湾改编后，支部建在连上，建立党代表制度。后来的政治委员制度、政治机关制度，都是着眼于加强党对军队的绝对领导。但最根本的，是要从顶层解决好党指挥枪的问题，切实贯彻落实军委主席负责制。

玛雅：怎样理解军委主席负责制？这一制度对保证党对军队绝对领导的意义何在？

秦天：军委主席负责制是1982年宪法规定的，也是在长期的革命战争实践中逐步形成和建立起来的。一方面，这一制度在党对军队绝对领导的制度体系中居于核心地位，直接决定军队建设的方向；另一方面，这也是军事工作的特点和规律决定的——军事工作需要决断，来不得扯皮，否则会贻误战机。因此，党对军事工作的领导，必须坚持统一领导下的首长分工负责制。而在党对军队绝对领导这个制度体系中，军委主席负责制具有根本性、决定性的作用。我个人的观点，如果军委主席负责制得不到落实，对于党对军队绝对领导这个制度体系而言，就是"100减1等于0"的关系。

玛雅：过去在这个问题上有过什么偏差？

秦天：我们党在最高军事领导权上出问题，有两次大的教训。一次是红军时期，由于博古在负责党中央工作期间，将最高军事领导权交给了李德，致使中国共产党对军事工作的最高领导权和指挥权在相当程度上旁落。后果大家都知道，第四次反"围剿"局部失利，第五次反"围剿"彻底失败，整个红色根据地丧失殆尽，红军被迫长征。

第二次教训是在当下。党的十八大以前，徐才厚等人擅权、乱权十多年，给军队建设造成极大的内伤，部队风气严重污染，政治生态逐渐恶化。如果不是习主席和党中央果断决策，力挽狂澜，拨乱反正，后果不堪设想。现在反思原因和教训，更加看出，只有贯彻落实军委主席负责制，才能避免"100 减 1 等于 0"的后果。

玛雅：党不能指挥枪，枪的准星就偏离正确方向了。

秦天：没错。这两场灾难中，党的基层组织都健全，其他制度都完善，可顶层一落空下面全完，这个教训太深刻了。那么你看党的十八大以后，中央提出八项规定，军委出台十项规定，很简单的一个动作，就是把手电筒掉一个方向照照自己，马上就看到了成效。长期以来反复要求、反复强调都解决不了的问题——吃喝问题、风气问题、用人问题……都在得到解决。所以要想促进本色回归，必须从高层做起，从军委主席开始，把党的决心意志向外辐射，形成一级做给一级看、一级带着一级干的局面。这样一来，谁还敢腐？谁还能腐？贯彻落实军委主席负责制的要义就在这。

玛雅：现在强调依法治国、依法治军，军委主席负责制应该是国家法制的一部分。

秦天：你说得对。军委主席负责制是宪法规定的，已经上升为党和国家的最高意志。同时，这不是一个人的事，而是一个完整的制度体系。现在强调依法治军、从严治军，就是要从制度上明确，各层级的责任主体是谁、职责边界在哪儿、负责的标准是什么，而且要可检测、可监督、可评估、可问责，这样才能有效落实。

十多年前我就思考过一个问题——权力的阴影。这个问题非常严重，如果发生战事而我们又失利的话，你甚至都说不清应该由谁来对此负责。很多人都躲在权力的阴影里，大家只知道有个权力在那儿，却不知道由谁负责，这就是大问题。

贯彻落实军委主席负责制，就是要达到没有任何权力的阴影。责任主体是谁？你负什么责？都必须清清楚楚。这本身就是依法治国、依法治军的一个重要内容。要通过完善制度机制，让所有在领导岗位上的人都必须承担责任，必须担当。

传承精神，
找到一个新的信仰坐标系

玛雅：回到"军魂"话题。你曾在介绍电影《惊沙》的主题歌时说，这是红西路军将士的忠魂在说话。我想问，今天回忆这个英雄群像，倾听他们的忠魂，联想到当代军队和军人，你有什么感慨？这种忠魂今天还在吗？

秦天：感慨太多了！所有这些感慨概括成一句话，就是"魂兮归来"。刚才讲了党对军队的绝对领导，讲了军队在新时期职能使命的拓展，如果这支军队没有先辈的这种精神，也不可能完成今天的职能使命。军队的根本就是它的魂，这种精神也是军魂的一部分。

我们搞了一部史论片，叫《向前！向前！向前！》，主旨就是弘扬军魂。通过红军时期、抗日战争、解放战争、抗美援朝中一些特别能体现军魂的代表性人物的故事，来展现我们的军魂，展现红色基因的特征。这些人物和故事一定能使广大受众感动，在感悟中重新去寻找信仰的坐标系。

我一直在思考，当代军人，特别是那些年轻官兵们，还有多少人心里有一个坐标系？有一种指引他们前进的方向感？过去这种传承是从根儿上一代一代言传身教来的，新兵到部队后，很快就能找到自己的精神引领。比如我自己，我当团长是在

"济南第一团"。我非常自豪我是"济南第一团"第十一任团长，这是我人生中最引以为豪的一件事。你再看团里一代代、一茬茬战士的荣誉感——"济南第一团"！战争年代中央军委授予的唯一一个团级英雄称号，何等荣耀啊！但是关键在于，这种荣誉感不能只是一个符号，而必须通过一个个、一代代具体的人物和群体，把它变成一种具象的感受和氛围，传递到人的心里。在这样的熔炉里，新战士很快就能找到一个精神传承的载体、一个追求理想的方向。

传承离不开环境的影响。假如你给他的引领和影响只是在荣誉室里，出了荣誉室，他看到的现实情况全是颠覆的，要不了多久他的认识也就会颠覆。如果这样，哪来的军魂？

玛雅：可见，正能量和负能量之间是此消彼长的关系。弘扬军魂不光是树立正气，也是在拨乱反正。《向前！向前！向前！》是怎样一部片子？

秦天：这部片子是以历史为背景，但不是单纯的军史片，而是以弘扬军魂为主线，揭示人民军队红色基因的本质和巨大力量。从1894年甲午战争说起，那时候的中国军队是什么样子？有个日本军官曾经说，他羞于与这样的敌人作战，腐败、贪婪、怯战、贪生怕死、望风而逃，可以说是不堪一击。然而，仅仅40年过去，还是这片土地，还是这个民族，就产生了一支举世无双的军队，干了一件惊天动地的事情——二万五千里长征。

2000年人类进入新千年时，美国请了全世界100位历史学家、人类学家和社会学家，评选过去1000年里影响人类文明进程的100件大事。中国入选了三件，其中就有长征。为什么会有长征？因为信仰——是信仰给了这群人强有力的心灵支撑，激励他们克服千难万险，一次次战胜敌人，也一次次战胜死亡。他们心中有对新中国的向往，哪怕是倒在了半路上，也是长眠于对胜利明天的期盼中。因此说，长征是人类精神的奇迹。

而40年又是个什么概念？它在一个民族漫长的历史中不过就是一瞬间。但为什么会有这样的巨变？为什么会有这样的壮举？这当中又有多少惊天地泣鬼神的故事？我说是因为"基因突变"——这个民族、这支军队产生了一次基因正突变。其结果是什么？这支人民军队以摧枯拉朽之势一路打下来，推翻三座大山，建立了新中国。接着抗美援朝，跨过鸭绿江，打败美国为首的"联合国军"。

玛雅：你说到这，我想起八一南昌起义失败后，朱老总在江西安远天心圩的稻田土坎上，对最后剩下的800名官兵说，"要革命的跟我走，革命一定成功。"金一南将军说，这800人是一支"中国魂"的队伍，朱老总给了他们一个魂。1927年南昌起义枪响，22年后百万雄师过大江。

秦天：是啊，就这么几十年的时间。为什么能这样？就是军魂在起作用。是中国共产党，是那些坚定的共产党人给这支军队注入了一个魂，赋予它钢铁般的意志和战胜一切的力量。就是这些人，一个个的英雄，在那样艰苦卓绝的斗争环境中前赴后继，流血牺牲，为中华民族的解放献出了生命，也铸就了军魂。今天回忆他们，我们发自内心呼唤：魂兮归来！我相信，当这支军队回归本色，重塑精神，就永远是一支不可战胜的力量，一定能肩负起党和人民的希望与重托。

玛雅：这是一部汇聚正能量的影片，在当前破除积弊、激浊扬清的时候，太需要在这方面加强了。

秦天：你说得非常对。在当前形势下，要积极树立正面形象，坚定"四个自信"。这正是我们的着眼点，通过革命战争年代不同时期中一个个鲜活、有代表性的人物和故事，来揭示什么是我们的红色基因，它是如何传承发展的，让大家知道我们党走到今天是怎么过来的。正如习主席在毛泽东诞辰120周年纪念会上讲的："一切向前走，都不能忘记走过的路；走得再远、走到再光辉的未来，也不能忘记走过的过去。"

对中国前途之问
做出肯定的回答

玛雅：中国共产党从哪来，到哪去？社会主义中国从哪来，到哪去？如果说，历史在记录着我们的回答，你认为中国今天在做出怎样的回答？你对中国的未来有何预期？

秦天：怎么看中国的未来？我有一个观点，中国不仅处在一个重要的历史发展时期，同时也处在一个重要的历史转折时期。对于中国来说，这是一个量变和质变相结合所带来的全新发展时期。中国正迈开脚步，以量的持续增长和质的加速提升，由大向强快速发展。

中国在做出怎样的回答？我认为，改革开放40年，中国以举世瞩目的发展成就，对中国特色社会主义能否在经济上取得成功，做出了历史性的回答。中国经济总量已经位居世界第二，这个第二你要动态地看。中国现在GDP超过13万亿美元，仍然在以6%—7%的速度持续增长，而排在第一的美国和排在第三的日本增长率仅为1%—2%。那你想，中国如此庞大的经济体量继续保持中高速增长，这是什么概念？这必将对区域经济和世界经济产生巨大的带动作用。特别是中国坚持走和平发展道路，倡导互利共赢的发展理念，欢迎其他国家搭上中国发展的快车，实现共同繁荣进步。这种非排他性的发展模式将进一步增进中国的经济发展，也将提升中国对其他国家的吸引力和在国际上的影响力。

玛雅：这些是讲量的变化，质的变化呢？

秦天：质的变化是，在保持量的巨大增长的同时，中国正在以执政党的自身建设和国家治理现代化，对中国特色社会主义能否在制度模式上取得成功，做出历史性的回答。党的十八大以来，新一届党中央以坚定的决心、坚强的意志和空前的力度，大力加强思想文化建设、法治社会建设和党的自身建设，旗帜鲜明地开展意识形态领域的斗争，着力解决改革开放以来在党风、政风以及社会风气方面存在的问题和积弊。这些问题都是过去30多年积累下来没顾得上解决的，就像有句话说的，我们走得太快了，以至于灵魂被落在了后面。现在我们开始解决让灵魂跟上的问题了，一旦这个问题解决了，中国的未来充满希望。

玛雅：这么说，你对未来时期新一届中央的执政感到乐观？

秦天：我充满信心。真正的世界强国光靠经济上的成功是不可能的，还要在社会进步和国家治理方面走在世界前列，并且带给世界全新的发展理念和价值体系。过去只看到量的增长，当然做到这一点已经堪称奇迹，但单纯靠量的增长是不可能实现民族复兴伟业的。实现民族复兴需要很多支撑条件——经济的、政治的、军事的、文化的。现在在新一届中央的领导下，我们正在把这些支撑条件一个一个建构起来。可以这么说，当中国特色社会主义在经济建设领域和政治建设领域共同取得成功之时，就是中华民族的伟大复兴实现之日。这不但将极大地改变中国，也必将极大地影响世界。未来中国的崛起，将不仅体现一种发展模式的成功，更彰显一种价值理念的成功。我坚信，假以时日，我们完全有能力对中国前途的历史之问，做出肯定的回答。

西方的全球优势地位终结了

玛雅：这也证明，历史没有终结。一个不同于西方的制度模式不但存在，而且它的成功将为世界未来的发展提供另一个选择。

秦天：这是我要讲的另一个问题，就是美国的相对衰落。我为什么讲"转折时期"？因为综合分析，中国上升和美国下行的趋势都进入了一个历史的拐点。拐点并不意味着现实的结果，但意味着在一定时期内不可逆的发展趋势。这个转折的过程将会是一个比较长的时期，但是趋向已日渐清晰。

这个事实，美国一些政治精英也看到了。著名战略家布热津斯基说："全球重心正在从西方向东方转移，从欧洲向亚洲转移，可能甚至从美国向中国转移，这个过程此时仍在进行中。"他还说："如果人们普遍将美国体系视为不实用的模式，那么中国的持续成功就成为另一种可供选择的体系。在这种情况下，西方作为一个整体可能会陷于危险。西方虽未终结，但西方的全球优势地位终结了。"

不光美国，很多其他国家也都看到了这个趋势，都在投棋布子、谋篇布势。这从世界大国和中国周边国家对外政策的调整就可以看出。这些谋划和布局调整的举措不仅大多与中国有关，也将推动这种世界发展趋势进一步加速。2015 年 12 月，由中国推动的亚洲基础设施投资银行正式成立，亚洲以及世界 57 个国家成为创始成员国，包括十几个西方国家。三年后，2018 年 12 月亚投行已有 93 个正式成员国。由此可以看出一种摆脱传统势力格局的趋势，其中的原因不言自明。

玛雅：但是美国一直试图阻止这种趋势，至少是延缓这种趋势。在这个时候，中国应该如何看待自己？如何看待中美力量对比的变化？

秦天：中国上升和美国下行是一个相对的发展趋势。在未来较长时间内，中国仍将是处在现代化进程中的发展中国家，美国仍将是世界最强的发达国家。这就要求我们在前瞻和预判未来世界格局发展演变的基础上，对中国国家发展做出长远规划。国际上关于中国的评论我们要两面听，对过誉的成分要有清醒认识，不被忽悠和"捧杀"；对诋毁的言论也不要上当，不被干扰和左右。同时，中国的发展目标、社会制度、国家战略和文化传统都决定了，无论中国将来如何发展强大，都永远不会接替现在美国的国际角色。中国永远不称霸。这绝不是说辞，也不是策略宣传，而是真正的战略选择。

玛雅：说到战略选择，中国在快速发展过程中，国家安全是底线。你认为，如何才能守住这个底线？

秦天：客观看，中国在由大向强发展的过程中，不但面临着发展的瓶颈期，也面临着安全的瓶颈期。闯过这一关就海阔天空，闯不过就险阻重重。纵观近三百年的世界历史，可以看出一个带有规律性的现象：每当世界范围内资本收益远大于劳动收益时，就是爆发全球性重大危机的前兆。20世纪初这种现象出现后，爆发了第一次世界大战；当这种现象再次出现，又爆发了第二次世界大战。21世纪初这种现象出现后，爆发了2008年国际金融危机。当前这种现象又出现了，程度比前几次还严重，有可能会引发更深重的全球危机。对此我们应保持高度警觉，抓紧优化国际国内资源配置布局，扩展新的增长极，防范国际大环境骤变对我国发展的严重冲击。

同时还应看到，没有哪个霸权主义国家会心甘情愿地放弃既有的全球权力，自动退出历史舞台。特别是在我国将强未强的瓶颈期和国际格局的重大变化期相重叠的阶段，更要警惕和防范个别国家或几个国家联手，针对我国做出的非理性选择和重大冒险行动。2014年9月14日《纽约时报》在评论基辛格《世界秩序》一书时指出："从历史上来看，崛起之国与守成大国之间的位置互换共发生过15次，其中有10次是以战争来完成的。"

玛雅：有分析认为，2012年到2024年是中美关系最危险的十余年。如果处理不好，中美之间会发生摩擦，甚至兵戎相见。

秦天：我们必须认识到，尽管中国的发展模式不是排他性的、零和竞争的，但事物的发展变化并不以人的意志为转移。赢得安全维护安全永远要靠实力，而不是靠主观愿望。因此我认为，在安全底线的问题上，我们必须做到有备无患。要永远恪守先贤留下的古训："无恃其不来，恃吾有以待也，无恃其不攻，恃吾有所不可攻也。""先为不可胜，以待敌之可胜。不可胜在己，可胜在敌。"必须按照习主席的总体国家安全观和底线思维要求，不仅要加强国防实力，加快强军步伐，而且要持续增强国家综合安全建设，形成敌不可胜的强大战略实力。这不仅是中国崛起的重要组成部分，更是把握战略机遇、实现中华民族伟大复兴中国梦的可靠保障。

最大限度维护
国家安全和发展利益

玛雅：从底线思维要求来看，中国目前军事安全处于什么状态，军事能力能否满足国家安全需求？

秦天：形象地说，国家安全底线和军事能力极限之间就像是床和被子的关系。国家安全是床，军事能力是被子；被子盖不住床就不安全，差得越多就越不安全。中国的经济总量虽已跃居世界第二，但军事能力之"被"与国家安全之"床"的现实需求相比，仍有较大差距，客观上是缩一缩盖得住，伸一伸盖不住。中国是军事安全完全依靠自身能力的大国，而且是唯一一个没有实现国家统一的大国。我们在领土和主权方面存在不少现实问题，在其他权益方面也不容乐观，如果没有应对军事风险的能力，就无法保障国家生存与发展的基本安全。因此，中国加强军事能力建设不但是正当的，而且是必需的、急迫的，努力发展与国家实际安全需求相适应的军事能力是硬道理。对此我们要坚信不疑、坚定不移。

玛雅：具体说，应该如何发展军事能力，以管控和应对军事安全风险，维护国家安全和发展利益？

秦天：我认为，应着重把握好以下几个方面：

第一，军事安全风险管控应该由基于应对向基于建设和预防转变。新中国成立后相当长一个时期，我们的军事斗争准备和风险管控基本属于备战应急的性质，这也是新兴国家和新兴制度建立后必然面对的现实。但随着形势的变化，我们应该积极地由被动应对威胁的"备战应急型"向注重建设与预防的"主动运筹型"转变。这是争取和扩大战略主动，加强能力建设的科学性、针对性和前瞻性，确保我军有效履行新时期历史使命的必然要求，也是消除军事安全隐患，整体优化军事安全战略环境的重要途径。

同时，在军事能力建设上要从基于现实威胁向基于长远能力转变。未来一个时期军事力量发展的能力定位，应以有效保障我军履行新的历史使命为有限目标。未来军事能力建设的总体方向，应是以战略威慑能力、战略打击能力、信息保障能力等关键能力为支撑，拓展整体军事能力的有效控制范围。当前，应以特殊能力建设打破困局，以总体能力建设固本强基，以跨越突破的思路谋取新一代战争的"入场券"，打破主要战略对手对战争能力优势的垄断，争取相对的战略平衡，最大限度地维护国家安全和发展利益。

玛雅：也就是说，为了确保有效履行军队在新时期的历史使命，在风险管控模式上和军事能力建设上都要与时俱进。

秦天：是的。第二，提高国家战略能力，这是有效实施军事风险管控的重要基础。在这方面，我们要解决的问题很多，比如健全安全与发展同步规划机制。总结世界主要国家富国强军的经验教训，一个重要的启示是，"先富国、后强军"的理论和实践，必然会对国家安全造成内伤，因为安全问题是全程性的。一方面，国家的快速发展必然会提出更多的安全需求，如果军事能力不能及时提供相应的支撑，国家安全就没有可靠的保障。另一方面，国防建设和军事能力的发展有其内在的周期性，不可能在短期内迅速完成，通过突击性发展安全能力来应对突发安全问题是行不通的。

玛雅：这也解释了，为什么在新中国前期，中国人民勒紧裤腰带也要把"两弹一星"送上天。毛主席那代领导人高瞻远瞩、深谋远虑，如果不是前30年解决了"挨打"的问题，改革开放后就不会有那么好的和平发展环境。

秦天：说得对。特别是中国这样的奉行独立自主发展方针的大国，国家基本的安全自卫能力不但只能通过自身提供，而且必须与经济发展保持合理比例才能满足基本的安全需求。

第三，以确保核心利益作为军事风险管控的原则底线。核心利益往往就是战略底线，在核心利益上决不能无原则退让。安全的临界点一旦突破，会产生危及国家根本安全的连锁反应。因此在必要的时候，恰当地运用军事手段，对挑衅我国安全及核心利益的行为进行果断遏止，不仅具有强烈的震慑和警示作用，也有利于改善国家安全环境，增强民族自信心和自豪感。对此我们必须有充分的心理、法理、能力、布局和相关方案的现实准备，做到"一旦有事就能闻令而动，克敌制胜"。

第四，战略克制、释放善意和拓展协调空间的处理外部矛盾和摩擦的基本立场。中国反霸不称霸，这既是对世界的庄严承诺，也是符合中国根本利益的理性选择。坚持走和平发展道路是我们一以贯之的国家战略。中国的发展和崛起是一个长期艰难的过程，遇到的风险和挑战将会层出不穷，保持最大的战略克制以缓解矛盾，释放最大的善意尺度以减少矛盾，拓展最大的协调空间以解决矛盾，这既是中国在实现民族复兴的历史进程中处理各种外部矛盾和摩擦的自主选择，也是积极管控各种现实风险的必然途径。

玛雅：就是说，为了实现和平发展，我们在守住战略底线的同时，要尽可能保持战略克制。

秦天：习主席说："坚持把国家和民族发展放在自己力量的基点上，坚定不移走自己的路，走和平发展道路，同时决不能放弃我们的正当权益，决不能牺牲国家核心利益。"我们要向周边和世界传递的信息是：中国不想与别人为敌，但别人也要明白与中国为敌的后果；中国不想挑战谁，但别人也要清楚中国的利益边界和底线；中国需要稳定，但不需要牺牲主权和利益的稳定；中国需要发展，但不需要损害国家安全的发展；中国热爱和平，但我们也不害怕战争。

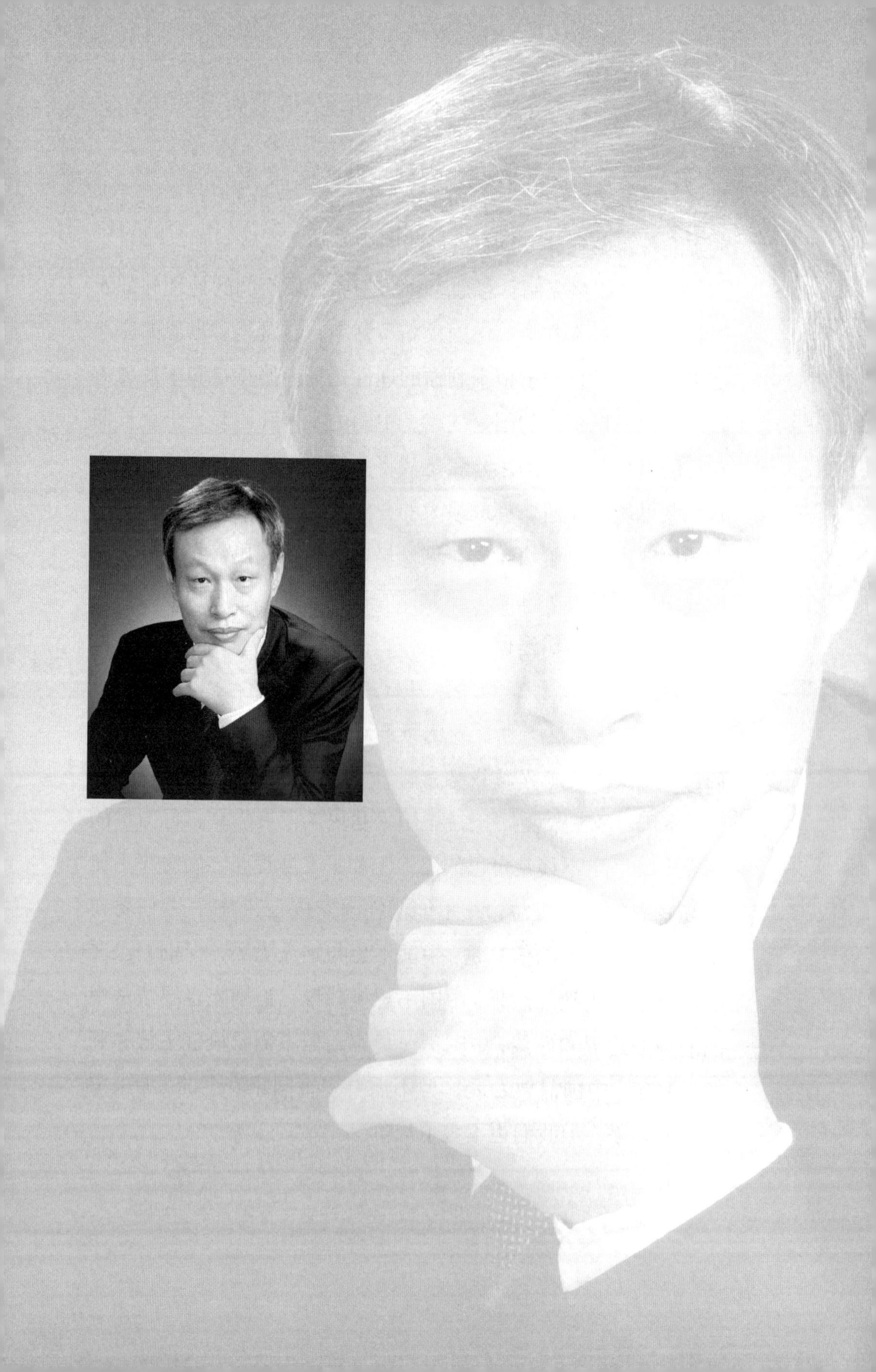

大国法治：
政制架构、社会基础与最终目标

苏力

北京大学法学院教授、北京大学学术委员会委员。主要研究方向为法理学、法社会学、法律史。主要著作有《法治及其本土资源》《制度是如何形成的》《送法下乡》《大国宪制：历史中国的制度构成》等。

共产党能做成事，
是因为有纪律，有规矩

玛雅：2015年10月，中共中央印发《中国共产党廉洁自律准则》和《中国共产党纪律处分条例》，强调纪严于法，纪在法前；治国必先治党，治党务必从严。在全面推进依法治国和全面从严治党战略布局下，如何理解党纪和国法的关系，以及依规治党和依法治国的关系？

苏力：一个国家，法律只是对公民的基本要求，而一个政党则有一些党内的规矩，尤其像中国共产党这样的执政党。这是应该的，不仅因为中国共产党是执政党，还源于党的历史和历史经验，以及党对中国现代化的追求和塑造。在革命时期，中共的党员绝大多数都来自贫苦农民。他们有很多优点，但党的领袖从一开始就指出传统农民的缺点，典型的如没有组织纪律性，非常散漫；他们的生活环境和生产方式让他们小富即安，无法想象一个现代化的中国；重视熟人关系，还很容易腐败。因此中共在长期的革命斗争中和新中国建设中，一直非常重视党的建设，包括党的组织纪律作风建设。这些都是党规的重要组成部分。

不光是农民，社会其他阶层的人，包括工人、知识分子、工商业者，甚至资本家——著名的如荣毅仁先生，都是在忠于党的事业、遵守党的纪律前提下，加入党组织的。中国共产党也因此才成为毛泽东所说的"领导我们事业的核心力量"。如果共产党的党员都仅仅满足于公民的基本标准，党的组织就会瓦解，中国的现代化事业就没有了核心力量。这就是我对"治国必先治党，治党务必从严"的理解。

玛雅：也就是说，党的先锋队性质、党所肩负的神圣使命和执政地位决定了，党规党纪必然严于国家法律。

苏力：实际上，只要是组织起来的群体，就有自己的规矩。就连社区老大妈跳《小苹果》的团队，也得有个规矩。你跳舞不按集体的节奏，排练节目老不按时来，人家就会把你赶出去。因此，讲依法治国，不能理解为只有法律才是社会生活的规矩。任何一个社会组织可能都会有一些规矩比法律更严格，甚至家风门风都是规矩。这其中的道理其实很简单，就是中国人说的"无规矩不成方圆"。从另一个角度说，讲规矩、守规矩本身，也是法治的体现。法治是什么？简单来说，就是整个社会有序的生活状态，方方面面都要有规矩。

放在这个语境下，鉴于中国共产党的执政党地位，以及党对自身的期许和广大人民对党的期许，我认为强调纪严于法，纪在法前，在组织上、纪律上、道德上都比普通公民标准更高一些，是理所当然的。否则，很多事情就做不成。不仅做不成，甚至国家可能出大乱子。而之所以能做成，就是因为共产党有纪律，有规矩。其中最重要的是政治纪律，比如立党为公，为人民服务；比如不能拉山头、搞宗派，在党内制造分裂；比如党的决议一经通过，即使有不同意见，也必须贯彻执行。尤其对各级党员领导干部要求应该更高，因为他们的责任更重。这些政治纪律，对保持党的组织性、先进性和战斗力是非常重要的。

玛雅：现在提出，要把严守政治纪律和政治规矩摆在首要位置，对党绝对忠诚是最重要的政治纪律。习近平说，"全党同志要强化党的意识，牢记自己的第一身份是共产党员，做到忠诚于组织，任何时候都与党同心同德。"按理说，这是天经地义的规矩，可是今天很多党员做不到。

苏力：现在确实有不少党员没有信仰。他们加入共产党只是为了升官，因为如今是执政党。这方面，过去有个政治意识形态"管着"，促使人们去追求信仰。现在没那么强的政治意识形态了，很多人自认为看透了，争利于市、争名于朝，就会失去信仰。

身为共产党人，不能没有信仰和理想。在高校任教，我历来看重的是，能否务实有效地解决中国的具体问题。我忠于祖国，希望中国富强，认为必须有共产党的坚强领导，中国才有可能富强。我还认为，中国要坚持社会主义方向，因为市场自然趋于急剧放大人们的财富差别，但整个社会需要通过合理的法律机制适度缩小贫富差别。因此，中国需要共产党这样一个政治组织，需要共产党的党员必须是爱国主义者和社会主义者。

他要爱这个国家，先天下之忧而忧，后天下之乐而乐。

玛雅：现在不光信仰缺失，党内还混杂着不少"挖祖坟"的人，吃共产党的饭，砸共产党的锅。一些离退休人员，一边攻击诋毁共产党，一边标榜自己老资格，名利待遇一点儿不少要。这些人如此仇视共产党，还待在党内干什么？

苏力：这种人从一开始就不是为了献身中国人民的解放事业。在社会生活中，从来都有一些人更想出人头地，有的贪财，有的则贪图社会声誉和地位。普通人这样想可以理解，但如果是党员，这种心思与共产党的追求不一致，在我看来就是党性不强了。尤其一些人，自视甚高，虚荣心极强，想跟着共产党、跟着领袖当个什么，就能平步青云、出将入相。但由于种种原因，包括"文革"或其他政治运动，也包括一些其实人人都会有的不顺，这种愿望落空了，心理就失衡了。却又不甘寂寞，于是下作到以所谓"挖祖坟"来吸引眼球，以获取某种社会声誉或影响力。这是一些小人——不是伪君子，是真小人。他们实际上是在出卖自己，也是在出卖近现代中国政治。

比起像周恩来那样鞠躬尽瘁、死而后已的共产党员，这些"挖祖坟"的人真是太小人了。这也不奇怪，每个历史时期党内都会有问题，有分歧，有左中右，自然也会有丑恶的东西。然而，无论中国共产党过去有过什么问题，今天正面对什么问题，都无法同过去90多年来中华民族在共产党领导下取得的伟大成就相比，无法同这个"逆袭"过程中的辉煌相比。在我看来,这是最高的价值,而我们赶上了今天这个时代、这个事业。我在想,陈天华自杀的那个年代,中国的知识分子是多么悲哀,眼看着国家衰亡,却没有办法去救。

但另一方面,像周恩来那样终其一生无私奉献的人,其实每个时代都有。你看邓英淘[1],他做的那些事,哪怕所有的最后都不能实现,但他在20世纪八九十年代所思考的那些问题,就是我们大家今天思考的问题。这就是中国历代的政治精英和文化精英应该做的事。

为什么全面依法治国
不是西方的宪政

玛雅:你谈到,法治就是整个社会有序的生活状态,方方面面都要有规矩。这个解释简单明了,也澄清了"宪政派"一

---

[1] 邓英淘(1952—2012),生前为中国社科院研究员。主要著作有《走向现代化的抉择》《邓英淘文集》等。此外,译校《社会科学中的数学模型》等5部著作,撰写论文28篇、内部报告4篇,完成各类成果总量约138万字。《中国农村经济发展与改革面临的问题与对策思路》一书获1990年度孙冶方经济学奖。

个误读，全面依法治国不是西方的宪政。

苏力：为什么全面依法治国不是西方的宪政？宪政是一个普世主义的概念，认为全世界所有的政治制度都应该采取一种模式。宪政派的基本思路是，一定要三权分立，一定要多党制，一定要各层级民主选举。但是他们没有考虑到，中国在这当中可能面临的风险。中国是单一制统一的多民族大国，周边有多个大国或多种其他宗教文明的力量，还有其他远道而来的大国伸出的"手臂"。它们都不希望中国作为一个统一的大国崛起，即使不能直接干预，也想借助各种力量、通过各种渠道促使中国分裂——这是中国必须面对的现实。如果采取多党制或全面的直接民主，那将会有极大风险。很多政党都可能变成外国势力的代理人，国家就可能分裂，陷入战争。宪政派不考虑这些问题，他们把由众多因素，包括不可复制的自然地理因素，促成的今天欧美国家的发达都归结为宪政这一个原因。这是很荒唐的。

其实除了制度以外，还有很多因素都对国家的兴亡很重要，比如不同的民族、自然地理条件、经济和科学技术水平，甚至重大自然灾害，包括传染病。我们今天讲的法治，更多是同工商社会相联系。而中国从一开始就是以农业立国，直到近代才逐渐变为以工商立国。东部沿海地区现在已发展为以工商业为主，但其他很多地区还是农业为主。面对这个现实，讲全面推进依法治国是有很强针对性的。全面依法治国是说，方方面面都要有规矩，不仅要建立法治国家、法治政府，而且要建立法治社会。

玛雅：有人认为，一个真正的法治社会，重要的不是给老百姓立了多少法，而是给当官的立了多少法；对私权一定要保护，对公权一定要有法律约束。

苏力：法律是管政府的，但也管老百姓。不论是官是民，每个公民都要受法律约束。强调全面推进依法治国，就是强调法律不仅在国家的政治生活、经济生活中非常重要，而且在全社会每个人的日常生活中也非常重要。固然没有法治政府就没有法治社会，但是这个道理反过来说也成立，没有法治社会就没有法治政府。

所有的官员都来自社会，来自百姓。如果社会上人人都找熟人办事，而熟人又都拉不下面子，都去照顾自己圈子里的人，私事公办，公事私办，那怎么可能有法治政府？怎么可能有廉洁奉公的清官？如果出了大学校门还那么看重校友会、同乡会，不讲原则，相互提携，那党内和政府的风气怎么可能立党为公、执政为民？这个问题毛主席早在1944年就讲过："我们都是来自五湖四海，为了一个共同的革命目标，走到一起来了。"但在今天，许多人聚到一起都会说，我们是北大的、清华的、人大的，或者我们是老乡，今后要互相关照、互相提携。这就注定会出问题。因此，法治不光是政府和官员的问题，也是中国社会的问题，是转型时期中国社会的问题。

玛雅：换句话说，法治社会和法治政府是相辅相成的。

苏力：需要指出的是，推动法治的最强大动力是经济社会的发展，包括生产和生活方式、社会组织形态，以及科学技术。比如，城里人的生活就一定更守时，你说今天下午两点来采访我，就按时来了。在农村可能就无所谓，说"明天找你"，明天什么时候？没准儿。这是因为，传统农耕社会不需要准确的时间，也没有钟表，没办法控制准确时间。而在现代工商社会，人们的时间观念、信用观念一定会增强，否则没办法在城里待下去。潜移默化中，一些社会标准就变了，一些社会规矩也变了。因此我认为，推进依法治国，经济社会的发展是最重要的力量。

实在宪法：
中国政制架构下中央与地方纵向分权

玛雅：中国法学界最"纠结"的问题大概就是宪政。所谓宪政派推崇西方法律知识体系，主张中国实行西方式宪政。与之相反，另有学者研究中国宪法和政制，试图创立"中国式宪政"，以维护共产党的执政地位。你是如何认识这个问题？

苏力：近年来，随着"法治"理念的流行，宪政理念也流行起来。但是研究的取向更多是法制讲座式的宣传——研究者希望推销"宪政"这种待价而沽（也可以说是目前滞销）、据说是优质的产品，以使中国最终成为一个法治国家。我分享这种理想，但不认同这种研究进路，因为这不是有关中国转型时期的政制研究。这种努力往往事先已经有了结论，把据说是被公认为正确良好的政治制度，通过大众化的宣传布施于当代中国。

玛雅："有关中国转型时期的政制研究"，你是如何定义的？

苏力：这是一种更为广义的政制研究，是以具体时段（转型时期）和空间（中国）的政制问题和实践作为研究对象。目的是发现转型时期中国政制的问题和它在实践中本身蕴含的逻辑，探求中国政制发展的经验教训，以及最重要的一点——可能的路径。

政制是一个国家的根本制度，它所针对和寻求解决的是这个社会的具体问题。一个国家也许没有系统阐述的宪法理论，但一定有政制问题和政治实践；没有成文的宪法，也会有制度意义上的宪法，或称"实在宪法"（effective constitution），因此就有可能进行社会科学的实证性研究。我所研究的就是这种实在宪法。

玛雅：根据你的研究，中国政制的逻辑是什么？或者说中国的实在宪法是什么？

苏力：我写过一篇文章，《读〈论十大关系〉》，从宪法的视角讨论当代中国政制架构下中央与地方纵向分权的问题。通常中外学界讨论分权问题更多集中于横向分权，即所谓三权分立的问题。但是在我看来，纵向分权，至少在现代中国，也许是一个更重要的问题。

许多中西方学者认为，新中国建立了高度中央集权的单一制政制架构，就因为是共产党国家。这是一个误解。事实上，这是在当时的中国社会条件下，共产党领导人为解决国家所面临的主要问题而做出的一个选择。

1949年新中国成立时，各地经济文化发展严重不平衡，没有统一的市场，农业在经济中占主导地位，各地之间的联系相当松散。中国又是一个地域辽阔的多民族国家，当时中国人缺少一种民族认同，主要是文化认同。加之近代中国受到各个列强的间接控制，不同的帝国主义国家对中国不同地区有不同程度的影响。新中国的政治性质让西方各国不愿意看到一个统一的大国，它们试图在中国制造政治分裂以及经济上对列强的依赖。在这种历史背景下，如果没有高度的政治上和文化上的统一，就很容易发生分裂或割据。因此，建立单一制的中国政制架构几乎是一个理所当然的选择。

对于新中国来说，当时的首要问题不是分权，而是如何集权，包括集中力量办大事、建立现代工业体系等，也包括尽一切可能防止国家分裂，特别是避免第一代和第二代领导人交接班可能出现的政治动荡。因此，实行强有力的中央集权，压缩地方权力，几乎不可避免。如何保证党的统一、国家的统一和权力的集中，消除任何可能危及政权的危险，是当时共产党最高层必须首先考虑的问题。

玛雅：那后来为什么又分权了？

苏力：高度集中统一的领导保证了国家的统一，以及毛泽东去世后政权的和平交接，但是也带来了很多问题。从经济上看，主要是中央"统得过死"。1956年，毛泽东在总结新中国成立初期一些历史经验的基础上，发表了著名讲话《论十大关系》，第一次从政制结构的层面讨论了中央和地方分权的问题。毛泽东指出，中央和地方关系是一个矛盾；要解决这个矛盾，应该在巩固中央统一领导的前提下，扩大一点儿地方的权力，让地方办更多的事。他认为，中国是个大国，人口众多，情况复杂，因此分权管理比集权管理更好——所谓"分权"和"集权"，他称之为"两个积极性"和"一个积极性"。

尽管毛泽东更多是从经济建设的角度考察中央与地方分权的重要性和必要性，但是作为一个敏锐而务实的政治家，他也考虑了影响分权的政治性因素，并在宪制层面上讨论了这一问题。他主张中央和地方都要有立法权，还多次讲到外国各级政府分权的优点。比如1970年，毛泽东在与美国友人斯诺谈话时就讲，中国中央政府集中的权力，"要学你们美国的办法，分到五十个州去"。

玛雅：从实际效果来看，你对这种纵向分权如何评价？

苏力：总的来看，这一思路大致是成功的。70年来，特别是改革开放40年，一方面中国保持了国家统一，政权和平交接，各地经济逐渐形成整体，地域观念和地域经济的独立性大大削弱；另一方面地方的自主性、积极性也得到了增强。新中国已经形成现代统一的多民族国家，基本完成了近代以来中国人一直追求的独立、自强、统一的目标，确立了促进国家经济、政治、社会发展最重要的前提条件。从实用主义的角度看，"两个积极性"是当代中国宪制最重要的原则，并写入了1975年、1978年和1982年的中国宪法。

毛泽东给中国留下了三大遗产

玛雅：你关于中国法治的一系列论述始终有一个概念，就是"地方"。如果说，建设法治国家意味着打破地方本位，转变地方认同为国家认同,这是因为中国几千年来就是"十里不同风"的传统国家,与现代法治的属性不相符?

苏力:首先必须意识到,中国是个大国,大国的各个地方一定不同,这一点绝非无关紧要。中国除了青海、西藏人口比较少以外,其他任何一个省区市就人口而言,放到世界上都是不小的国家,甚至是大国。有些省区疆域也很辽阔,比如新疆、内蒙古。在所有的世界大国中,中国的地形又最复杂,有青藏高原,有戈壁,还有那么大一片沙漠。因此中国农耕文明和游牧文明都很强大,是一个多民族、多种文明融合的大文明体。各地方的风俗习惯、法律规则都不太一样,就像你说的,十里不同风。

玛雅:正因为中国是这样一个国家,所以要注重本土资源,建立"中国本位法治"?

苏力:既然是大国,就一定要考虑和面对这些现实,特别是由此可能引发的各种问题。一方面,要整合全国各族人民对中华民族的认同;另一方面,在制度上也要给地方一定的灵活性。在法治统一的问题上,必须既有原则性,又有灵活性,因为有些制度可能全国适合,而有些制度在北京适合到新疆就不适合,在西藏适合到宁夏就不适合。因此,中国不能简单照搬欧洲版本的法治统一。因为欧洲各国都是民族国家,疆域、人口又都相对比较小,不同于中国是统一的多民族大国。同时要看到,疆域大国美国各州的法律就是不一样的,比如有的州有死刑，有的州没有。

那么这样好还是不好？有不好的因素，比如，如果法治不统一，过于强调地方性，或者中央或联邦政府缺乏掌控力，甚或遇到某个政治危机，国家就容易分裂。当年苏联就是这么崩溃的，南斯拉夫也是，后来的车臣问题也是俄罗斯一次宪制危机。我们国家不采取联邦制，也不采取加盟共和国制，强调中国是统一的多民族国家，就是为了维系政治上的统一。

但是大国各地不同也有好处。比如实行一项政策，可以在任何一个地方先行试点，然后再去推广。像新加坡这样的小国，就没办法搞特区。但在中国这样的大国就可以试，当年的特区、如今的自贸区就是例子。在试的过程中努力搞好，万一没搞好，或是形势有变，也不影响大局；可以撤掉再来，不断试验，也可以有多个试点，制度竞争。

这就是大国的好处，可以在各地多样性的制度竞争中产生新的制度。这是毛主席在《论十大关系》中首先提出的，邓小平1975年出来工作后要求发表了这篇文章。事实上，中国的改革开放就是这样，允许一些地方分头先行试点，比如安徽分地、广东搞特区，杀出一条血路，就是这么走起来的。

玛雅：毛主席在制度创新上留下的遗产，为改革开放创造了条件。现在有些人试图割裂改革前后两个时期，以后40年否定前30年，抑毛扬邓，或反之，都是错误的。中国之所以有今天，既与邓小平等领导人开创的改革开放道路有关，也与毛泽东那代人构建的国家制度框架有关。

苏力：毛主席多次讲过，一定要中央和地方两个积极性，不要中央统得太死。但是他讲，这个事情只能在他去世以后做。他1970年跟斯诺讲，中国以后要学美国，把权力分下去。我当时想，为什么他在世的时候不改革？后来才明白，当时交接班的问题更重要。中国的历史经验表明，第一代和第二代交接班最容易出问题。就好比是一大把筷子，如果散着交接，弄不好会散落一地，国家很容易分裂。因此要先捆好了再交接，以减少分裂的风险。毛主席在1973年恢复邓小平工作，采取八大军区司令员对调等一系列措施，就是要防范这个风险，而小平同志充分理解毛主席的用心。关于这一点，英国前驻华大使伊文思和哈佛大学的傅高义都在书中写过。

在我看来，毛主席留给中国三个重要遗产：一个是"两弹一星"。这是和平的保证，谁要敢打我，得先想想后果。第二个是中美关系。许多人说是邓小平与卡特建交，这没错。但是尼克松1972年就来中国了，鞠躬握手，称毛主席是伟大的思想家、政治家。这是实质上的建交，之后中国才有可能对外开放。毛主席的第三个遗产，就是我刚说的，给第二代领导人接班创造了条件，保证国家的完整统一。如果没有八大军区司令员对调等一系列措施，确保军队服从中央，在他去世后政权和平交接会很难。

玛雅：中央文献研究室副主任陈晋在《晚年毛泽东眼里的

老干部》一文中说，毛泽东最后做出的人事安排，表明他对党的领导体制和国家的稳定大局，始终保持高度警觉和清醒认识。正因为党政军的大权、实权没有旁落"四人帮"之手，这才有了他身后发生的根本性的重大变化。老一辈革命家在关键时刻奏响黄钟大吕，实现历史转折。

苏力：看待这个问题，需要有超越个体悲欢的政治历史视角。许多人没有这样的视角，看不出毛主席的良苦用心，因此也就不能理解，为什么那么多人想否定毛泽东，邓小平就是要维护毛泽东的历史地位。中国如果散了，后果就是军阀割据和战乱，就是无数人流离失所、丢掉性命，就不要讲什么民族复兴了。

所以，大国有它的不利之处，尤其当它还是弱国的时候。甚至当你成为一个崛起的大国之时，很多国家也想打压你，盼着你分裂，想方设法促使你分裂。因此，警醒的政治家们必须防范这种风险，巩固中央集权制。但同时一定不能忘记，集权也会有代价，因此要有中央和地方两个积极性。而且不只是在理论上清醒，最重要的是把握好那个"度"。

法治需要务实的政治头脑，这是一定的。不务实，不面对中国的问题，没有政治头脑，就不可能理解中国的法治为什么要这样，不可能理解法律之间相互勾连的问题。有些时候明明知道是弊端，却还得暂且留着它，因为这个弊在其他地方可能有非常重大的利。中央集权有弊端，会统得太死。但是国家统一、集中力量办大事、发展科技、搞"两弹一星"，对中国是更大更持久的利。因此，法治不只是依法办事，也是权衡利弊。

法律是工具，最终目的是人民的福祉

玛雅：你提出，民生保障必须是制度性的，因为涉及分配正义的问题。要力求每个公民都能获得，尽可能平等获得，因此必须依据一定的标准和程序进行分配，这就必须以法律和制度方式来实现。如何认识法治建设对民生保障的意义，以及法治社会和福利社会的关系？

苏力：这实际上是解决贫富差别、分配正义的问题。从地缘的角度来说，中国东部沿海地区的人普遍比中西部地区的人财富多。这不可能全都是勤奋或智力的结果，地缘关系对社会财富的分配有重大影响。中国不同于美国三面靠海，只有一面向海，如果人口和财富都向东海岸聚集，就必须考虑中西部会怎么样。中西部地区要发展，那里的人民生活需要改善，因此国家一定要找到一个全社会基本能够接受的分配正义原则，实行从长期来看公平且有效率的再分配。如果贫富差距太大，就一定会有人为富不仁、仗势欺人，发生"你撞了我的狗，你得给我的狗磕头赔罪"这样恶劣的事。

玛雅：如果那样，社会主义国家的性质就变了。中央现在提出，坚持以人民为中心发展思想，维护社会公平正义。习近平说，全面小康是全体中国人民的小康，不能出现有人掉队。

苏力：这是很大的问题，也是很难的问题。中国是个大国，人口众多，各地的自然地理条件、交通便利程度差别很大，因此中国社会财富公平合理分配的问题是人类以前从未遇到过的难题。如何解决？就需要提出新的理论，需要新的制度实践，甚至需要国家强制力来推行。

解决教育、医疗、养老等民生问题，是国家有钱以后缩小贫富差别的一个手段。从政治上说，也是凝聚民心的一个手段。民生问题很重要，弄不好也容易出问题，因此必须把握好"度"，否则国家会得"福利病"，不利于经济社会的长期发展。但是再难办，也一定要往前走，有效平衡各种利益，用制度去规范。因为这关涉国家的竞争力，国与国之间的竞争，在很大程度上是国家为其国民提供福利的竞争。试想一下，如果中国在周边国家中福利是比较好的，而且有一天在中国国内，大陆的福利比香港、台湾地区都好，那时候民心凝聚几乎就是顺理成章的。因此，民生问题是国家间政治、经济、文化竞争的一种形式，特别是国民的忠诚度。但是道理懂了，实践起来却很难。中国这么大，人口这么多，财富总量一人均就不多了，因此难度非常大。

玛雅：所以你认为，对中国来说，发展和改革还是首要任务？

苏力：是的。同时我也认为，要把握好发展、改革与法治的平衡。发展与法治之间是有矛盾的。比如征地拆迁，如果发展太快，地价一年翻一番，许多人就会想，当初我再多熬一年就好了。这就容易引发不满，影响社会的安稳。同样，改革与法治之间也有矛盾。改革一个最大的特点是给大家创造机会，因为这个时候变动最大，机会很多，而规则不很确定。也因此，机会主义就多。机会主义多了，法治就很难建立，因为法治需要规则相对确定，法治的一个核心特点就是循规蹈矩。真正对法治比较有利的状况是，国家经济发展不是很快，政治和其他各方面的变动都比较少，法律制度就容易稳定。现代社会变化急剧，各种各样的新问题频发，如果应对不当，社会就会很不稳定。

法治与发展、改革的平衡，这是需要政治家去把握的问题。没有一种理论可以说出，这种平衡精确在哪个点上。即使理论上可以说出，在实践中也很难拿捏得当。这样的问题是不可能得出一个非常明确、绝对正确的结论的，也不可能简单遵循某个规则就可以确保万全。这需要不断探索、与时俱进，深刻理解中国当下最重要的问题，做出明智的政治判断。

因此永远要明白，法律一定是工具，最终的目的一定是发展，是人民的福祉。

共产党对这个民族的塑造，让我们有了国家认同

玛雅：你认为，中国政治经济各方面都已经出现重大转型，相信法治变革也应该能够实现。这是否可以理解为，没有法治，就没有真正的民族复兴？

苏力：可以这么理解。但法治并不仅仅指立法，秩序和规矩其实是在经济社会生活中慢慢改变和形成的。对中国来说，法治是社会主义市场经济的客观需求——要推进统一的市场，要打破地方保护主义，要用明确的规则来吸引外商和外资。整个中国的法治变革就是因为市场经济的需求，人、财、物、信息都流动起来了。社会秩序有了很多变化，无法再诉诸传统的熟人社区或与之相应的机制，必须由国家来提供法治保障。就此而言，市场经济是推动法治发展基础性和根本性的力量。

所以，讲全面推进依法治国，并不是因为法治"高大上"。而是因为，要把现代中国治理好，就必须朝这个方向走。法治是市场经济的功能要求，是整个社会转型的要求。从这个意义说，全面推进依法治国的提出是一个政治性的决定，却不只是出于政治考量，而是基于经济生产方式的转变、社会治理方式的转变，以及整个社会转型所做出的一个政治性判断，是针对中国的具体问题做出的政治性决定。

玛雅：你这个分析很有启发性。很多人认为，所谓全面依法治国在中国现阶段根本做不到，这样的谋篇布局不是玩"高大上"，就是搞"假大空"。事实上，从市场经济发展来看，中国的法治建设是很有成效的。

苏力：从社会发展来看，也很有成效。法治社会是什么？在我看来，就是每个人都改变一些习惯的、不以为然的行为方式和思考问题的方式。比如，我们开始强调信用，越来越讲规矩，越来越不看重熟人圈子。咱俩今天谈话，我跟你其实不太熟悉，但我们有基本的信任感，就可以谈论政治问题。这种行为方式就是现代社会对人的塑造的结果，不同的人在不同的阶段被这样塑造出来。比如你，可能小时候在家庭就被塑造了，然后在部队、大学也被塑造了。但如果你纯粹来自一个传统社会，可能就没有经过这种塑造。

事实上，这种变化巨大。三四十年前，我们很看重老乡关系，所谓"老乡见老乡，两眼泪汪汪"。如今，北京绝大多数都是外地人，深圳绝大多数也是外地人，因此老乡不老乡、外地人不外地人已经不重要。相比之下，台湾反而非常落后，还在讲我是本省人，你是外省人，并用作政治动员的工具。从这个方面看，大陆至少是东部城市地区，现代化程度已经超过台湾，有了大共同体的概念。

玛雅：台湾的选举政治已经异化为"恶斗"，只会造成社会分裂。

苏力：这个问题，我为我们的国家庆幸。这就是过去 70 年来中国共产党对这个民族的塑造，让我们有了国家认同。也正是从这些细节中，而不是什么"高大上"的事情，我们看到中国社会的发展。所以我说，中国的法治发展其实并不是国家在立法，而是整个社会生活——现代化的社会生活，在塑造一系列的规则。

至关重要的是
不犯颠覆性的政治错误

玛雅：处在转型期的社会充满变数。中国现在将强未强，机遇和风险并存，在你看来，最大的风险是什么？

苏力：大致说来有几点。第一，中国有不少人，包括各界的相当一部分精英，虽然看到中国的成就，却还不相信中国道路。人不自信，这是最大的问题，关键时刻会动摇。

第二是外来的。美国这样的国家不希望看到一个繁荣昌盛的中国。它不大可能搞垮你，但把你作为战略竞争对手加以遏制。为什么美国打压华为？对中国发动贸易战？它是指向中国的高科技。为什么它要在南海闹事，航母突然就闯进来？它是在寻机让你出事，它好趁机整你。在它看来，我美国是在衰落，你中国在上升，你可能真的会在10年内超过我，甚至超过我一倍。但是我能熬，还会折腾你，折腾你20年，你中国能不出事吗？只要你出事，我就等到了时机。我就可能重新起来，因为我各方面的资源比你好。而且很多中国知识分子都是我美国培养的；即使不是我培养的，很多也是亲美的。

玛雅：这是最危险的。整个意识形态领域仍处在西强我弱的局面，中国一旦出事，让美国有机可乘，会有一大批"带路党"充当马前卒。

苏力：这确实是个大问题。

第三是天灾人祸。这是更具威胁的风险，因为你不知道它来自什么地方。比如，中国人口这么密集，一旦大规模的疾病流传起来，根本无法预料是什么后果。还有金融风暴、股市崩盘等，诸如此类的灾难都非常危险。因此，国家必须以法律机制来应对这种有不确定的潜在重大后果的突发事件。

面对上述三大风险，我们一定要头脑清醒。中央高层讲，不能犯颠覆性的错误，确实要有这种意识，至关重要的是不能犯颠覆性的政治错误。毋庸讳言，国内有些人是想颠覆中国现存秩序的。他们有的仇视中国，有的并不是出于仇恨，而是认为那样对中国更好，也对世界更好。但是他们不懂得，政治是不可能复盘的。一旦大乱以后，哭都来不及。就像戈尔巴乔夫讲的，当年我跟西方讲得好好的，是他们不讲信用。笑话！你一个政治家做事凭着对方的信用？你要把所有的主动权都掌握在自己手里。宁可做得不够，也不能做过了，过了就无法挽回了。叶利钦弄到最后，是整个民族在为之负债。

玛雅：覆水难收。戈尔巴乔夫和叶利钦拿国家安全和人民福祉下注，结果满盘皆输。

苏力：为什么在政治上不允许犯错误？政治上犯错误不是你自己伤或死的问题，你得对整个中华民族承担责任。这是最大的问题，我相信最高领导人是明白的。但是高层中也许有人不明白，甚至不排除有机会主义者，这是很让人担心的。

玛雅：邓小平说："中国问题的关键在于共产党要有一个好的政治局，特别是好的政治局常委会。只要这个环节不发生问题，中国就稳如泰山。"这个问题，中央最高层应该是清醒的。习近平在政治局民主生活会上强调，在中央政治局的位置上工作，必须坚持坚定正确的政治方向，无论遇到什么困难和挫折，都不动摇或背离社会主义和共产主义理想信念。

苏力：如果中国共产党党内不出问题，坚持道路自信、理论自信、制度自信、文化自信，我相信，我们中国人是有能力战胜风险，克服困难的。我们已经走了很远的路，再艰难也要坚持走下去。这条路是中国人自己的路，是在毛泽东思想和邓小平理论指引下，靠全民族的力量和爱国主义精神走出来的。中国今天就走在这样一条民族复兴的道路上。只要我们坚定不移走下去，将来有一天，我们就可以理直气壮地向世界讲中国思想、中国道路。

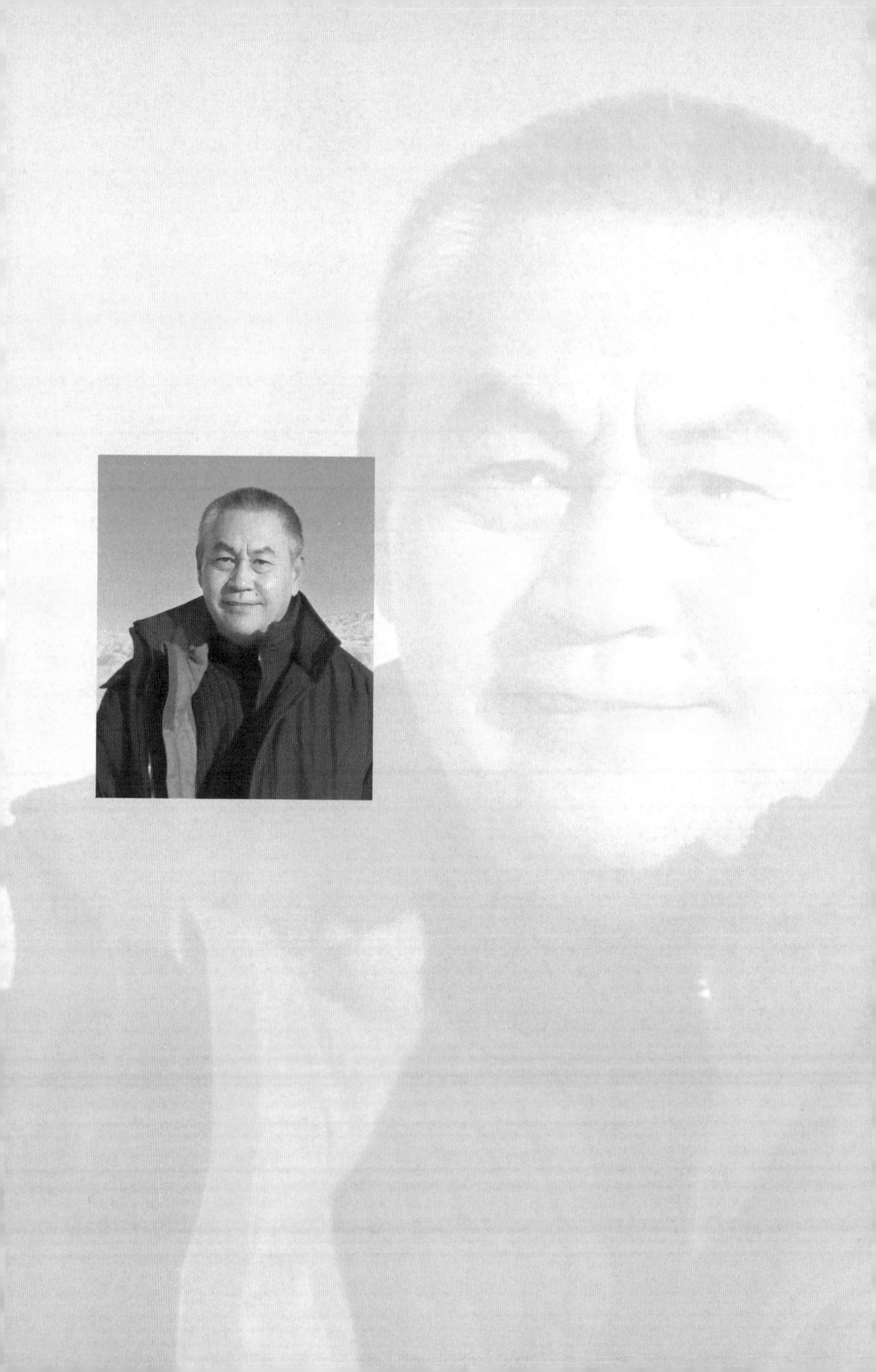

人民政协：
中国特有的民主政治与制度优势

潘维

北京大学国际关系学院教授、
北京大学中国与世界研究中心主任。
主要研究方向为比较政治、国际政治、中国政治。
主要著作有
《农民与市场——中国基层政权与乡镇企业》
《当代中华体制——中国模式的经济、政治、社会解析》
《信仰人民：中国共产党与中国政治传统》
《士者弘毅》等。

人民政协揭开了
新中国历史的第一页

玛雅：2019年是中华人民共和国成立70周年，也是中国人民政治协商会议成立70周年。70年来，人民政协与中国共产党风雨同舟、荣辱与共，在社会主义现代化事业中发挥着不可或缺也不可替代的作用，作出了重大贡献。然而，政协作为中国特色的民主政治制度安排，国外对它知之甚少，国内很多人也所知不多。你研究中国的政治体制，能否就此做个介绍？

潘维：我先做一个简单回顾：1949年9月21日，中国人民政治协商会议第一届全体会议在北平举行，宣告人民政协正式成立。这次会议通过了为新中国奠基的三个历史性文件：《中国人民政治协商会议共同纲领》《中国人民政治协商会议组织法》《中华人民共和国中央人民政府组织法》。这次会议还通过了关于国旗、国歌、首都、纪年的决议。在当时还不具备召开全国人民代表大会的条件下，政协第一届全体会议肩负起执行全国人大职权的重任，完成了建立新中国的历史使命。

玛雅：也就是说，是人民政协揭开了新中国历史的第一页。

潘维：是的。人民政协对新中国的建立有着特殊的历史作用，而政协又是我国独有的"基本政治制度之一"。这么重要的一个机构，这样一种具有中国特色的制度安排，如果我们不了解，就不能完整地理解和认识中国的政治制度。

玛雅：我在美国留学时，有国内访问人员为了方便美国人理解，把全国政协介绍为相当于英国议会上院，全国人大相当于下院。这其实并不准确。

潘维：既然是中国独有，就没有这种可比性。人民政协不是国外立法机构中的上议院、参议院，也不是咨询性质的元老院、贵族院，如英国上院。它不是通过选举按票数多少产生的立法机构，而是由中国共产党邀请社会各界有影响力的代表人士共同组成的参政机构，包括新中国成立之前就有的共产党的"友党"，而今成为"参政党"，即民主党派。

政协作为参政机构，也可称为协商机构，分为全国政协、省区市政协、县市政协，其职能是"政治协商，民主监督，参政议政"。在中华人民共和国的政治中，这个机构十分重要。全国政协作为第四大正国级单位，由中共中央政治局一位常委领导。毛泽东、周恩来、邓小平，都曾担任过全国政协主席。

玛雅：中国的国家权力机关是人民代表大会。全国人大是最高国家权力机关，行使国家立法权。政协不是国家权力机关，也不是立法机构，它是如何在国家政治生活中发挥作用的？

潘维：前面说了，政协的职能是"政治协商，民主监督，参政议政"。这也是我党发起创立人民政协的初衷。新中国成立前夕，中国共产党和各民主党派、无党派民主人士、各人民团体、各界爱国人士共同创立了人民政协，它是一个爱国统一战线的组织。根据中国共产党同各民主党派和无党派民主人士"长期共存、互相监督、肝胆相照、荣辱与共"的方针，人民政协对国家大政方针和人民生活的重要问题进行政治协商，并通过建议和批评发挥参政议政、民主监督的作用。在实际工作中，政协委员参与"立法机构"即人大的会议，也就是每年一次的全国两会和各级地方两会。政协委员向"立法机构"提案，但不是法案，不需要表决。政协委员并随时可以向党委和政府提出施政建议。党政、人大，都有义务答复政协委员的建议或提案。

在中国的政治生活中，政协有其特殊的重要作用。因为当代中国政治不是阶级斗争政治，也不是数人头的选票政治，而是中国特色社会主义政治，坚持党的领导、人民当家作主、依法治国有机统一。因此在中国政治中，政治立场是最重要的，因为共产党同各民主党派、无党派民主人士共同的政治纲领是建立在共同的政治立场之上。共同的政治立场怎么来？是开会协商出来的。而政协就是协商的会议，通过协商来凝聚政治共识。所以，政协作为一个爱国统一战线的组织，它的工作就是在共产党领导下，社会各界代表人士在一起开会协商，凝聚政治共识。它是一个称为"协商会议"的政治机构。

最大的政治共识是
坚持社会主义和共产党领导

玛雅：换句话说，政协成为中国特有的制度安排，是因为凝聚共识在中国政治生活中意义重大。

潘维：意义非常大。得民心者得天下。共识是什么？共识就是民心，而民心就是力量。毛主席说，所谓政治，就是"把我们的人搞得多多的，把敌人搞得少少的"。这里的"多与少"指的就是人心向背。他还说："中国无产阶级……如果单凭自己一个阶级的力量，是不能胜利的。而要胜利，他们就必须在各种不同的情况下，团结一切可能的革命的阶级和阶层，组成革命的统一战线。"所以，要把我们的人搞得多多的，就要凝聚政治共识；没有政治共识，就没有革命的统一战线。

玛雅：新中国成立70年来，人民政协凝聚起的最大政治共识是什么？

潘维：是坚持社会主义道路、坚持共产党的领导。中国共产党自登上历史舞台开始，就深刻认识到凝聚共识的重要性。人民政协既是中国独有的政治体制，也是共产党凝聚政治共识的重要机制。它所要凝聚的政治共识包括两个核心内容：一是坚持社会主义道路，二是坚持共产党的领导。回顾人民政协

70年的发展历程，我们可以看到，当政治共识得以凝聚巩固，我们的事业就取得胜利；当政治共识弱化破裂，我们的事业就遭遇挫折。

新中国成立前夕，中华民族面临两条道路、两个前途的重大抉择。正如毛泽东在《论联合政府》中判断的：一个是回到不独立、不自由、不民主、不统一、不富强的老状态中去；一个是建立独立、自由、民主、统一和富强的新中国。选择前一条路，就要接受国民党反动派的领导，选择后一条路，就要坚持共产党的领导。那时候人民政协还没建立，共产党借助1946年国民党组织的旧政协，积极开展凝聚政治共识的斗争。当时担任中共政协代表的李维汉在日记中写道："国共谈判破裂了，但我党满载人心归去，这是我党统战工作的最大胜利。"1948年，中国共产党发出"五一号召"，全国有识之士纷纷北上响应，共襄建国大业，铸就了人民政协历史上最辉煌的篇章。

玛雅：那时候，党的统一战线工作搞得炉火纯青，成为克敌制胜的法宝。

潘维：也因此，统一战线成为我党一项长期方针。1949年6月，周恩来在人民政协筹备会上指出："统一战线是中国共产党的一贯方针……即使在社会主义时期仍然要有统一战线，要有各党派统一合作的组织。"

新中国成立后，各社会阶层面临第二次重大抉择：向社会主义过渡，完成社会主义改造。面对复杂的社会阶层构成、巨大的利益差距、参差不齐的政治觉悟水平，中国共产党领导下的人民政协和各界代表人士发挥了重要作用。在中华文明史上，第一次以和平方式实现了社会生产资料所有权的转换，完成了全部社会阶层的社会主义改造。

"文革"时期，在什么是社会主义、要不要坚持共产党领导等问题上，党内党外发生了严重思想分歧。由于没能坚持以往凝聚政治共识的经验和做法，思想分歧没得到解决，党的事业和国家发展遭遇了重大挫折。

玛雅：统一战线工作也受到了严重冲击。1966年"文革"开始后不久，中央统战部的工作陷于停顿，直到1973年才得以恢复。

潘维：这是非常深刻的教训，党的威望因此而蒙受损失。

改革开放以来，中国共产党提出了"社会主义初级阶段"理论，制定了社会主义现代化"三步走"战略，以经济建设为中心，着力推进改革开放。这些政策得到社会各界的广泛支持，人民政协重新焕发了活力。然而，在坚持党的领导方面，我们遭遇了来自内部和外部的严峻挑战。20世纪80年代末90年代初，国内发生了严重的政治风波，国外发生了苏东剧变。

我们的政治共识
面临现实而严峻的挑战

玛雅：那段时间，国内意识形态领域出现混乱，很多人情绪消极，包括一些党政官员也产生了"末世心态"，认为共产党船要翻了。幸运的是，在邓小平指引下，党和人民经受住了风浪考验，社会主义中国再次起航。

潘维：而今我国取得了举世瞩目的经济发展成就，中华民族比历史上任何时期都更接近伟大复兴的目标。然而，在中国日益"强起来"的新时代，我们的政治共识正面临现实而严峻的挑战。行百里者半九十。要想完成复兴伟业、实现百年梦想，我们需要凝聚政治共识，就是要在共产党的领导下，坚定不移走社会主义道路。

就坚持社会主义而言，不仅要让一部分人先富起来，更要实现全体人民共同富裕；不仅要增加财富，更要以增进民生福祉为发展的根本目的，实现医疗、教育、住房、养老等公共服务均等化。党的十八大以来，我党坚持以人民为中心的发展思想，把人民对美好生活的向往作为奋斗目标，统筹推进经济、政治、文化、社会、生态文明建设"五位一体"总体布局，协调推进"四个全面"战略布局——全面建成小康社会、全面深化改革、全面推进依法治国、全面从严治党。党和国家事业呈现出新局面，改革开放和社会主义现代化建设迈上了新台阶。

但另一方面，市场经济条件下不同社会阶层、不同利益集团的形成，造成我国今天面临种种人民内部矛盾。比如，互联网企业的利益催生了一些负外部性效应，与公共利益发生矛盾。比如，经济发展与环境保护发生矛盾。比如，资本利益与教育、医疗、住房、养老等公共服务均等化也发生矛盾。中央明确指出："全党要更加自觉地维护人民利益，坚决反对一切损害人民利益、脱离群众的行为。"然而，关系人民群众切身利益的每一项改革措施都面临困难和挑战。这背后是社会阶层和利益的分化，是对新时代中国特色社会主义的内涵认识上的分歧。至今还有一些人认为，满足人民过上美好生活的愿望，属于极左思潮、民粹主义。

玛雅：不管社会上有多少错误认识，党的领导层一定要政治坚定，"必须始终把人民利益摆在至高无上的地位，让改革发展成果更多更公平惠及全体人民，朝着实现全体人民共同富裕不断迈进。"

潘维：特别是在当前外部环境下，领导层的思想认识至关重要。美国各派政治势力已经形成共识，启动了全面遏制中国的"新冷战"，目的是压垮中国蓬勃发展的高科技产业，摧毁在共产党领导下不断取得成功的官民一体的社会主义经济体制。美国攻击我国的最大口实是共产党领导的根本政治制度，称其为"专制""国家资本主义"。美国试图强迫我们接受的条件与我国的社会主义道路当然不是"相向而行"。在强大的美国面前，中国社会各界能否团结起来，凝聚政治共识，关系到中华民族复兴大业的成败。

玛雅：面对严峻挑战，需要更加巩固全党全社会思想上的团结统一。

潘维：就坚持共产党领导而言，体制内外对党的集中统一领导仍然存在模糊认识，对"反腐败永远在路上"的决心仍然存在疑虑，对西方选举政治和"普世价值"的迷信仍然大有市场。而且官僚主义、形式主义不断"推陈出新"，说一套、做一套的"两面人"还不少。

这些问题不容忽视，必须坚决加以纠正。"领导我们事业的核心力量是中国共产党。"没有坚强、有理想信念的政治核心，没有坚定的社会主义前进方向，中国将一事无成，"两个一百年"奋斗目标就不可能实现。

政治的包容性、协商的民主性、理念的先进性

玛雅：中共十九大指出，中国特色社会主义进入新时代。在新时代的伟大实践中，共产党要"激励全体中华儿女不断奋进，凝聚起同心共筑中国梦的磅礴力量！"政协作为共产党凝聚政治共识的重要机制，在新时代应该如何发挥作用？

潘维：如何凝聚共识、汇聚力量？我认为，人民政协作为专门的协商机构有三大制度优势。这三大优势是：政治的包容性、协商的民主性、理念的先进性。

首先，人民政协的组成结构适应中国特殊的社会结构，是一个成熟的、有广泛包容性的政治制度。由于历史形成的社会特征，我国当代政治不是阶级斗争政治，也不是数人头的选票政治。我国当代政治，即社会主义民主政治，其本质特征是人民当家作主。社会各界根据共产党的阶段性政治任务实行政治协商，结成最广泛的统一战线，共同致力于中华民族复兴伟业。

从长期激烈的革命史看，政治觉悟和政治立场，而非生产资料占有关系，才是我国最重要的政治。中国革命时期，毛泽东一方面应用马克思、列宁从生产资料占有关系出发的阶级分析方法，另一方面特别强调社会各部分对待革命的政治态度。他认为，在中国沦为半殖民地半封建社会后，帝国主义、封建

地主、买办资产阶级成为压迫阶级，是革命对象。民族资产阶级、小资产阶级、农民、工人是受压迫阶级，是革命依靠的力量。尽管共产党是工人阶级的先锋队，但工人阶级力量弱小，需要联合一切支持革命的阶级，组成尽可能广泛的统一战线。在革命时期，我党依照政治立场区分"官僚买办阶级"和"民族资产阶级"，这是重大的理论创新。陈嘉庚是当时华人世界首富，却毁家纾难，坚决跟共产党走，产生了巨大的社会影响。宋家的宋庆龄、荣家的荣毅仁，都是政治觉悟和政治立场的典型，不是阶级分析所能解释的。

玛雅：那时候民族救亡是最大的政治，而只有共产党才能救中国。

潘维：新中国成立以来，我国社会构成发生了重大变化，但仍然坚持以觉悟和立场来塑造政治团结。新中国成立初期，四个"阶级"经过社会主义改造，实现了融合。改革开放时期，新的社会阶层不断生长，形成了新的社会格局。你说得对，在革命时期，民族救亡是最大的政治，跟着共产党救中国就是政治觉悟。在今天，支持中国特色社会主义事业，支持共产党领导的中国政治制度，积极自觉地为中华民族伟大复兴凝聚共识、汇聚力量，就是政治觉悟、政治立场。

自1949年成立以来，人民政协围绕党和国家中心任务，从社会现实出发，不断调整界别构成，增强界别的代表性。同时坚持以政治立场为标准，团结各党派团体、各族各界人士，达到最大限度地实现政治联合。在 70 年的风雨历程中，人民政协不断焕发出新的生机和活力，展现出巨大的政治包容性和制度稳定性。这说明，人民政协这个适合中国国情、具有鲜明中国特色的制度安排，已经走向成熟。

玛雅：习近平说，政协委员要"懂政协、会协商、善议政"，发挥人民政协在推进协商民主中的重要作用。

潘维：这是我要谈的政协的第二个制度优势，就是协商的民主性。政协的主要工作就是开会协商，事前协商、事中协商、事后协商，协商、协商、再协商，在协商中凝聚政治共识，铸牢社会各界的中华民族共同体意识。所以，我国的民主政治不是利益集团拉选票的对抗性政治，而是社会主义协商民主。

这种协商民主产生于共产党领导人民革命和建设事业的伟大实践。1956 年，毛泽东在同工商界人士谈话时说："国家各方面的关系都需要协商。""我们政府的性格……是跟人民商量办事的"，"可以叫它是个商量政府。"周恩来也指出："新民主主义议事特点之一，就是会前经过多方协商，反复讨论，使大家都对问题有了认识，再拿到会场中去讨论决定，达到共同的协议。"

玛雅："商量政府"体现了共产党尊重社会各界、愿意与大家共商国是的最大诚意。

潘维：因此也深得人心和赞扬。在政协第一次全体会议的发言中，章乃器委员说："分组讨论和大会报告轮番举行，保证了大家都有充分的发言权，做到了知无不言，言无不尽，做到了反复讨论，不厌求详，做到了多数起决定作用，少数心悦诚服。这才是真正的、彻底的民主。"

玛雅：近年来，政协作为人民民主的重要实现形式，被定义为国家治理体系的重要组成部分。

潘维：人民政协发挥专门协商机构的作用，在建言资政和凝聚共识上双向发力，为党和国家事业发展作出了重大贡献，成为国家治理体系的重要组成部分。习近平强调，实行人民民主，保证人民当家作主，要求我们在治国理政时在人民内部各方面进行广泛商量。在中国社会主义制度下，有事好商量，众人的事由众人商量，找到全社会的最大公约数，是人民民主的真谛。我们要坚持有事多商量，做事多商量，把协商民主向广泛、多层、制度化方向推进。

协商民主是中国社会主义民主政治特有的形式和优势。人民政协是实行协商民主的平台，因此是落实人民民主的制度。相比之下，西方议政机构由利益集团的代理人构成，议政经常成为激化社会矛盾、形成治理困境的源头。

政协的第三个制度性优势，是理念的先进性。人民政协以民心为依归，是一个以推进中国社会主义事业为使命的政治机构。70年前，在中国共产党领导下，人民政协建立了中国历史上第一个社会主义政权，并在政协的第一个章程中宣告："中国人民政治协商会议在中国共产党领导下，将继续通过各民主党派、各人民团体的团结，更广泛地团结全国各族人民，共同努力，克服困难，为建设一个伟大的社会主义国家而奋斗。"

玛雅：由此可见，人民政协自诞生之日起，就和社会主义联系在一起，和人民中国联系在一起。

潘维：这是历史的选择，也是人民的选择。中国是社会主义国家，这是宪法第一条关于我国国体性质的规定。改革开放时期，新的社会阶层的产生改变了我国的社会构成，但是没有改变人民政协推进社会主义事业的使命。正如邓小平所说："人民政协的任务，就是要调动一切积极因素，努力化消极因素为积极因素，团结一切可以团结的力量，同心同德，群策群力，维护和发展安定团结的政治局面，为把我国建设成为现代化的社会主义强国而奋斗。"

社会主义理念的先进性，是人民政协的生命力所在。如果人民政协不是推进中国社会主义事业，不是促进人民大团结，而是代表社会各个利益集团，造成社会分裂，那它就会丧失生命力。

今天，中国特色社会主义进入了新时代。人民对美好生活的向往不仅体现在国家政治层面，更要落实在社会生活层面。不仅要实现物质财富的增加和积累，更要实现教育、医疗、住房、养老方面的公共服务均等化。在推进新时代中国特色社会主义的伟大实践中，人民政协作为联系中国社会各方力量的重要纽带，面临着新形势新任务，需要有新气象新作为。要像习近平总书记所说，担负起政治责任，把党中央对政协工作的要求落实下去，把海内外中华儿女实现中华民族伟大复兴的智慧和力量凝聚起来。

凝聚共识，
推动建立新时代统一战线

玛雅：具体说，政协面临哪些新任务，应该有什么新作为？

潘维：党的十九大报告指出："实现伟大梦想，必须进行伟大斗争。"可以说，这场伟大斗争最广阔的阵地就是新时代统一战线。面对社会日益分化的现实，面对内外矛盾交织的复杂形势，人民政协需要发扬自身特点和优势，巩固和扩大人民团结，凝聚共识、汇聚力量。具体来说，可以从三方面发挥作用：

第一，围绕团结和民主两大主题，推动建立新时代统一战线。

中国共产党领导的统一战线工作涵盖国家政治生活的各个方面，如政党关系、民族关系、宗教关系、阶层关系、海内外同胞关系等等。人民政协不是国家权力机关，却是各阶层的政治联盟。它所涵盖的社会群体的广泛程度甚至超过了人民代表大会，因此具有最广泛的政治代表性，而且在成员构成上有较大灵活性和自主性。所以，政协对国家政治生活方方面面的状态非常敏感，可以从非常宽广的视角为决策提供依据，为人民更广泛、多层、制度化地参与政治生活提供机会。

当前我国社会组织的数量、规模和影响力都在快速增长。新时代的统一战线工作要求人民政协积极发挥作用，在国家政治生活中担负起凝聚共识、汇聚力量的责任。新时代的统一战线工作不仅需要党的职能部门来做，更需要通过人民政协直接联系、沟通统一战线的组织和成员，更好地做到统战组织和成员之间协同配合，克服逐渐出现的官僚化、行政化弊端。政协需要加强对重大决策和重大事件的参与；需要更好地反映变化中的社会构成；代表人士需要建立更好的群众基础以发挥影响力；还需要发扬团结—批评—团结的优良传统，开展批评教育，不能"好事"争着干，"坏事"让别人干。

玛雅：既要积极发挥作用，也要加强自身建设。

潘维：对。第二，改进对新时期中国特色社会主义的认识。

中国已经进入"强起来"的社会主义新时代。我党坚持以人民为中心的发展思想，不忘为人民谋幸福的初心，强调广大党员干部服务于人民群众追求美好生活的使命感。然而，在市场机制中，人民生活水平越来越高，普通人的生活却越来越艰难。医疗、教育、住房、养老的负担不断加重，养小孩、送老人方面的差异和激烈攀比，让"生老病死"成了令人畏惧的事，而且成了官员腐败的温床。相比之下，在劳动者再生产社会化、均等化的国家，政府官员的廉洁已经成为新常态。

玛雅："劳动者再生产社会化"是指社会福利保障？

潘维：就是在养小、送老方面去市场化，不再由个体家庭独自承担，而是逐渐均等化，由全社会共同分担。这不仅是全世界社会主义者共同的基本诉求，而且已经成为人类文明进步的主流。在第三产业主导财富创造的时代，公共服务均等化不仅是经济理性，也是社会理性，更是政治理性。因此我认为，为了我国人民的福祉，为了发扬我国社会主义制度的优越性，为了与世界各主要文明平等对话，也为了在"新冷战"中凝聚全民力量而屹立不倒，中国特色社会主义新时代，意味着从"初级"阶段提升到"中级"阶段。

党的十九大提出，我国社会主义新时代的主要矛盾是人民日益增长的美好生活需要和不平衡不充分的发展之间的矛盾。解决发展不平衡不充分问题，我们需要更深入地发掘市场机制的潜力，创造更大规模的财富。民富是国强的基石。尽管过去40年中国创造了惊人的巨大财富，但人均GDP不足1万美元，与美国的6万美元和西欧日本的4万美元还有巨大差距。

玛雅：所以还是那句话，"发展是解决我国一切问题的基础和关键。"

潘维：同时必须认识到，我们的"初心"是什么，是建设一个繁荣强大的社会主义国家，而不是一个资本主义国家。纯粹的市场机制，或者依附性的经济机制，不可能让我国持续繁荣强大，拥有光明未来。脱离政治、脱离社会的"纯市场机制"属于空想资本主义。塑造政府和市场关系的因素在政府和市场之外，是人民，是人民的福祉。不顾及民心，不顾及民心向背，谈所谓"正确"或"理想"的政府与市场关系，是不会有结果的空谈。

以"小事"为念，致力于了解基层、改善民生

玛雅：如果不顾及民心，就意味着忘记了初心。

潘维：这是我要说的第三点，改进对群众路线的认识。

群众路线是党的生命线。党只有把根深深扎在群众的土壤里，才能抓住水和土，获得养分，才有生长的基础。如果党的根不能向下深扎，抓不住水和土，土壤也会松散沙化。一盘散

沙的中国不但没力量没前途，同时在一盘散沙中，共产党也站不住，也会像国民党一样失去民心。因此，群众路线是党的生命线，也是我国社会健康的根本。正如毛泽东所说："我们应当相信群众，我们应当相信党，这是两条根本的原理。如果怀疑这两条原理，那就什么事情也做不成了。"

政治协商是我党一项特殊的群众路线工作，就是做各界代表人士的工作，并通过他们做社会各界的工作，从而达到"同心圆"的效果。从这个意义说，群众路线是工作方法——党和政府与政协各党派团体、各族各界人士就重大问题进行反复细致协商，最终达成一致。人民政协开会，进行"政治协商、民主监督、参政议政"，就是政协委员向党委、政府、人大提出意见建议的过程。

玛雅：在凝聚共识方面，如何实践群众路线？

潘维：从凝聚共识来说，人民政协更是争取人心、争取民心的渠道。政协的各党派团体和各族各界人士，是联系社会各界的纽带，是"同心圆"的环节。政协委员的工作特别包括积极主动到自己联系的社会群体中开展有益的思想斗争，宣传群众、组织群众、团结群众，把民主党派、人民团体、爱国民主人士在思想上行动上与共产党紧密联系在一起。

在这方面，著名民主人士黄炎培堪称典范。1945年，黄炎培访问延安。之后，他自费出版了5天的访问日记——《延安归来》。这本小册子只有74页，却在国统区产生了巨大社会影响。书中他与毛泽东关于治乱兴衰历史周期率的谈话被后人誉为"窑洞对",成为新中国民主理论的经典篇章。

玛雅:社会上有一种看法,政协委员的头衔是荣誉称号,是安慰或奖励。

潘维:这是误解。政协委员的身份不是共产党给予哪个个人的荣誉,更非党政官员退休前的"二线"。政治协商、凝聚共识、汇聚力量,从而形成中国社会大团结大联合,这是共产党领导的统一战线的最前沿,是"一线"。所以,政协作为专门的协商机构,是我国基本政治制度之一,也是国家治理体系的重要组成部分。

在以人民为中心的社会主义新时代,群众路线还有另一番深意。就像习近平所说:"保证和支持人民当家作主不是一句口号、不是一句空话,必须落实到国家政治生活和社会生活之中。"

国家政治生活和社会生活是政权活动的两个层面。这两个层面紧密联系、有机互动,则政权稳固。这两个层面相互分离、相互对立,则政权动摇。共产党是领导和连接这两个层面的政治力量,人民政协是共产党发挥政治领导力的重要平台。国家的政治生活是大事,百姓的社会生活是"小事"。但办大事是为了更好地办小事,因为最终目的是让人民过上美好生活。

玛雅:习近平说,要把人民群众的小事当作自己的大事,从人民群众关心的事情做起，从让人民群众满意的事情做起，带领人民不断创造美好生活。

潘维：所以，群众路线——"从群众中来，到群众中去"，意味着一个基本的辩证原则，即"以小为大，以下为上"。就是说，第一，国计民生大政不能脱离基层社会的现实需求；第二，要把老百姓的"小事"当作大事来办。

民本主义自古以来就是中国政治制度的特点和优势。人民政协应当发扬中国优秀的政治传统，实践中国共产党执政为民的先进理念。作为同心圆的环节，各级政协和政协委员们需要理解"以小为大，以下为上"的群众路线，在履职尽责过程中，多以"小事"为念，多致力于了解基层、改善民生。

玛雅：换句话说，不忘为人民谋幸福的初心。

潘维：1949年9月，在人民政协第一届会议上，毛泽东在致辞中热情洋溢地说，这是"一个全国人民大团结的会议""获得了全国人民的信任和拥护""我们的工作将写在人类的历史上。"他提出的这三大命题——人民的大团结、人民的信任和拥护、中国事业对人类文明的意义，为人民政协的发展指明了方向。70年来，人民政协与党和人民风雨同舟，共同奋斗，为中国社会主义现代化事业作出了重大贡献。作为中国特色社会主义的基本政治制度，人民政协创造了辉煌的历史，也将以更加辉煌的未来而载入人类政治文明史册。

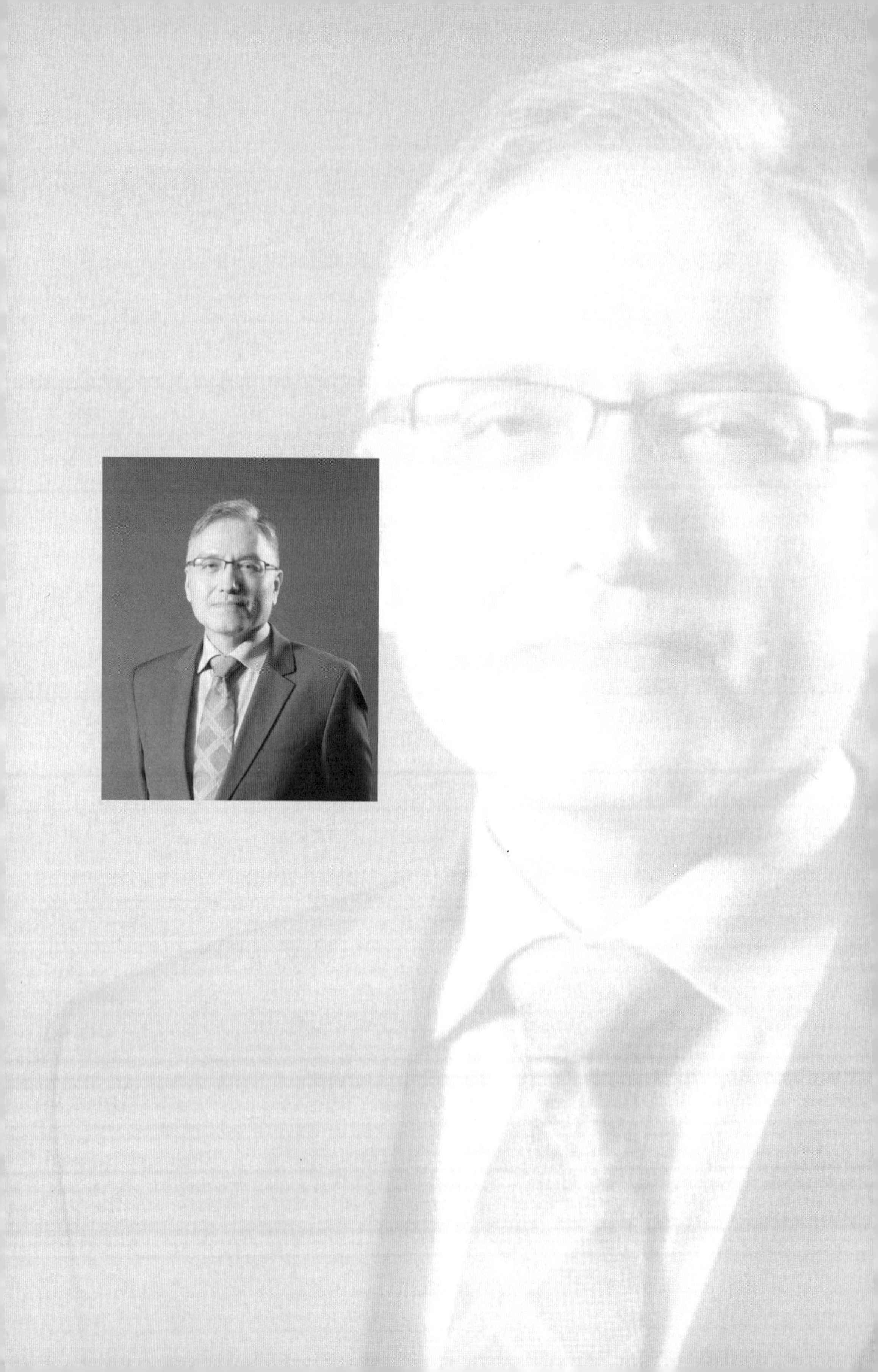

超越历史：
中国大陆兴起的全球意涵

朱云汉

世界科学院（TWAS）院士、台湾大学政治系教授、
台湾"中研院"政治学所特聘研究员。
主要著作有《台湾民主转型的经验与启示》
《东亚人如何看待民主》(*How East Asians View Democracy*)、
《东亚民主：一个新世纪》(*Democracy in East Asia: A New Century*)、
《高思在云：中国兴起与全球秩序重组》等。

中国模式是人类历史上
重要的发展经验

玛雅：近年来，国内外学界都有关于中国模式的讨论。从台湾学者的视角来看，你认为中国模式是否存在？

朱云汉：我认为，讨论中国模式是有意义的。中国大陆 70 年完成了人类历史上最大规模的快速工业化；在 40 年内实现了人类历史上最大范围的消除贫穷；在很短的时间里让人的发展指标，即 HDI（human development index），从一个最低收入国家的水平达到接近 OECD 国家的标准。如果一个体制能够在这些最根本的指标上展现出这样的现实作用和历史结果，它绝对是值得被认真对待和深入研究的，去发现其中最关键的机制或思想。从社会科学的角度，把它看成一个模式来加以理论化的分析，它无疑是人类历史上重要的发展经验。

从宏观的历史角度来讲，中国大陆的兴起和中国模式的出现对于世界而言是石破天惊的历史巨变。它给人类历史进一步发展所带来的巨大冲击或引导作用，在过去 300 年中，只有四个历史事件可以与之相提并论：一个是 1789 年法国大革命，一个是 18 世纪开始的英国工业革命，再一个是 1917 年俄国十月革命，还有一个是 19 世纪后半期美国的崛起。可以说，过去几十年全球秩序的大变化影响了中国发展模式的演进，而在今天，中国大陆的兴起正在推动全球秩序的重建。

玛雅：中国模式的意义越来越得到认知，但是共产党执政的合法性却仍然遭到质疑，你怎么看这个问题？

朱云汉：1949年共产党建立政权时讲，中华民族完成了政治独立和国家统一，摆脱了西方帝国主义列强的侵略和压迫。但是中国还没有完成民族复兴大业，共产党作为执政党，要继续带领中华民族恢复它在历史上曾经享有的那种尊严和在世界政治舞台上的地位。共产党把这个诉求叫作"历史使命"，这个论述在今天仍然有效。习近平上任后讲中华民族伟大复兴的中国梦，就是这个论述的延续。基本意思是说，共产党的历史使命是完成民族复兴大业，这个历史使命反映了这片土地上大多数人的愿望。这个愿望一天不实现，共产党的任务就没有完成。

在实践层面，大陆在前30年建构了一个中国历史上从未有过的对社会的渗透、管理、动员能力超强的政治体制，它能把全部的剩余资源用于国防工业和社会主义建设。虽然随着市场经济改革，共产党的社会管理能力和整合能力在逐渐弱化，但是这个体制的力量仍然强大。加之共产党有非常强的政治意志，要维持社会主义体制一些最核心的要素。比如，对农村土地制度的改革有一定的底线；战略性的骨干产业长期坚持国有；运用市场机制，但是在所有制的选择上不走苏联东欧那条路。共产党在经济上的主导能力，加上财政的动员能力和转移支付能力，使得它的国家体制和政治体制相对于社会而言，有很高的自主性。国际体系对中国大陆的影响力也是有限的，即使是在苏联解体后美国一超独大的情况下。所以，中国共产党可以在每一个不同时期给自己的历史使命一种正当性论述，迄今为止还是有一定说服力的。

玛雅：对过去70年中国的经济社会发展，你如何评价？

朱云汉：中国70年来所走的路虽然有曲折，但很多方面都是史无前例的，突破了过去不同文明的国家曾经创造的历史。可以预期，中国将来肯定会超过那些国家。

2012年美国《外交政策》杂志和麦肯锡全球研究所评出了2025年全球最具活力的75个城市（75 most dynamic cities of 2025）。这75个城市中，29个在中国大陆，13个在美国，欧洲只有3个。而在全球前20位最具竞争力的城市里，有13个都在中国大陆。香港已经是第30位，台北第50位。

如果我们以城市作为整个经济资源整合的枢纽、创新的载体和创造力的发动机，中国大陆的发展潜力十分惊人。深圳如今已是世界级的"硅谷"，这里培育的独角兽企业在数量及创投基金规模上与美国硅谷并驾齐驱。2018年深圳的GDP突破2.4万亿元，首次超过了香港。

这样一种史无前例的兴起
如何成为可能

玛雅： 如果说，中国城市的崛起代表国家的崛起，你认为，这背后折射出什么样的制度优势？

朱云汉： 这样一种快速的、大规模的、史无前例的兴起如何成为可能？我讲三个理解问题的切入点：

一个是政治体制。很多人以为，中国大陆从1949年到改革开放前的30年是完全黑暗的时期，这个认知是错误的。中国共产党摸索、奋斗30年，这30年并没有白费。反而可以说，中国在这个时期以高昂的社会代价——很多人因此而牺牲，建构了改革开放的基础。这个基础，其他后发国家没有办法去模仿，只能理解而难以复制。

在这30年中，共产党建立了动员能力极强的现代国家体制，树立了非常强的国家意志。这个体制在中国的历史上和地域上从来不曾有过，其动员、渗透能力深入到社会最基层。同时，共产党完成了一场相当彻底的社会主义革命，把私有财产权，尤其是最重要的土地资本，变为国家所有或是集体所有。而这个庞大的公共资产，是后来40年经济快速发展的重要依托。

玛雅： 这也解释了，为什么中国改革能成功，其他很多国家的改革不成功。

朱云汉：第二，中国大陆充分发挥了"大"的优势。我在台大给政治系研究生开一门课——"中国大陆政治经济变迁"。我开宗明义跟学生讲，理解大陆时，有三件事你要记得：第一是中国非常大，第二是中国非常非常大，第三是中国非常非常非常大。"大"可能是负担，是巨大的包袱，但也可以变成巨大的优势。首先，它可以充分发挥规模经济的优势及磁吸效应。现在很多关键性的核心产业，没有规模是没办法发展的。台湾不可能建立一个航天工业，也不可能建构一个高铁产业体系，因为没有这个规模和市场。到今天为止，全世界的航空集团严格来说只有两个，波音和空中巴士，那么第三个最有可能就将出现在中国大陆。

今天全世界的跨国公司没有不挤破头要进入中国的，至少先来插个旗，占个位置。连美国排名前50位的大学校董们都说，"我们学校有什么大中华战略（greater China strategy）？"这个问题必须回答，回答不出来，就意味着你的学校在21世纪没有一个前瞻性的规划。世界500强的CEO们也一样。这样一来，中国就可以对所有外资的进入设定很多特别的、在一般情况下跨国企业不会答应的条件。比如，美国通用汽车进入中国，就把一个新的研发中心设在上海。任何其他国家说"你得来我这儿开设研发中心"，通用汽车根本不会搭理，因为其他国家没有这个谈判筹码。也因为有这个规模，中国有完整的产业体系和科研体系。而且前30年的自力更生，也逼迫和促使中国去建立一个完整的工业体系。虽然这个体系的各项水准参差不齐，但是有这样一个体系，它要学习追赶就很快。大陆今天发射一颗人造卫星，所需要的所有知识、技术和设施它自己都具备。而即使美国把整个火箭设计的蓝图交给台湾，台湾也无法复制。

玛雅：大陆现在流行一个词——正能量。如你所说，"大"可能是巨大的包袱，但是一旦变成优势，所产生的正能量是巨大的。

朱云汉：日本人过去讲东亚经济发展的雁行效应。就是说，有一个垂直分工，技术先进、资金雄厚的日本是雁头；"亚洲四小龙"具有一定的资金技术积累，是雁身；再后面是作为雁尾的东盟各国，即第二批新兴工业体。但是中国大陆自己内部就可以形成雁行效应，进行垂直分工。它的成长动力可以从沿海到中部，再到西部，再到大西部，有好几个层次。

第三，大陆在过去40年充分掌握着后发优势。后发有时候是可以先至的，它有很多要诀，比如学习别人的成功经验，避免错误，少走很多冤枉路。特别是如果你有能力去模仿，在这个基础上再去改良，你可以进步非常快。同时，大陆明显采取蛙跳式技术更新——当它在安装一个有线座机都很困难的时候，它其实一举先跨入了无线通信、数位通信。同样地，它可能在3G、4G方面输给韩国和西欧，但它已经开始布局5G。另外，大陆改革开放的时机让它成为全球化的最大受益者。在这个时期，不管是生产、产品营销还是金融整合，全球经济都在突飞猛进。很难想象，四五十年前台湾刚开始快速发展时，王永庆可以去华尔街融资。他可以去纳斯达克上市吗？不可能的。

中共一党执政体制的基础是"民享"

玛雅：从政治学者的视角来看，大陆的政治体制有哪些优势？

朱云汉：中国大陆的政治体制，最突出的设计就是一党执政。这看起来和世界潮流有点格格不入，但是它的重点在于如何维持政治稳定和治理能力。这里面有几个值得肯定的方面。一个是它解决了继承危机问题和个人专权问题。一般来说，一党执政或者威权体制很难迈过这两个门槛，但是大陆从邓小平时代开始，逐渐建立起干部任期制和接班制，来解决这两个问题。2012年召开的中共十八大，就体现了这种任期制和接班制的实际运作。这个体制实行集体领导，在一定程度上解决了执政能力问题。所以说，中共的政治局常委会就像一个非常强势的"总统"。这个"总统"由7个人一起担任,他们各有各的分工,但是最重要的决策需要寻求共识。

玛雅:中国式"总统制"——集体领导决策,既解决了个人专权的问题,领导力和执行力也相当强。

朱云汉:中共中央承担着一个最为重要的任务,即人才筛选和创造内部竞争机制,让有一定资历、条件和能力的人,能够在体制内循序渐进,担任重要的领导职务。它还扮演一个统筹的角色,有一个相当大的协调机制和权力制衡机制在手上,包括大战区制、人民银行大分行制,控制基本能源、运输、通信、国土资源,控制宣传工具,控制人事任命权等。这些是中央政府对地方的重要节制方式。

另一方面,大陆的体制又是一种"联邦制",省级政府的权力有时候比美国的州还大。地方政府可以因地制宜,进行各种不同形式的创新,中央也鼓励并引导地方不断创新。这种体制让中国大陆这个巨大的整体板块可以进行区域性竞争,包括资源、人才、投资等,不仅是省和省之间竞争,甚至县和县之间也竞争。当苏州下辖的县级市昆山从农村突然一跃,变成一个高科技的重要基地,周边的城市都开始模仿它,都想变成另一个昆山。这个体制也有足够的诱因,让地方政府自身就成为利益主体。地方政府常常把它的整个管辖范围看成一个大的企业集团,政府是集团总部,能够调动它的所有资源。

这个体制面对的最大挑战是人才选拔。可以说,这是全世界任务最艰巨的"人力资源管理部门"。中共人力资源管理的总部——中共中央组织部,负责1300万党员干部从选拔到训练,到考核,到晋升,到淘汰的全过程。某种程度上讲,共产党内部对于人才的选拔淘汰机制,很像美国国防部的人力管理机制。

玛雅:为什么这么说?这是两个截然不同的系统。

朱云汉:第一是因为它的封闭性。你要做总司令,不可能空降,必须在体制内部一级一级上来。第二,不是每个少尉都有机会做到上尉,再到上校、少将,金字塔到了最顶端,只剩下几个四星上将。同样,中共的体制就是这样一个金字塔。官员从基层一级一级做起,越往上人越少,最顶端只有七常委,政治局委员也不到30人。

虽然没有通常定义下的民主机制,但是中共自己特色的社会主义民主机制并不纯粹徒有其表。很多城市的组织部门每年都委托学术机构或者民调中心,针对自己城市的各个政府部门进行民意调查,看民众对它们的表现满意不满意。凡是满意度倒数第一的部门都会被警告;第二次再倒数第一,负责人就会被撤职或降职。很多城市,尤其沿海比较发达的城市,市民的参政诉求比较高,都建立了利益相关者的咨询与协商机制。重大的建设项目必须要让当地居民、相关企业或不同的专业团体进入协商机制。

这些都是大陆在经历快速转型时期所采取的举措。中共不断在调整自己内部的各种机制去化解社会矛盾，让社会利益诉求有一定的表达管道，以及形成对干部的制衡，叫作"问责"。近几年大陆还采取了责任审计，任何一个副厅级以上官员卸任后，他任期内所经手的所有经费、预算都要经过审计，才算真正完成交接。在这个过程中，也经常会发现问题。这是中共为完善制度而建立的一个与时俱进的机制。

玛雅：根据比较政治学理论，一个政治现象的产生有其制度原因、经济原因和文化原因。在你看来，大陆政治体制的文化背景是什么？

朱云汉：这个文化背景应该说是我们最熟悉的，它是建立在"民享"的基础上，而不是在"民治"的基础上。它的政权基础很抽象，可以意会却难以言传，叫"民心"，而不是选票。"得民心"是中国政治传统中权力正当性的一个核心概念。儒家所谓的"民本"其实也是试图用精英政治手段来实现"民享"的目标。当然，不是有了这个目标就一定能够实现。但是不论怎样，大陆政治体制的正当性并非没有它的论述基础。

也因为这样，对中国大陆这么快速的全面崛起，西方学者是非常困惑的。他们质疑：没有"民治"，怎么可能有"民享"？不过大陆学者可以反问这个问题：菲律宾有"民治"，但是有"民享"吗？所以这两者之间并不能直接画等号。西方学者也发现，不能否认大陆改革40年来的发展成果。他们观察中国政府在北京奥运会、汶川地震灾后重建、应对国际金融危机中所表现出的领导能力和统筹兼顾能力，很多人发现，他们本国的政府没有这个条件能够如此快速有效地应对那些挑战和危机。

玛雅：他们的veto player（有否决权的玩家）太多，互相掣肘，难以做决策。2019年初，由于白宫和国会民主党在修建美墨边境隔离墙问题上分歧严重，包含修墙费用在内的拨款法案无法通过，约1/4的美国联邦政府机构"停摆"30多天，最后连联邦调查局这样的要害部门都扛不住了。

朱云汉：《纽约时报》著名专栏作家托马斯·弗里德曼（Thomas Friedman）出了一本书，其中有个章节叫"Let's be China for a day"（让我们做一天中国）。弗里德曼看到美国体制存在很多严重问题，担心美国会处在不断的内耗中，没有办法让这个国家真正有效地面对21世纪的挑战。所以他很感慨地说，我们能不能做一天中国，在这一天里把所有21世纪需要的法律全都颁布了，然后第二天再回去做美国。这当然只是弗里德曼的一个梦想，但是他用戏剧性的论述说明了这两个体制的不同。

弗里德曼为什么会有这样的感慨？我举一个例子，汶川地震灾区的住房重建工作只花了3年时间，一共完成了540多万户住房的新建或整建，解决了1200多万居民的住房问题。540多万户是个什么概念呢？全台湾总共有800万住户，也就是说，在3年时间里，修建了70%的台湾住宅面积。这种规模和速度的灾后重建在全世界其他任何国家都不可能做到。日本"3·11"

大地震至今已经8年了，到现在灾民住房的重建或安置还没有全部完成，仍有5.5万人暂栖于避难收容所。

中国的工业化速度是美国的3.9倍

玛雅：2019年3月你在人民大学发表演讲《中华民族再兴的全球意涵》，你的主要观点是什么？

朱云汉：我认为，应该从全球史的架构来理解中华民族再兴对人类社会发展的重要意涵。在这个基础上，我们才能展望未来。

回顾人类经济史，从19世纪开始，全球经济的重心一直快速往西走，这就是西方大国的崛起之路。20世纪60年代以后，由于日本兴起和"亚洲四小龙"的发展，这个重心开始往东移，但是移动的速度并不快。而在1980年以后，中国大陆的勃然兴起牵引全球经济重心快速东移，使得世界经济进入一个全新的发展阶段。过去三四十年间很多所谓的全球趋势，主要就是中国趋势。这是因为中国太大了，大到它自身的趋势就可以影响全球大趋势下各种指标的变化。时至今日，中国还在继续往前走。

玛雅：这也就是说，这种中国趋势还会继续，并将进一步影响全球趋势？

朱云汉：如果中国继续保持既有的发展轨迹，必然会进一步影响人类社会的未来。这个作用将来会越来越大，甚至超过历史上美国所起的作用，从而深刻影响整个人类历史进程。

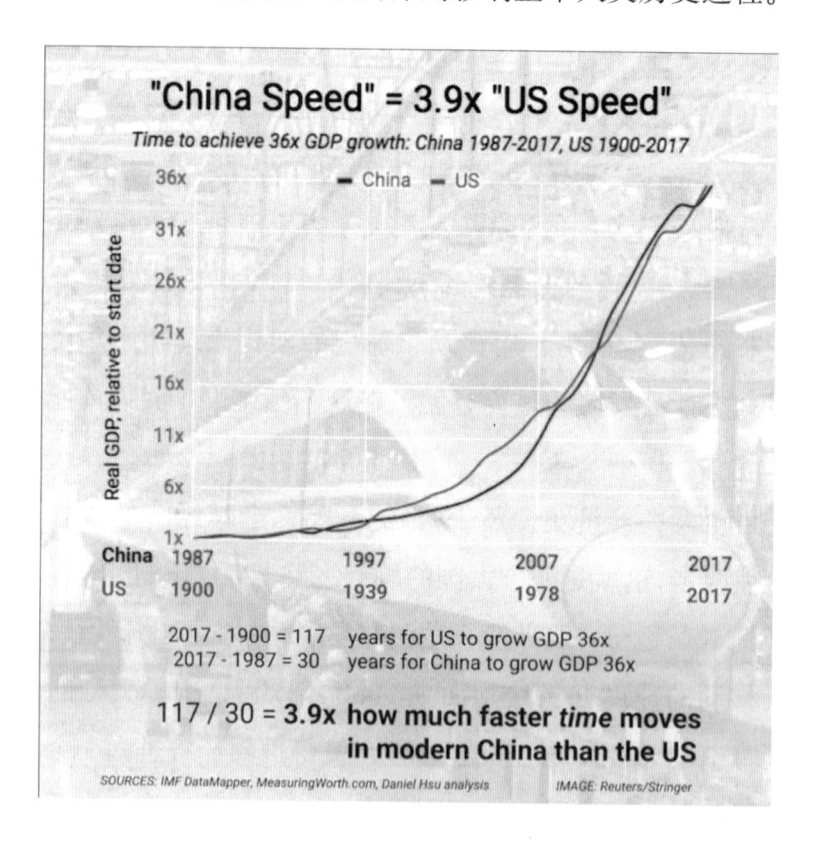

"China Speed" = 3.9x "US Speed"

Time to achieve 36x GDP growth: China 1987-2017, US 1900-2017

— China — US

China	1987	1997	2007	2017
US	1900	1939	1978	2017

2017 − 1900 = 117　years for US to grow GDP 36x
2017 − 1987 = 30　years for China to grow GDP 36x

117 / 30 = 3.9x how much faster *time* moves in modern China than the US

SOURCES: IMF DataMapper, MeasuringWorth.com, Daniel Hsu analysis　　IMAGE: Reuters/Stringer

过去40年，中国在很多方面都打破了历史纪录，前无古人，而且以后很难有其他文明的国家可以再复制。从1987年到2017年，中国在30年的时间里，GDP增长了36倍。如果从2017年倒推，美国在工业化过程中花了多长时间GDP增长了36倍呢？117年。也就是说，中国工业化的速度是美国的3.9倍。这就是英文世界的媒体经常说的"China Speed"（中国速度）。尤其是，中国是在如此幅员辽阔的版图上，以这样的速度创造了奇迹。

玛雅：中国的发展不但速度空前，对全球化的影响力也是空前的。

朱云汉：过去30年的全球化被称为"超级全球化"，它的动员、席卷和渗透力量前所未有。几乎没有哪个地域和人群可以完全不被它所牵引，而中国正是对这样一个席卷全球的巨大力量起到了最为关键的作用。不仅如此，中国的快速兴起也在有意无意中削弱了美国霸权的基础，打破西方"普世价值"长期垄断的话语权，也因此推动了国际经济和政治秩序的转型。当下世界正处于这个过程中。

中国兴起
推动全球秩序的重建

玛雅：这是美国最焦虑也最不能容忍的，是美国对中国极限打压的根本原因。

朱云汉：目前来看，美国对中国的战略猜疑很难消除，中美之间的冲突可能会愈演愈烈。美国是世界第二大贸易国，对世界第一大贸易国中国大打出手，中美贸易战打得如火如荼。WTO在旁边一筹莫展，基本上全面瘫痪了。于是约瑟夫·奈（Joseph Nye）最近提了个议题，叫"金德尔伯格陷阱"（Kindleberger's trap）。

金德尔伯格是研究经济大萧条最重要的经济史学家。他研究世界经济危机是怎么发生、蔓延的，为什么全世界都陷于其中无法自拔。他的结论很简单，就是世界经济体系要稳定运作，需要有一个领导者，这个领导者要提供所谓"国际公共产品"。奈认为，特朗普治下的美国放弃了这个领导责任，不再愿意担任国际公共产品的主要提供者。中国也许力量还不够，或者没有这个意愿。而一旦领导权中空，世界经济体系会出现巨大动荡甚至慢慢解体。

玛雅：你对这个判断是否认同？

朱云汉：我认为，奈高估了美国的领导作用，低估了以中国为首的新兴市场国家支撑全球多边体系的能力和意愿。事实上，中国已经开始为国际社会提供大量的公共产品。并且中国建立了全方位、多层次立体式的与全球各地区的政策协调与合作机制，这也是中国这十几年来非常重要的建树。在当前世界不够完整和完善的多边体制下，中国做了非常重要的补充性的体制建构，引领新兴市场国家为全球化注入了新的动力。

玛雅：可是西方国家不情愿承认新兴市场国家的力量，更不甘心放弃对世界的主导权。

朱云汉：西方国家很担心美国霸权退位，希望美国能继续扮演世界领导者的角色。但是对广大发展中国家乃至整个人类社会而言，美国霸权的退位不是危机，而是机遇。

在我看来，中国的兴起是一种不可逆转的历史趋势。西方国家未必乐意看到这个趋势，但是对非西方国家来讲，包括东南亚、南亚、中亚、西亚、非洲和拉丁美洲各国，中国的快速兴起给它们带来了千载难逢的发展机遇。中国能够拉抬这些非西方国家，增强它们自主发展的可能性，同时全面释放南南合作的巨大潜力。

正因如此，中国可以对未来全球化的指导思想和发展路径产生巨大影响，包括制定各地域之间经济合作和交换的规则。这也就是说，中国可以推动世界秩序的重组。中国的兴起将会加速现有世界秩序向"后西方世界秩序"的转型。

玛雅：中国正在为此作出努力。中共十九大报告说，"中国将继续发挥负责任大国作用，积极参与全球治理体系改革和建设，不断贡献中国智慧和力量。"

朱云汉：中国已经成为新兴市场国家的领头羊，在国际秩序重组中扮演一个建设性的角色。这既符合新时代中国自身发展的需要，也有利于人类社会的和平与发展。中国的这个角色，在2008年国际金融危机以后，尤为醒目。

当下世界经济的火车头是谁？是中国和其他新兴经济体。新兴市场国家加在一起，为世界经济增长贡献70%以上，其中中国的贡献率30%左右；美国是17%—18%。中国在世界贸易体系中的作用，也是后来居上。中国2001年"入世"，在短短十几年时间里，已经成为世界第一大贸易国，发展如此惊人。

玛雅：美国高盛集团预测：到2050年，20世纪70年代成立的、由当时世界前七大经济体组成的七国集团的成员国中，美国是唯一一个可以保住前七位的国家。2050年世界前七大经济体将是中国、美国、印度、巴西、墨西哥、俄罗斯和印度尼西亚。

朱云汉：目前全球主要经济体的政策协商机制基本分成两个集团，一个是美国为首的G7集团，一个是中国为首的金砖五国。金砖五国现在要变成"金砖Plus"，把土耳其、墨西哥、印尼这些重要的国家都吸纳进来。现在世界各种经济合作规则的主要制定者还是美国和西欧，但是以中国为首的新兴市场国家的重要性会逐渐超过 G7。

未来世界经济的主角不是 G7，而是 E7，包括中国、印度、印尼、巴西、俄罗斯、墨西哥和土耳其。根据购买力等值 GDP 估算，1995 年 E7 的经济总体量只有 G7 的一半，但是到 2015 年就已经持平了，当然在名义 GDP 上可能还有落差。估计到 2040 年，E7 的经济总体量会达到 G7 的两倍。可以预期，未来 20 年将进入非西方世界全面崛起的第二阶段，世界经济的主角会有很大改变。

Global economic power will shift to the E7 economies

In...
1995　E7　were half the size of　G7

By...
2015　E7　were around the same size as　G7

And in just 25 years...
2040　E7　could be double the size of　G7

G7: US, UK, France, Germany, Japan, Canada and Italy
E7: China, India, Indonesia, Brazil, Russia, Mexico and Turkey

Sources: IMF for historical GDP, PwC analysis for projections to 2050

社会制度创新
是未来竞争的焦点

玛雅：你认为，中国趋势将继续影响全球趋势，从而深刻影响整个人类历史进程。你是如何认识的？

朱云汉：中国道路与人类社会的未来会是什么样的关系？我前不久在台北和弗朗西斯·福山（Francis Fukuyama）有一次对话。我提出一个观点：不管到2025年或2030年中国能否在科技上乃至综合国力上超越美国，中国模式和美国模式可能都将长期处于竞争阶段。

当今世界，真正的挑战在于社会制度的创新。人类社会正处于社会结构剧烈变动阶段，我称之为"科技大爆发时代的前期"。科技爆发将对整个社会生活形态和公共治理模式产生革命性、颠覆性的影响，因此，哪个社会能够走在最前面，能更快速地调整自己，驾驭这些新技术，这将是未来竞争的真正焦点所在。

玛雅：你的意思是，率先实现社会管理智能化？

朱云汉：对。特别是数字科技、资讯科技、人工智能、生物技术等，把它引导到能够对社会经济利益的分配达到雨露均沾的作用，让不同群体的利益攸关者都有机会受益而不是受损，使可持续、包容性发展得到增强而不是削弱。

玛雅：香港中文大学王绍光教授研究国家能力，其中现代国家的基础性能力之一是认证能力，即在数据与人和物之间建立一一对应的关系，以便进行现代化管理。

朱云汉：这不是一个简单的挑战。所以我认为，雄安新区的实验不得了。它以一种全新的思路，摆脱以前城市建设的模式，摆脱仰赖土地批租与房地产开发来推动城市发展的路径，摆脱城市户口的僵硬性管理机制，等等，同时进行制度创新，实现对城市的全方位智能化管理。

将来新技术的发展有可能带来超级透明社会。如果有一天这个社会变成没有现金的社会，所有的东西都是电子货币交易，那贪官污吏也就消失了，因为没有人可以在私底下累积财富。政府职能也一样，很多都可以智能化，公务员可以被 AI 替代。你可能不知道，现在中国海关很多官员没事干。为什么呢？因为都是网上自动通关。多余的海关官员干什么呢？去接受培训，去扶贫。

玛雅：说一句不是玩笑的玩笑话，中国运气好——正发愁独生子女政策造成的深度老龄化问题没法解决，AI 就来了。

朱云汉：中国其实已经站在超级透明社会的门口了，需要思考的是如何去跨入。当然美国和欧洲很多国家也都站在这个社会的门口。如果中国在这个领域能有一些好的制度创新和实践，这对人类社会来讲，特别是对那些同样是人口众多、资源薄弱的后发国家来讲，会有重大的启发作用。

概言之，如何驾驭这些新科技，实现可持续、包容性发展，对中国来说责任重大。为了14亿人的福祉，中国要努力迎接这场挑战，尤其对其他国家和民族产生示范作用，就更是如此。

不仅是中国之中国，而且是世界之中国

玛雅：如果我们能探索出一条信息时代社会管理的新路，那么在与美国模式的竞争中，中国模式就能胜出一筹。

朱云汉：我感到乐观，中国的发展思路是市场与政府两手并用，很多成功经验都是西方国家难以想象的。中国坚持社会主义理想，追求效益也重视公平，积极给予弱势群体政策扶持，尽可能让现代基础设施覆盖所有的贫困地区，使每个村庄都通水、通电、通车与联网。中国现在有12亿人用上了4G，包括贵州农村都已经实现100%的4G信号全覆盖，这是美国和欧洲国家都做不到的。而且中国的经济体量特别大，产业结构已

经全面提升，对全球性公共产品的供给范围更广，超越过去所有西方国家和开发机构的想象。

玛雅：主要是哪些方面的超越？

朱云汉：中国提供的国际公共产品有些是传统的，如跨国高速公路、洲际铁路运输等，还有一些是非传统的，以前大家难以想象。例如，中国现在倡议在整个亚欧大陆建立跨国特高压输电网，可以把富余时段的电力供应给远方需要用电的地区。中国的国家电网是全世界排名第二大企业，这方面的技术世界领先。它首先解决了中国国内西电东输的问题，进而可以延伸至6000公里或8000公里。

不仅是地上的、天上的国际公共产品，还有深海的前沿技术，中国随着发展都将有能力提供。中国将来也一定是全球电子商务平台的领导者。试想，如果支付宝和顺丰快递可以遍布全球，而且跨境零关税，那才是一个真正彻底的全球化经济。

玛雅：共建"一带一路"，关键是互联互通。中国倡导构建全球互联互通伙伴关系，实现共同发展繁荣。

朱云汉：站在人类整体发展的立场来看，这是利人利己的好事。中国把自己富余的产能运用在其他国家需要的地方，在环境、绿色能源、农业技术等很多方面提供知识分享机制，这是非常难能可贵的。对落后国家，中国不是事事讲智慧产权，而是能分享的大量分享。袁隆平去中东教当地人种咸水稻，从来没有说先申请个专利，然后每年卖给人家种子，价格贵得不得了。那是孟山都（Monsanto）干的事，所以孟山都反对中国搞农耕技术援助工程，因为破坏了它的游戏规则，让它赚取暴利的模式搞不下去了。

你知道吗？现在由中国电信牵头与非盟合作，实施"非洲信息高速公路计划"，预计 2025 年完成。采取中国典型的"八横八纵"举国体制，穿越非洲 48 个国家，覆盖至少 1/4 非洲人口，等于一下子把几亿人带入网络时代。这是一个巨大的跨越，将为他们创造各种可能。将来也许你在网上购物时，可以直接从非洲的淘宝店购买。

玛雅：这真是个了不起的计划，也许只有中国人才有这种造福天下的胸怀。

朱云汉：的确。西方国家戴着有色眼镜看别人，对中国在这些国家的建设项目颇有微词。然而，中国的参与对当地经济社会发展所产生的巨大促进作用是有实证支持的。美国一所大学的 AID Data 研究中心连续追踪 14 年，对中国在全世界 138 个国家技术援助、工程援助或贷款援助的 3485 个大型项目进行评估。得出的结论是，这些项目不仅促进了当地的经济增长，而且使发展成果进一步扩散，惠及更多的人。

玛雅：我采访三一重工总裁向文波先生，他说，中国企业走出去要秉持互利共赢的发展理念，把自身的发展与当地的经济社会发展结合起来。

朱云汉：这种思维方式就是我们的文化基因，从古至今一脉相承。2015年9月习近平主席在联合国发展峰会上倡议："探讨构建全球能源互联网，推动以清洁和绿色方式满足全球电力需求。"虽然这个倡议现在还没落实，但是亚欧大陆沿线很多国家已经表示感兴趣。如果将来有一天这个愿景真的能实现，就意味着人类把自己每一天都不可或缺的能源需求捆绑在了一起。那样的话，就不可能打仗了，否则害人害己。到那时，人类社会距离成为一个命运共同体就不远了。

玛雅：习近平2019年5月在亚洲文明对话大会上说，中国不仅是中国之中国，而且是世界之中国。中国必将以更加开放的姿态拥抱世界、以更有活力的文明成就贡献世界。

朱云汉：所以我相信，中国继续保持既有的发展轨迹，必然会进一步影响人类社会的未来。中国自己要有信心。在未来的10年、20年、30年，中国力量和中国智慧将给世界，尤其是发展中国家，带来翻天覆地的变化，中华民族将为人类社会的发展进步作出重大贡献。

历史重任：关于中国共产党"天命"的对话
专访曹锦清

中国文化自信与普世话语构建
专访祝东力

民本主义：中国人的民主观实证研究报告
专访史天健

从历史中走来的新中国，知道向何处去
专访王湘穗

薪火相传：为了中华民族千秋伟业
专访金一南

文化篇
为人类进步贡献中国智慧

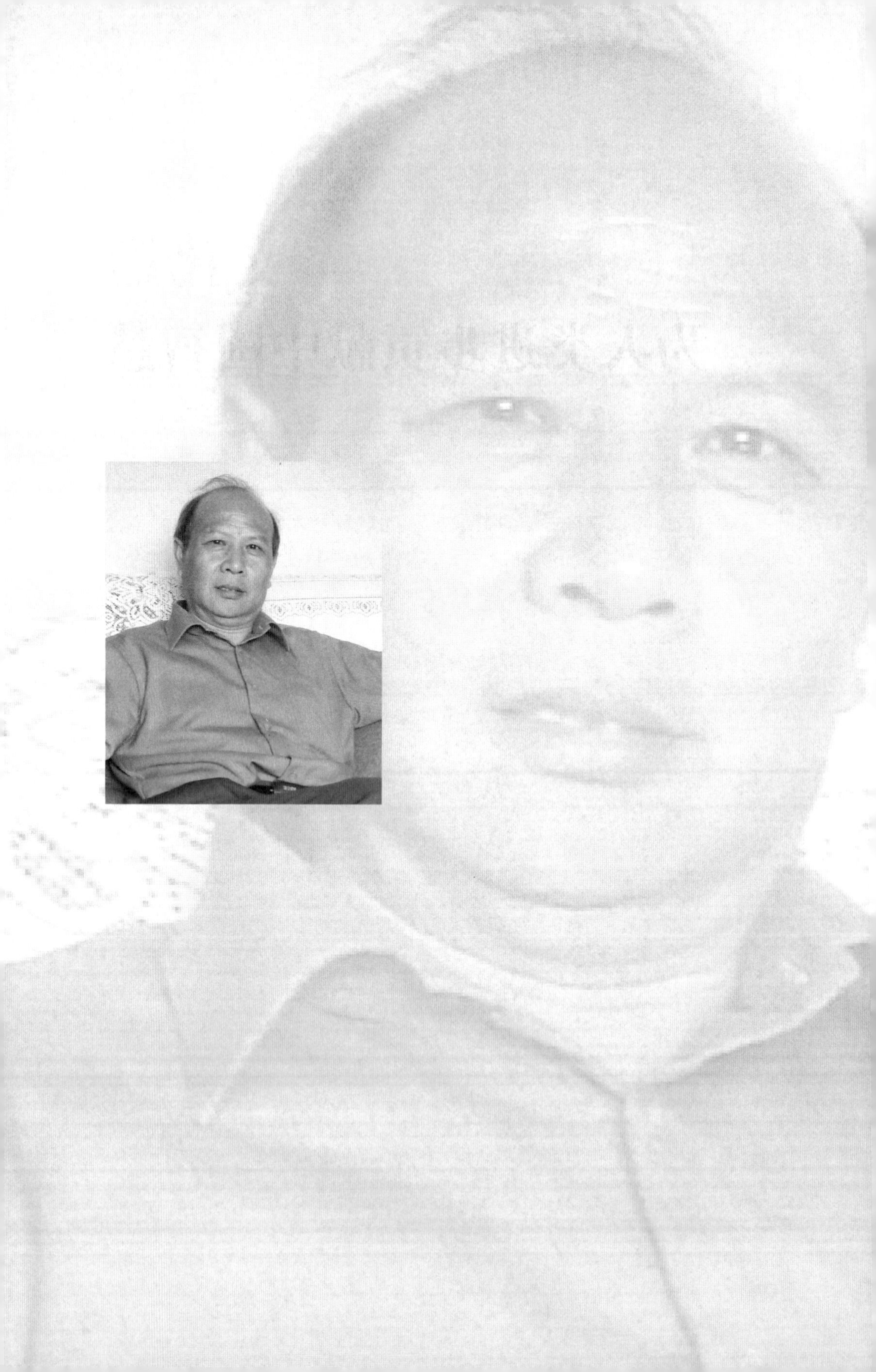

历史重任：
关于中国共产党"天命"的对话

曹锦清

华东理工大学社会与公共管理学院教授。主要著作有《黄河边的中国》《当代浙北乡村的社会文化变迁》（合著）《如何研究中国》等。

中国革命史观与
共产党执政地位的确立

玛雅： 中共十八大提出，实现中华民族伟大复兴的中国梦。从中国共产党的叙事来说，如何理解中国梦这个命题？

曹锦清： 中国梦的命题更多回归到百年的民族主义和现代化叙事去了。中国梦是说，在建党一百年时全面建成小康社会，在建国一百年时建成富强民主文明和谐美丽的社会主义现代化国家。"两个一百年"是一个历史叙事，与原来那种历史叙事不一样。这个叙事——中华民族伟大复兴的中国梦，对于依然保留着民族复兴情怀的人们，包括中国人和海外华侨，都是有感召力的。

玛雅： 这个叙事与原来的叙事不一样在哪儿？原来的叙事是如何解释共产党的执政地位问题？

曹锦清： 原来的叙事是马列主义的叙事，也是共产党的正统叙事。共产党对其政权合法性进行意识形态表述的一个重要方面，是它建立起来的关于中国历史的叙事。这个建构过程的完成，以毛泽东1940年的《新民主主义论》为标志。它回答了这样一个问题：中国从何处来，现在何处，将欲何往。用马克思主义的语言就是，中国曾经经历了和人类其他社会一样的原始社会、奴隶社会、封建社会，近代以来，如果没有帝国主义入侵，中国也将一步一步地走向资本主义社会。鸦片战争中断了中国历史自身的发展，导入了半殖民地半封建社会。中国当下在哪里？积贫积弱的根源在哪里？在帝国主义、封建主义的压迫。中华民族的首要任务是什么？是反帝反封建。我们未来要走向哪里？经过新民主主义社会，走向社会主义社会、共产主义社会。

这样一个回答就给我们民族的历史境遇重新定位，一个完整的历史观就建立起来了。共产党成功的一个极为重要的原因就是重新建立了史观，把马克思主义的唯物史观套在中国这个龙的身上。它满足了当时中国知识分子的精神需求，就把那么多苦闷、彷徨无告的知识分子都吸引到延安去，黄河之滨就集合起一群中华民族优秀的子孙。国共两党之争成败的原因有很多，其中很重要的一个原因是，共产党建立了意识形态的制高点。不是一般意义上的制高点，它是一个新的史观。因为有这个史观，毛泽东就可以引领这个民族一步一步往社会主义的方向走，他执政就非常有自信，认为真理在自己手里。

玛雅：史观为什么那么重要？对中国知识分子为什么会产生那么大的影响？

曹锦清：因为中国是一个历史感很强的民族。中国没有西方意义上的宗教，也没有西方意义上的哲学，中国的史学承载着西方史学、哲学和宗教三重责任，维系着中华民族的文化认同。章学诚讲"六经皆史",我觉得非常深刻。

中国文化的根基在史学。在传统农耕社会,中国人生活在家族里。家族是史,继往开来的一个史。老百姓有个家,士大夫还有国和天下,这些都是有历史感的。中国很早就建立起一种我称之为"史观文化"的意识,华夏文化的核心是史观文化。一部《春秋经》、一部《史记》,从此我们就对黄帝有了认同,对历史有了认同。

近代以后,在向西方学习,经济、政治、文化转轨的过程中,中国知识分子最主要的努力就是重建史观。重建史观成为夺取天下一个非常重要的任务。第一个自觉地作出这种努力的是康有为,接受了西方进化论史观。五四新文化运动以后,形成了一个激进的知识分子群体,接受了马列的话语。马列主义中最强大的我觉得是史观,把中国的历史按照西方几个阶段的发展来重新叙事。

中国传统的史观一个是历史倒退论,一个是历史循环论。循环论就是一个王朝取代另一个王朝,加上天命说,有效地带来一个新的统治者,给予他统治的正当性。这个传统叙事后来被共产党加以改造,用马克思主义的语言进行了合理的包装,核心还是得民心者得天下,失民心者失天下。共产党的革命叙事和传统的孔孟的革命叙事其实有衔接之处——共产党代表人民的意志,推翻旧的王朝,即蒋家王朝,因为这个王朝丧失了天命。整个封建主义时代已经过去,现在进入无产阶级的社会主义革命时代了。新的"天意"在哪里?转变为"历史发展规律"。所以这个叙事很快就被正处于迷茫之中的中国知识分子所接受,就把那些要求革命、要求改变现状的人聚集到这个党里来。

初级阶段理论: 对社会主义的第二次解释

玛雅:从马列主义叙事到改革开放后"社会主义初级阶段"的叙事,共产党是如何适应这种语境变化的?

曹锦清:改革开放后,邓小平对社会主义重新认识,指出计划和市场都是手段,与社会性质没关系。公有制可以和市场相结合,就是社会主义市场经济。1987年中共十三大提出"社会主义初级阶段"理论,成为邓小平那种解释重要的理论根据。这个理论没有脱离原来的历史叙事,和毛泽东的理论是接轨的,即中国从半殖民地半封建社会,经过新民主主义社会、社会主义社会,进入共产主义社会。可以说,这是继毛泽东之后,邓小平对社会主义的第二次重大解释。这个解释是说,中国尚处在社会主义的初级阶段,初级阶段是相当长的历史时期,一百年。这个时期的中心任务是经济建设,用各种方法和手段发展生产力,不必拘泥于姓"社"姓"资"。

但是1996年以后发现,市场经济和公有制似乎不太兼容。怎么办?有两个办法,一个是把市场缩小,维持公有制;一个是把公有制企业改制,来适应市场经济。1996年的选择是后者,叫与时俱进,因为关闭市场是不可能的。

玛雅:用个不太恰当的比喻,是削所有制之足来适市场经济之履。

曹锦清:市场扩展以后,公有制不再单一存在,私有经济成为社会主义市场经济的重要力量,按劳取酬这种分配形式也不再单一存在。私有制条件下,资本参与利润的分配,按资本分配产生了。再后来,知识和管理也作为要素参与分配,获得比一般的按劳取酬更多的报酬。1997年中共十五大明确提出,以按劳分配为主体,多种分配形式并存。这与以公有制为主体,多种所有制并存的格局相适应。

只要承认市场经济,市场就会选择自己的所有制形式,市场是比所有制结构更为重要的因素。你选定市场,把它作为资源配置的基础性手段,市场本身有极其强大的力量,自然会按生产的诸要素、按市场的供求关系来加以配置——劳动力和资本按市场条件配置,知识也按市场条件配置。接下来还有两大要素,一个是土地,一个是权力。

玛雅：土地和权力并没有直接参与分配，怎么能成为要素？

曹锦清：土地作为要素如何参与分配？它的主体是谁？升值的部分应该给谁？现在法律没有规定。1988年《土地管理法》规定，土地变为国有之后才可以进入非农使用，这等于是授权地方政府，它可以正式成为地主了。土地非农使用的增值部分成了分配要素，掌管土地的地方官员通过这个要素配置可以去寻租，就使得权力也成为参与分配的一个要素。权力控制了土地，资本要获得土地必须通过地方政府，权钱交易就不可避免。

天下不是你的，你是代天下守天下

玛雅：腐败也就不可避免。

曹锦清：中国大面积的腐败是在20世纪90年代以后。苏东剧变对我们党的一部分中高层官员刺激很大。这些人认为，共产党这个船要沉了。他们做了一个盘算：与其我现在做清官，将来做穷光蛋，还不如现在做贪官，将来做富翁。不少人做出了第二种选择。

玛雅：这些官员丧失了信念，取而代之以"末世心态"，于是不捞白不捞，大捞特捞。

曹锦清：1992年以后向市场经济猛力推进，给了一些人有钱可捞的机会。土地是最大的资源，于是就大肆圈地。一些高干子弟在那里圈，官员腐败大部分都是从地里圈出来的。这个过程太快了，到了1996年，一些公有企业的老总成了盗窃公有经济的人。有人就说，与其盗窃，还不如把企业卖掉，私有化算了。

1991年，俄国"私有化之父"丘拜斯讲过一句话：如果盗窃不可避免，我们唯一的选择是把这些强盗都变成资本家。2001年他反思私有化，又讲了一句话：想不到，原来那些盗贼不仅没有变成资本家，他们继续在盗，监守自盗，一下子变成暴富。这是俄罗斯的情况，中国不也发生了这个情况？所谓国有资产流失，就是监守自盗。

玛雅：出现这种情况，也是邓小平始料未及的。

曹锦清：邓小平讲贫穷不是社会主义，把蛋糕做大，让老百姓过上好日子。但是向市场转型是有精神性后果的，市场经济带来私有制，把人分成一个个的个体了，每个人都有自己的利益。一旦守护这个民族整体利益的执政党的官员们，也去谋求个人利益的最大化，这个时候，就会政者不正。

市场经济下，货币执行重新划分社会等级地位的巨大功能。这是共产党以前没有遇到过的，也是一些官员顶不住的原因。

不是一句"为人民服务"就能让他守住底线，守护自己的心灵。他要搞钱，货币标准跟人的本性找到一种契合，人性中原来被禁锢的欲望都得到释放。这使得整个党政系统面临一个突然的金钱世界的来临，于是腐败就不可避免。

玛雅：中共十八大以后重拳反腐，推出了一系列廉政建设措施。如果不能遏制腐败，共产党将自毁长城，在中华民族最有希望的时候功亏一篑。

曹锦清：这种可能不是没有。如果共产党里某些掌权人，经不住自己通过权力获取物质利益的诱惑，物质利益最大化以后，他希望这个利益私有化，把原来多少对他还有点制约的共产党和社会主义的旗号都丢掉，只为自己，不守护这个民族，那就是背离"天命"。

既然我们民族选择了这个党，这个党就应该承担，但是有些人可能不承担。秦和隋天命都在，是统治者自己丢掉了，背离了天命。共产党取代国民党，建立了政权，经过70年的奋斗强大起来，中华民族的百年复兴已是百尺竿头，这个时候，怎么能把赋予自己的"天命"不承担了呢？

玛雅：从这个意义来说，从严治党，有腐必反，是实现中华民族复兴梦的前提条件。

曹锦清：这是个大问题。腐败不治，对执政党自身是最大的伤害。习近平讲："为政清廉才能取信于民，秉公用权才能赢得人心。"否则，就只能高度依赖经济的持续增长和就业的充分供给来维系政权。而单凭物质性的手段，就比较脆弱，一旦出现重大波折，会非常危险。所以，反腐绝不是一句空话。不论什么人，不论他职务多高，只要触犯了党纪国法，都要受到严厉惩处。因为这个天下不是你的，你是代天下守天下。"天命"赋予你了，你不能只为自己，你要守护这个民族。

西方政党是代表党，中国共产党是领导党

玛雅：如果说，共产党今天管理着一个完全不同的社会——一个处在社会主义初级阶段的社会，它要继续引领这个民族往前走，是否需要建立一个新的历史观，来维护自己的执政地位？

曹锦清：共产党从革命党转变为执政党，需要寻找一个新的叙事，但是重新建立一个史观谈何容易。所以前些年党内就出现重大分歧，有人说要换旗，换掉共产党和社会主义的旗，举第二国际社会民主主义的旗。我说这些人是政治上的盲人。换旗怎么换？原来的旗是为1949年叙事的，为共产党的执政

地位叙事。所以说，史观的丧失带来了迷茫，重建史观我们遭遇到许多困难。

玛雅：主张换旗是痴人说梦。中共十八大说得很清楚，不走封闭僵化的老路，也不走改旗易帜的邪路。

曹锦清：既不走老路，也不走邪路，正路是中国特色社会主义道路，在这条路上要树立"四个自信"——道路自信、理论自信、制度自信、文化自信。一个追赶中的国家要达到自身的道路自信乃至"四个自信"，这在世界上还从来没有过。

从当代政治来讲，重建史观是重要的，因为共产党是领导党。领导党的责任是什么？你要告诉这个整体，中国从哪里来，现在何处，未来到哪里去。所谓领导就是共产党引领我们走，我们跟随它的引领。所以对共产党来讲，目标特别重要，按照这个目标设定历史发展的脉络特别重要。你有一个目标，人民认同你这个目标，愿意跟你走，认同你有这个能力，这个能力叫执政能力，你的领导权是从这里获得的。然后你通过分步实施，大体上获得成功，你的领导权就稳固了。一个领导党一定要有历史观和整体观，你是为整体的和未来的目标服务的。

玛雅：这也是中国共产党和西方政党不同的地方。西方政党是利益集团的代表，不是整个民族的守护者。

曹锦清：所以我叫它代表党。理论上讲，西方民主制不需要领导党，因为整体不在了，只有一个一个利益集团。这种代表党所代表的利益也不在过去和未来，它在当下。西方那套制度和它的社会是配套的——个体的、市场的、当下的，里面组成不同的利益，然后由不同的党来代表。这个党上台代表不好，四五年再换一个，永远反映了所谓变动着的舆论情绪。这种情绪是通过民意测验和选举票数来表达的，甚至把卢梭"公意"这个词也去掉了，就只有众意了。卢梭研究公意和众意两个词，公意是永远指向整体和长远的根本利益的。后来在黑格尔的历史哲学里，公意变成了历史演进的逻辑。在列宁的叙事里就更重要了——群众、阶级、政党、领袖，领袖发现公意。在我们的叙事里也是这样，领袖和政党发现公意，所以那时候说，听毛主席话，跟共产党走。为什么？公意在此。

西方政治学偏重于经验主义，所以把民意测验、四五年一选看得很重。当然有些深思熟虑的政治家已经发现这个问题不对了，在多数老百姓的即时表达里隐含着背离公意的可能。西方现在福利政策需要调整，可是2008年到现在10年过去了，就是调整不过来。公意在那里也没人提，没有一个政党敢代表这个公意。这个时候的公意要求各个阶层，尤其某些阶层把裤带收紧一点儿，谁愿意呀？西方政治家们在危机面前吵吵闹闹，可是决策不了，贻误了很多调整的时间和空间。他们转过头来看我们，我们的决策集体能够发现整体的利益，有一个长远目标，能够领导这个民族一步一步实现这个目标，就凭这三点他们就只好望洋兴叹了。

玛雅：西方政要是选票驱动的，不会为了国家的整体利益牺牲利益集团的利益。而且四五年一换人，决策是短期行为，没有长远目标。

曹锦清：这可能是市场经济最终会带来的一个结果。但是中国不一样，因为还在追赶。只要把追赶作为目标，把民族复兴作为目标，而且获得了几代人百年来的支持，在当代人的意识里还存留着相当一部分，那么这个领导的党就会继续存在。

市场经济社会，从一般民众的精神需求来讲，包括知识界，对史观的要求会淡化，因为时空观念发生了变化。但是只要追赶的任务还没完成，对于执政党来讲，这就还是一个重要的问题。因为你是领导党，领导的理由就是百年使命，实现民族复兴。你有这个能力去判断、决策和领导，你就能获得民众的拥护，你的执政地位就有合法性。

共产党"天命"还在，
对中华民族仍负有责任

玛雅：俄罗斯2018年12月民调结果显示，由于对国家现状失望，越来越多的俄罗斯人对苏联解体感到遗憾。怀念苏联的受访者达到了66%，是14年来的最高水平。

曹锦清：这就是为什么我认为，中国目前这个政体是承担了它的使命的。至少满足我认同的三个价值：民族团结、社会稳定和经济可持续发展。一个稳定的执政集团，对当代和未来一段时间的中国来讲是必要的。共产党今天还在引领这个民族，完成社会转型这样一个历史重任。这个历史重任还在，也就是"天命"还在。

玛雅："天命"在今天指的是什么？

曹锦清："天命"就是说，中国结束了近代积贫积弱的局面，正在快速崛起。我们不会称霸全球，但是要恢复和我们的人口、国土以及我们的历史记忆相称的亚洲大国的地位。这个地位一日不恢复，这个民族一日不安宁。这个"天命"也是一种传统的关于历史的叙事——我们恢复在亚洲的位置，因为我们之前的几个王朝每一个都到了这个位置。这样，我们民族的记忆就衔接起来了，我们心里就安宁了。

玛雅：就是说，共产党承担着带领中华民族恢复亚洲大国地位的重任，所以它肩负着"天命"。

曹锦清：共产党对中国还负有责任。第一要保证政治版图的统一，第二要维持社会稳定，第三要经济可持续发展。14亿人的转型，面临各种各样的困难和风波，可能有挫折或者大的风险，一个稳定的执政集团比较容易驾驭局面。只要它的目标这个民族的大多数人认同，它干事情就比较有把握。邓小平讲了权力集中的好处，我觉得是有道理的。很多发展中国家搞了民主制，结果很失败，政府无法有效实施政策，更没有能力应对危机。

政治版图统一、社会稳定和经济可持续发展这些问题，很多个体可能不去想，因为他有当下个人利益的诉求。那么有党的领导，有一个稳定的执政集团和稳定的政策实施，对国家的转型是有必要的。所以问题应该这样提出，而不是按照选票的数量形成一个所谓多数人的意见，把这个意见变成政策。这40年来，虽然有一些政策失误，但总的来讲还是不错的。我们对政策带来的负面效应，对贪污腐败猛烈抨击，但是中国如此快的社会转型，大体上保持了稳定，这也是了不得的。所以，不要因为有人指责中国"专制"，就被这个表面的概念迷惑了我们对当前中国政治的实质内容的审视。

玛雅：这40年的确是个奇迹。如果换一个党，或者是在其他任何一个国家，也许不会有这种奇迹。

曹锦清：这是因为有一系列的制度保障。共产党的领导是一个重要因素。再一个，土地实质上的国有化，形式上的集体所有制。虽然近年来农民失去那么多土地，但是这保证了中国快速的工业化、城市化建设，就使得将近3亿农民可以进城打工，其中一部分人已经城市化了。这是一件了不得的事。当然，处在战略机遇期，国际环境也比较好。不过现在情况变了，美国发起贸易战，公开遏制中国。

玛雅：有没有传统的因素？

曹锦清：我觉得有。中国传统上老百姓允许一个执政党的存在，允许政府去包揽一些事务，老百姓不干政也不参政，只要给他自由就可以了。包括这个党，我们认为它问题那么多，腐败、以权谋私，其实干部中的相当一部分还在承担着社会责任。2006年取消农业税，官场里没有人说不同意，包括基层的官员。收不到钱了，他们利益受损，但是他说，我们是农民的儿子，取消农业税很好，可我们现在没钱了怎么办？他这样提出问题，这不是传统吗？

儒家讲"民为贵"，这个道统被"五四"完全割断了吗？我看不见得。在自觉的意识中割断了，在不自觉的意识中依然流淌着，包括在政府官员当中。如果不是这样，这个党早就崩溃了。

中国复兴，
百年的民族主义与现代化叙事

玛雅：前面你谈到，原有的叙事中断了，造成理论上的困境。中国梦的提出能否在理论上破局，重新进行有效叙事？

曹锦清：中国梦回归到百年的民族主义和现代化叙事，其实是回到整个近代民族救亡、富国、追赶那个叙事了。民族主义叙事有中华民族伟大复兴的命题，它是讲，中国近代积贫积弱，落后挨打，现在我们强大起来了。这个叙事和现代化叙事是可以接轨的，它唤起一种近代百年的屈辱意识以及加快追赶的要求，是有相当强吸引力的。

现在讲道路自信，坚持中国特色社会主义道路，我觉得是根据发展成果来讲的。平心而论，持续三四十年的高速增长，大体保持了转型过程的相对稳定，这是一件了不起的事，西方人也感到吃惊。中国国力的提升对世界格局的影响，全世界都感受到了。尤其2008年以后，不要说周边国家，资本主义集团国家——欧洲、美国、日本，也都强烈地感受到了。这种信息返回到国内，毫无疑问对激发民族自信心起了很大作用，认为我们找到了一条正确的道路，现在是如何总结这条道路的时候了。是不是有一个中国模式存在？能不能概括出几条经验来？最近这几年很多学者在做这件事。有了这种自信，反过来要对西方学说和我们的传统学说有一个再评估。

树立"四个自信"归根结底依赖于民族自信，民族自信高度依赖于现代化的成功。而现代化成功的标准我们在百年前就设定了——赶超，与西方并驾齐驱。在改革开放40年之后来看这个目标，正如习近平所言，我们比历史上任何时期都更接近它。

玛雅：我们比任何时候都更需要自信。外媒评论，中国梦体现的是中华民族整体利益的梦想，而不是从美国梦追求美好生活出发的中国人的梦想。你对中国梦如何理解？

曹锦清：中国梦是从三个层次来讲的，第一是民族的梦，第二是人民的梦，第三是每个中国人的梦。为什么把民族和人民分开？民族的直接指称是国家，第一个梦的主体是国家。第二个梦恰恰存在一个问题，它的主体是人民，但是在市场经济条件下，人民不作为一个整体而存在，而是被市场划分成了不同的阶级和阶层，这些阶级和阶层有不同的要求。第三个层次是每个中国人的梦，它的主体是诉诸个人的。这些个人是被市场划分成各个不同阶级和阶层中的个体，他们是与职业和货币联系在一起的。

玛雅：在第三个层次，很自然就想到美国梦，个人奋斗，追求成功，实现自我价值。

曹锦清：中国梦的第三个层次——每个人的梦，只要努力都可以活得精彩，在目前情况下只是一种愿景。美国梦讲机会均等，但只讲机会均等是远远不够的，还需要机会被大量地创造出来。现在中国每年本科以上毕业生六七百万人，有几个能真正进入所谓的中产阶级？在房价的高压下，他们的生存环境极为艰难，所以他们对形势做出许多负面判断是有原因的。这是一个严峻的现实。让所有勤劳努力的人都能过上体面的生活，这个梦是实实在在的，但是实现起来有困难。市场经济展开了，资本在那里活跃着，分配的不平等是一个基本趋势。这是一个大问题。

玛雅：中国今天要解决贫富差距过大的问题，防止出现权贵社会。

曹锦清：中国近代除了要富强，还有另外一个梦，就是太平。严复当时研究了英国富强背后的不足，在《原强》中写道："西洋诚为强且富，顾谓其至治极盛，则又大谬不然之说也。"意思是说，西方虽然富强了，但是治理得不好，像儒家讲的那种太平盛世，还远远没有达到。太平盛世体现在几个方面："曰家给人足，曰比户可封，曰刑措不用。"尤其重要的是家给人足，就是老有所终，壮有所用，幼有所长，鳏寡孤独废疾者皆有所养，都是康有为《大同书》里的话。

今天这些话也进入我们全面建成小康社会的叙事了，用的句法都一样。中共十九大报告说："在幼有所育、学有所教、劳有所得、病有所医、老有所养、住有所居、弱有所扶上不断取得新进展，深入开展脱贫攻坚，保证全体人民在共建共享发展中有更多获得感，不断促进人的全面发展、全体人民共同富裕。"

严复还说："盖世之所以得致太平者，必其民之无甚富亦无甚贫。"意思是，贫富不相差悬殊。所以，中国梦包括家给人足，还包括贫富不相差悬殊。这不仅具有经济意义，同时具有社会意义，否则不平则鸣，就仇富仇官，社会就不太平。

玛雅：市场经济社会，贫富分化不可避免，但是要限制在一个社会可以接受的程度。

曹锦清：现在这个程度已经难以承受了。邓小平晚年和他堂弟邓垦讲，分配的问题要比生产的问题复杂严重多少倍。我们要用千百种方案、千百种手段、千百种政策来解决这个问题，不解决这个问题是不行的。

总之，第一个层次的中国梦是最重要的。我们还没有赶上西方，还得继续追赶，在赶上之前这个气不能泄。这种追赶的要求把自由主义那种内在的要求消减一些，否则以自由主义为本位，中国就真的落入"中等收入陷阱"，前功尽弃了。毕竟现在是一个国家和民族的力量来和国际力量竞争抗衡；没有国家的力量，没有巨大的国有企业的力量，在全球的竞争中怎么可能不败下阵来？一旦败下阵来，政治和金融这两个领域再彻底开放，已经积累下的财富很快就会被吸光。中国要是"民主"了，西方势力马上会涌入，各种NGO、反对党呼啦一下就来了，很快可以控制你，操纵你的国家政治，甚至让你国家分裂。

一个贯穿百年的诉求，一个典型的中国梦

玛雅： *如果那样，中国复兴的梦想就将化为泡影。*

曹锦清： 这就是为什么我认为，目前这个政体是承担了它的使命的。追赶的任务在一步步扎实地向前推进，确实比有史以来更接近我们的目标。再给我们二三十年的和平，这个目标就能实现，百年的屈辱可以彻底清洗，民族的自卑感从此消失。

所以对第一个梦——中华民族的伟大复兴，我们这些有着近代记忆、有家国情怀的人是认同的。这批人已经在中产阶级以上，基本是精英了，但只要对近代有点感觉，对追赶有点热情，对这个梦的成功实现还是寄予深切希望的。这个不是美国梦，是典型的中国梦，大概也只有在中国比较强劲。这个梦没有这几个条件不行——一个曾经辉煌的民族，近代在西方压迫下急剧衰落而激发的一种奋起抗争，摆脱积贫积弱的苦难，在较快的时间里富强起来，与列强并驾齐驱。

玛雅：这真的是百年梦。就像外媒所说，中国梦成为实现民族复兴的精神旗帜。

曹锦清：这是百年梦。"富强"这个概念是洋务运动时期被召唤到当下意识的。在西方列强坚船利炮的压迫下，在殖民深化的危机中，它进入到中国近代民族的主体意识中。甲午战争后有了"救亡"的概念，因为列强要瓜分中国。在那样一个形势下，救亡第一，所以救亡的意识是被甲午战败呼唤到我们民族的意识当中的。在救亡意识中，严复将西方的进化论吸收进来，使得一个讲循环史的民族，一个讲退化历史的民族，变成了一个面向未来的民族，一个讲进化、讲自强的民族。"进步""发展"这些概念就是在那个时候被召唤到我们民族意识里的。现在讲四个现代化、发展是硬道理、科学发展观，这些概念已经牢牢树立起来了。

玛雅：因为我们懂得了落后就要挨打。

曹锦清：中国向西方学习，都是作为手段，目的是为了富强。富强和复兴是中国近代的一个主线，甲午战争以后就深深地注入这个民族的主体思维中了。国家要富强，学习追赶西方，而且时间要短。康有为向光绪帝上书《日本变政考》就讲，按他的方案改革，10年就能与列强并驾齐驱。孙中山也讲10年。新中国成立后一直在追赶，1964年第三届人大提出，到2000年实现四个现代化。邓小平后来把时间拉长了一点儿，分三步走，第三步是达到中等发达国家人均GDP水平。邓小平没有说追上发达国家，但是他心里可能会想到，如果那时中国 14 亿人，人均 GDP 在中等发达国家水平，GDP 总量肯定世界第一了。这是一个贯穿百年的诉求，这些话你去和香港一些高级知识分子讲，尤其和台湾的国民党人讲，和海外老华侨讲，一般都会认同的。

玛雅：新中国 70 年走完了发达国家几百年走过的工业化道路，我们的现代化追赶历程艰难而悲壮。正如习近平所说，"无论是在中华民族历史上，还是在世界历史上，这都是一部感天动地的奋斗史诗。"

曹锦清：确实如此。我和国内很多搞科技的人谈过，世界先进技术，尤其是尖端技术，花钱是买不来的，用市场也是换不来的，只能走自主创新的道路。这次中美贸易战，更加证明了这一点。这是一条十分艰难的路，我们突破这些重大尖端技术大概还要二三十年时间。二三十年后，如果能在这些技术上全面突破，我们的综合国力就可以进一步上升，大量的中产阶级职业将会形成。

这些职业归根结底是从国际市场来的，这将使发达国家的就业进一步流失，可能进一步流向中国，那它们的发展就会成问题。这对西方来讲怎么办？说太平洋能装下中美两个大国，其实也有一定的零和博弈，有相成的一面，也有相对的一面。2013 年 7 月皮尤研究中心在全球 39 个国家和地区的一项民调显示，全球越来越多的人认为，中国终将取代美国成为世界超级强国。其中对此最为肯定的国家包括加拿大、西班牙、法国、英国和德国，认为中国将取代美国的比例都在 2/3 以上。对中国来讲，到那个时候就真正崛起了。我相信，整个近现代 500 年的历史就要重新改写。

所以我说，第一个层次的中国梦是最重要的。民族复兴的诉求要做主导，至少在 20 年之内是这样。再有 20 年的时间我们就够了。就这样照中国梦的叙事再干 20 年，中国一定会很好，中华民族也一定会对整个人类社会作出更大的贡献。

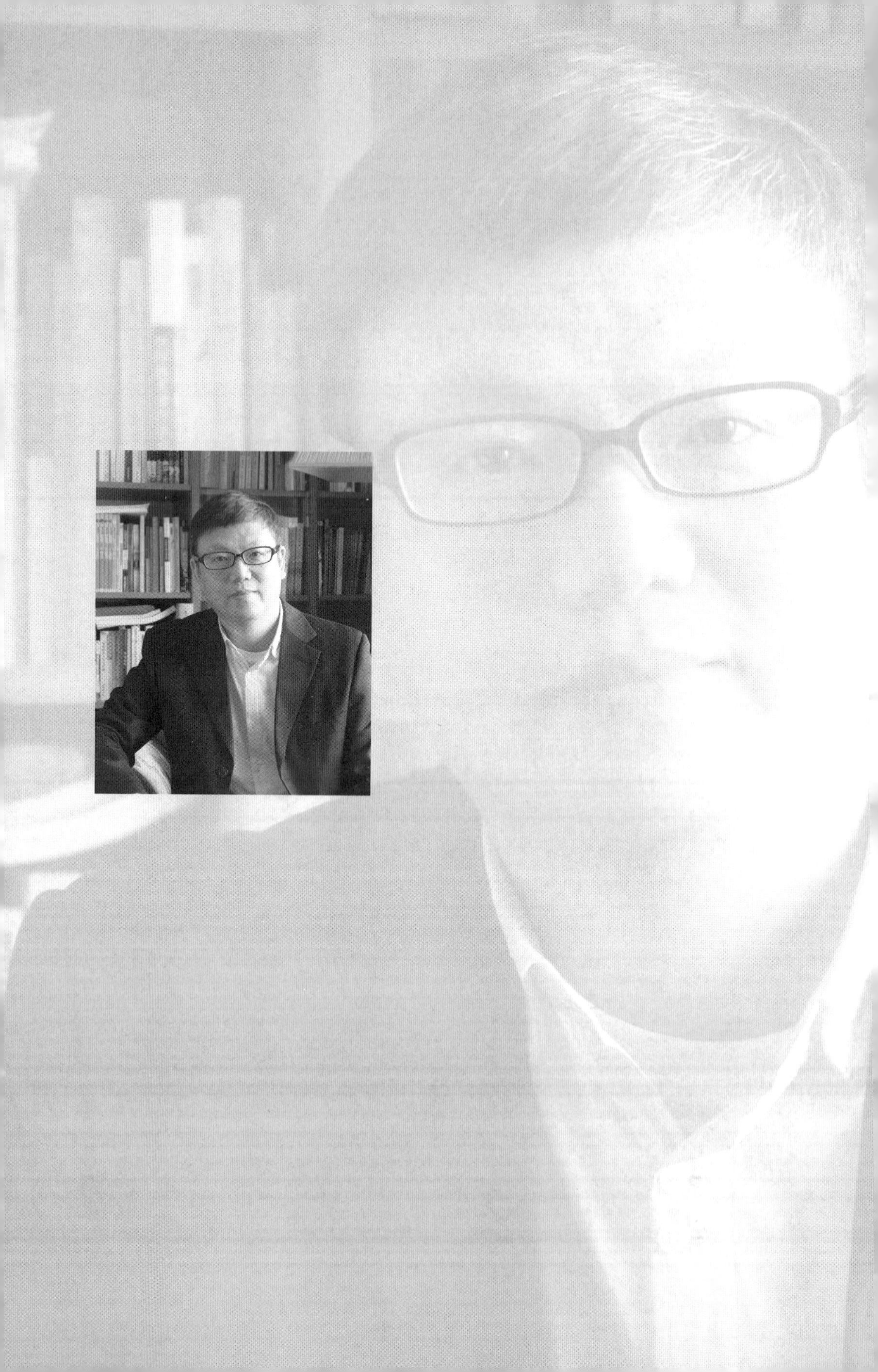

中国文化自信与普世话语构建

祝东力

中国艺术研究院副院长、研究员。主要研究方向为美学、文艺理论。主要著作有《美学与历史》《文明走到十字路口》等。

革命文化支撑中国
完成了几件大事

玛雅：改革开放以来，文艺创作呈现出这一时期的春华秋实。与此同时，毛泽东时代一些红色经典作品几十年经久不衰，为几代人所喜爱，比如芭蕾舞剧《红色娘子军》。你认为这是为什么？

祝东力：我认为，这正是革命文化的力量。从革命文化形成的过程来看，马列主义在20世纪一二十年代传到中国，开始主要是作为一种"主义"或者理念；经过20年代末到30年代的中国社会性质论战和社会史论战，建立了中国化的现代社会科学，同时出现了左翼文艺的繁荣；再到40年代，特别是在毛泽东《在延安文艺座谈会上的讲话》之后，文艺革命化、本土化，出了很多作品和人才。当然更重要的，是从20年代到40年代的实践经验，共产党搞的工运、农运直到军事斗争和社会改造。这样，就形成了一种色彩鲜明的、战斗性的"中国革命文化"。

这种革命文化刚健、质朴、高亢，非常富于感染力。"刚健"是因为战争环境，"质朴"是因为阶级背景，"高亢"是因为理想主义，不仅要解放中国、改造中国，而且要解放全人类、改造世界。它很好地完善和升华了中国传统文化中的"天下"观念和"大同"观念，同时又注入了强烈的战斗性的精神。

玛雅：因此成为共产党人的精神食粮。

祝东力：这种革命文化作为一种强大的精神动力和资源，长期支撑着现代中国，先后做了几件大事：第一是走出近代陷阱，实现了国家独立和民族解放，建立了共产党领导的人民政权。第二是快速工业化，在短短20多年时间里，建立了现代工业体系——可以说，这是在长城和大运河之后，中国历史上的第三个千年工程。第三是从抗美援朝到援越抗美，打破了以美国为首的西方阵营对中国的战略包围。第四是进行了一系列制度探索和试验，在1956年社会主义改造之后，又发动了一系列的政治运动。

这种革命文化产生了许多经典作品。你提到《红色娘子军》，这是中国文艺舞台上公认的一部成就最高的红色经典。2007年9月，国家大剧院建成后首场演出，上演的就是这个剧目。这是1964年的作品。所以我认为，新中国70年来，真正能够代表中国现代文化和艺术成就的，还是这部毛泽东时代的作品。

玛雅：从1964年首演至今，这部舞剧累计演出约4000场，受到国内外观众追捧。这种经久不衰的盛况说明，革命文化的强大精神力量，深深蕴含在那个年代的经典作品之中。这种精神力量在我们今天的日常记忆中已经褪色，但是当重新回顾这些作品时，我们发现这种力量是不朽的。

祝东力：现在喜欢说那个时代是"激情燃烧的岁月"，其实当年的"激情"不是没来由的。并非仅仅是"激情"，当年的理想是解放中国，解放全人类，摆脱一切剥削和奴役。你可以说它是乌托邦，但它在当时足以激动人心，能够把一切寻求理想的人们，或者还有一点儿情怀的人聚集起来。

2003年是法国的中国文化年，《红色娘子军》到法国巡回演出一个多月，共19场，场场爆满。法国权威舞蹈评论家们对《红色娘子军》的内涵和价值给予很高的评价，认为它已经是人类文化遗产的一部分。法国是芭蕾的故乡，50年前创作的《红色娘子军》在当代能产生这样的影响，不是偶然的。实际上，当年中国革命反抗一切剥削和奴役的理想是人类真正的普世价值。还有它在艺术上取得的成就，都是能够被后世共享的。

玛雅：说到普世价值，毛泽东时代中国的意识形态是"出超"的，何以变成了今天的"入超"？

祝东力：上面说过，"革命"意识形态支撑现代中国做了几件大事，其中第四件是社会主义制度的探索和试验。正是在这第四件大事上遭遇了失败——以"文革"的挫折为标志，在当时人们的观感印象中，这不但抵消了前三件大事的成功，甚至吞噬了这些成功。"文革"失败后，中国在意识形态上发生了一次"硬着陆"，我们的文化自信和文化领导权也随之失落。

开放时代中国文化自信的失落与上升

玛雅：从那以后，在国际意识形态领域，西方"普世"的逻辑占据了制高点，形成西强我弱的局面。即使在今天，中国在政治上、军事上和经济上已经站起来了，但是在西方面前，很多知识精英还跪着，表现出一种内在的卑怯和不自信。你对文化自信的问题怎么认识？

祝东力：首先需要对文化自信有一个理解。所谓文化自信就是一种对自身文化所拥有的价值的信心——是处在两种以上文化相互作用，相互交流、竞争的环境中，面对其他文化而形成的一种意识状态。对于中国来说，文化自信，主要是针对西方文化领导权的压力和挑战而对自身文化价值的自觉。近代以来，这种中国文化自信的确立，经历了两次重要尝试。

第一次是从"五四"时代起，到国民革命、土地革命、抗日战争、解放战争和新中国前30年，经历了从成长到高涨、鼎盛，最后泡沫化的过程。

西方现代文明的主流模式是资本主义。1914年到1945年，资本主义全面危机导致两次世界大战爆发，在西方文明的半外围和外围地区，从俄国到中国，出现了克服西方文明主流模式的政治经济实践。现代中国由此走出半殖民地半封建社会的陷阱，在探索独特的中国革命道路的同时，也初步形成了自己的文化，即为几代人所熟悉的那种以《黄河大合唱》、解放区文学、纪念碑、中山装、样板戏等标志性作品为代表的刚健、质朴、高亢的革命文化。前面说了，"刚健"是出于战斗性，这是长期军事斗争孕育的风格；"质朴"的背后是底层的阶级属性和长期的艰苦环境；"高亢"表达了理想主义，这是源于由一套哲学社会科学支撑的革命世界观和历史观。由此，中国也摆脱了自清末民初以来的殖民地心理，面对西方世界，表现出一种建立在伟大的政治实践基础上的文化自信。20世纪50年代到70年代，这种文化曾大规模输出，不仅在亚非拉，也包括美、日和欧洲国家，从穷乡僻壤的游击区，到繁华都市的大学校园，中国作为世界范围内的先进政治和先进文化的代表，曾名重一时。

20世纪70年代前期，由于"文革"的挫折，一种民族失败主义情绪开始蔓延。向西方敞开国门后，处于前期工业化阶段的中国社会，特别是日常民生的清贫简朴，与正进入后工业社会的美日欧各国，的确反差强烈。80年代，中国知识界反传统、反体制成为潮流。到冷战结束，在美国单极主导的全球格局下，中国由几十年政治实践而建立起来的文化自信走向最低谷。确立文化自信的第一次尝试到此结束。

玛雅：1991年苏联解体，东西方意识形态长期对峙的主义之争，凝滞在"历史终结"的一瞬间。

祝东力：冷战后，意识形态淡出，民族国家突显。1996年，《中国可以说不——冷战后时代的政治与情感抉择》这本畅销书，集中表达了针对美国霸权的民族主义情绪和思考。该书销量超过300万册，标志着中国民间的文化自信开始触底反弹。1999年北约轰炸中国驻南联盟大使馆事件，更让20世纪八九十年代成长起来的新一代，重新认识了已经变得陌生的帝国主义本质。

玛雅：那次"误炸"，炸醒了一大批中国人。一些在美国的留学生就是在那以后，从"普世派"转变为"中国派"。

祝东力：20世纪90年代中后期，面对冷战结束后全球化的国内外环境，中国共产党把国家发展战略的总目标重新表述为"中华民族伟大复兴"。这同时也意味着，把民族传统文化作为一个特别重要的精神和思想资源，意味着思想文化领域的一次重大战略选择和调整。

新世纪第一个10年，一方面，后冷战进入反恐时期，美国国力严重消耗于阿富汗和伊拉克这两场战争中。另一方面，全球化掏空了发达国家的中低端产业，造成失业贫困人口大量借贷消费和政府大量支出；长期看必然危及财政—金融—银行体系，其结果就是2008年爆发的国际金融危机，导致世界经济全面衰退。

反观中国，自20世纪70年代开始，近代以来的"救亡"主题让位于"发展"主题，革命逻辑被现代化逻辑所取代。70

年代末开始的大规模经济实践，经80年代末90年代初的震荡和调整，从90年代起持续快速增长，先是幸运地渡过了1997年亚洲金融危机，之后又在2008年国际金融危机和经济衰退中保持了相对稳定。近年，经济总量先后超越法、英、德、日，居世界第二。

以经济实力为支撑，从20世纪80年代到新世纪初，不过20年左右的时间，中国与西方经济的总体力量对比发生了质变，当年关于西方社会的各种不切实际的幻想迅速消失。投射到文化心理或意识形态层面，就表现为民族自信心的恢复和上升。

玛雅：于是出现了确立中国文化自信的第二次尝试？

祝东力：是的。在这种宏观经济的大背景下，2008年北京奥运会具有划时代的标志性意义。尤其是开幕式，富丽堂皇的恢宏场面以及美俄等国首脑的莅临，使之成为一次名副其实的全球性盛典，也仪式化地呈现了"中国崛起"这一世界性的主题。

值得注意的是，奥运会开幕式以2008人击缶吟诵的场面开篇，自始至终都充斥着古典中国的各种符号。这种情况在20世纪八九十年代是无法想象的。事实上，中国经济自90年代初以来高速增长，经济总量大幅提升，的确使得自"文革"结束以来严重流失的民族自信心开始恢复。进入新世纪以来，文化保守主义日益成为一种强劲的思潮，席卷左右翼思想界。双方都在向传统示好，向传统寻求资源和力量，例如左翼提出"儒家社会主义"，右翼提出"儒家宪政主义"。民间的思潮呼应了执政党的核心理念，即"中华民族伟大复兴"。这个理念自1997年中共十五大报告提出，以后逐步完善、定型，近年被界定为"中国梦"的主要内涵。

自信心恢复的另一个表现，是"中国模式"的提出。2008年恰逢改革开放30周年，"中国模式"作为理论界的一个重要命题而引人瞩目，被广泛议论。与这个命题相近的还有"中国道路""中国经验"等表述，是后来官方总结的"道路自信、理论自信、制度自信、文化自信"的学术理论版。以中国模式的提出为标志，泛左翼——包括20世纪90年代中后期出现的新左派，完成了国家主义的转向。对于新左派来说，这是其原先的基本立场在中国崛起背景下的进一步延伸。

玛雅：这种自信心在年轻人当中也十分突出，出现了一大批年轻的爱国主义者。

祝东力：国家主义转向也表现在民间舆论界，标志性事件同样发生在2008年。这年4月，奥运火炬在海外传递期间，由于受到反华力量阻挠，激发了海内外华人，特别是"80后"一代的大规模抗议。这些80后，时称"四月青年"。之后，许多人以网络为发言的平台，维护国家利益，并与反体制的"公知"相对抗，构成思想文化领域一个非常重要的现象。

另一方面，在思想界以外的流行文化领域——音乐、设计、建筑、服饰、动漫等，则出现了"中国风"现象，即大量使用中国元素进行创作的潮流和趋势。比较有代表性的是周杰伦

2007年的歌曲《青花瓷》。此曲把古典中国的流风余韵汇入后现代语感，用一种很"潮"的时尚的吟唱风格表现古典的意境和韵味，传达出一种发自内心的、对中国古典文化和文明的自豪感。

没有利益共享，就没有普世价值

玛雅：中国崛起、中国模式、中国风、中国梦，这些概念所折射出的政治、经济和思想变化，却还没有改变意识形态领域西强我弱的局面。

祝东力：总体上看，的确还没改变。但毕竟，西方制度模式和话语体系正在衰落。从17世纪至今，西方的全球霸权经历了荷兰、英国、美国三个阶段。20世纪70年代后期开始，现代世界史从"战争与革命阶段"进入了"资本全球化阶段"。由于生产要素的成本上升，西方发达国家的制造业向发展中国家转移，其社会内部逐渐积累了大批失业贫困人口，中产阶级流失，社会贫富分化。近年来美欧爆发的金融危机和债务危机，其实都是实体经济严重衰落的结果。这个过程还会持续下去，未来美欧不可避免地将由金融危机、经济危机，进一步升级为社会危机、政治危机。

另一方面，中国经济总量快速增长，2018年超过13万亿美元，约为美国经济总量的65%，用不了多久就将超过美国。这一进一退的结果，在许多中国人眼里，20世纪80年代以来西方国家头上的神圣光环消失了。

玛雅：经济基础决定上层建筑。这句话在国际关系领域意味着，谁能够创造财富，推动世界经济增长，谁就能拥有话语权。中国和西方在经济实力上的一进一退，也使得西方话语的影响力大大衰减。

祝东力：西方话语依托于西方的经济、社会、政治状况。在工业化、城市化过程中，主流人群要求更多的社会参与和政治权利，民主化是一个必然趋势。但是民主、宪政、人权这套"普世价值"的实现是有条件的，就是社会内部不能有太大的利益冲突和矛盾，因而可以用舆论、法制、选票等形式进行沟通、协调和平衡。也就是说，这是一个比较同质化的社会，它需要有一套比较完备的社会救济、保障和福利制度作为基础；这又意味着国家要有强大的财政能力，强大的财政又依托于繁荣的宏观经济。相反，如果不具备这些条件，在一个被利益撕裂的社会，基本秩序就往往要靠强制和暴力来维持。第三波民主化以来，民主宪政这套制度在非西方国家传播和实行，但其结果经常使当地社会陷入动荡或停滞，就是因为缺少西方国家那样的社会经济条件。

玛雅：在西方模式和话语影响力衰落的情况下，如何才能确立中国的文化自信，扭转意识形态领域西强我弱的局面？

祝东力：西方整体的综合实力无疑正在下降，其话语影响力也在衰落。确立中国的文化自信，必然以应对西方文化挑战、解除其文化领导权为前提。西方在冷战后宣扬和推行的"普世价值"，包括人权、自由、民主、宪政等内容，主要是在文艺复兴以来的历次思想运动和政治革命中形成的价值观，当然有其进步意义。但问题在于，西方各国之所以能一定程度上在国内实行这些价值，不仅是建立在必要的经济基础之上，而且是经过长期社会运动的结果，并非一蹴而就。

更重要的是，500年来一直是西方世界的扩张史，西方现代化的启动和完成均以长期掠夺、奴役、榨取其他种族为前提。西方国家从外部汲取资源和财富，缓和了国内矛盾，也就向外部转移了贫困，以及与贫困相伴生的愚昧、动荡和暴力。这一殖民——帝国主义的历史债务不仅远未被清算，而且这种汲取体制迄今仍以改头换面的形式在维系。可以设想，如果这个汲取体制瓦解，西方貌似运行有效的福利制度、民主政治、行政系统和公民社会，也都将陷于危机。

正是由于西方所宣扬和推行的"普世价值"是以全球汲取体制为前提，一旦停止汲取，这些价值的经济社会基础便不复存在，因此这些价值其实恰恰不具有普遍性。实际上，没有全人类的利益共享，任何"价值"都无法"普世"。

玛雅：你这个观点很深刻，是解构西方价值和话语体系的有力依据。

祝东力：西方文化领导权的丧失与中国文化自信的恢复是一种此消彼长的关系。就中国来说，目前文化自信仍未超越恢复阶段。另外，文化是一种更内在、持久、稳定的素质，无论是上一个历史时期，还是当前历史阶段，文化自信的两次建立或恢复的尝试，在很大程度上都是依附、依托于同时期成功的政治实践或经济成长，文化自身仍缺乏足够的积累和建树。尤其重要的是，当前中国的文化自信所认同的那个"文化"，究竟是属于哪一个中国——是古典中国、红色中国，还是市场中国？不同文化最终指向不同的利益群体，因此，我们提出一个不同群体的利益整合，即改革发展成果共享的问题。

围绕"民生和发展"
构建中国的普世话语

玛雅：解除西方文化领导权、建立中国文化自信，一个是解构，一个是建构，意味着中国需要建立自己的话语体系，与西方展开软实力的竞争。在这方面应该怎么做？

祝东力：前面说过，西方所谓"普世价值"并不普世，它有相当高的社会经济的门槛。归根结底，民主宪政等社会政治权利是以民生、发展等社会经济权利为前提条件的。目前全球70亿人口中，仍有10亿以上长期处于饥饿状态，有25亿人没有基本卫生设施——这就是全球1/7或超过1/3人口的生存状况。在现代经济技术条件下，民生、发展问题长期得不到解决的国家，一定是失败国家，国民素质、贫富差距、社会矛盾、治安状况、政府效率等等，都处在很糟糕的水平。以印度为例，12亿人口，70%日均收入不到2美元，国内存在大片的反政府游击区。在这样的社会土壤中，从西方引进的民主宪政，就只能是少数西化的精英阶层的政治权利和政治游戏，广大的贫困人口可能反而成为受害者。

玛雅：千真万确。印度权贵主导的民主（elite-dominated democracy）非但没有带来良政善治，反而给权贵集团追求自身利益最大化披上了合法性外衣。这个所谓的民主大国,饥饿问题世界之最。根据国际粮食政策研究所近年的《全球饥饿指数报告》,印度的饥饿问题比朝鲜还严重。全国处于饥饿或营养不良状态的儿童人口超过1亿,每天数千名儿童因饥饿而死亡。美国《独立宣言》开篇称:人人生而平等,拥有生命权、自由权和追求幸福的权利。而在印度的民主制度下,大量的儿童生而饥饿、生而死亡,有什么平等、自由和权利可言?

祝东力:话语不能凭空虚构,一切有力量的话语都以实践为基础,而且是以成功的实践为基础来构建的。包括西方的民主话语,也有其成功的实践作为基础。而另一方面,当今世界,与民主宪政相比,民生和发展至少也是一种同样重要,甚至可以说更为重要,也更为根本的价值。

根据世界银行的数据,1980年,全球极度贫困人口19亿,主要分布在撒哈拉以南非洲、印度、拉美,当然也有中国;30年过去,还剩12亿。1980年,印度的极度贫困人口占全球总数的比例是22%,30年后上升到33%;撒哈拉以南非洲和拉美或者继续恶化,或者未见好转。只有中国,30年取得的进展举世瞩目,极度贫困人口占全球比例从43%降低到13%。近几年,中国进一步脱贫攻坚,要在2020年消除全部贫困人口,全面建成小康社会。

我们都目睹了汶川地震后的大规模重建过程:19个省市以不低于1%的财力对口支援重灾县市三年,政府主导加社会协同,举国体制加市场机制。结果,震后仅仅两年,崭新的城镇、村庄就拔地而起，原来的灾区实现了经济、社会、文化、生态建设的全方位跨越式发展。这说明，以中国现有的经济实力，完全有能力解决民生和发展问题。

玛雅：这既是事实，也是中国的一贯立场。生存权和发展权是首要的人权，也是享有其他人权的基础。

祝东力：这无疑是正确的。当然，中国的问题也不少。几十年来，官场腐败、贫富分化、道德滑坡、生态恶化等等，构成了中国今天的困境。尽管如此，凭借目前各方面的条件，特别是"政府主导＋社会协同""举国体制＋市场机制"这种中国特有的制度优势，以及世界上最庞大的生产和建设能力，围绕"民生和发展"，我们完全可能构建一套既是中国的，又是普世的新型话语。这个顺序很重要，一定先是中国的，然后才能是普世的。就是说，先要把国内的民生工作做好，然后才能被世界认可，才能使"民生和发展"作为一种新的话语传播开来。

扭转意识形态领域西强我弱的局面，目前中国尚处于"战略防御"阶段。作为一种设想，未来，如果中国能够围绕"民生和发展"，构建出一套既是中国的，又是普世的新型话语和价值观，与西方那种口惠而实不至的"民主和宪政"相对抗，那么在意识形态领域，中西之间就可能形成某种"战略相持"的局面。最后，要想彻底扭转这种西强我弱的局面，则必须颠覆不平等的国际政治经济秩序，彻底清算殖民主义和帝国主义的历史。只有这样，才能召唤世界大多数人民，真正取得话语主动权，对西方形成围堵之势。这大概可以看作是"战略反攻"阶段。那时，随着西方宏观经济进一步衰退，其民主政治、市民社会由于失去经济基础，必然发生动摇、陷于混乱。届时，大概就是西方要进行经济改革和社会改革的时候了。

恢复我们作为汉语写作者的文化自信

玛雅：中国的文化自信正在恢复，要成为一个文化大国，必须完成价值观的重建。

祝东力：如何重建核心价值观？在当前，首先必须做的一件事，就是重建中国改革和发展的道义基础。由于人均资源的硬约束，中国必须优先考虑绝大多数人的利益和感受——这是重新获得道义基础的前提。有了这个道义基础，正气才会上升，核心价值观才能重建。换句话说，中国必须走共同富裕的社会主义道路，逐步调整社会利益结构，恢复人口与财富比例的大体平衡。

重建核心价值观，也需要有一批新型的精英产生。一种新文化不是设计或阐发出来的，而是践行出来的，是干出来的。这就需要新人——他们必须有觉悟、有承担，投入新的事业，在完成新事业的过程中，塑造新的文化。

玛雅：塑造新文化，需要树立好的文风。习近平上任后，在各种场合的讲话中语言生动、活泼、平实，比如"鞋子理论""扣子理论"，在文风方面带了一个好头。

祝东力：领导人的文风非常重要。我记得多年前《读书》杂志上龚育之写过一篇文章《毛与胡适》，说胡适讲过，共产党里写白话文最好的就是毛泽东。我们今天读《毛选》，那些文章还是那么生动活泼、酣畅淋漓。

玛雅：网上有篇文章说，毛主席写公文"文字兴致勃勃"。相比之下，今天的官方语言被诟病为"呆板、枯燥、生硬、僵化、教条"。

祝东力：毛泽东第一次谈文风问题是在1938年9月，他在中共六届六中全会上那几句名言我们都很熟悉："洋八股必须废止，空洞抽象的调头必须少唱，教条主义必须休息，而代之以新鲜活泼的、为中国老百姓所喜闻乐见的中国作风和中国气派。"从延安整风开始，奠定了一种新的文体，可以叫作毛泽东文体。毛文体影响了几代知识分子，按李泽厚《中国近代思想史论》的说法，至少三代人：从抗战初期登上历史舞台的"三八式的一代"，到20世纪四五十年代的"解放的一代"，再到"文革"中的"红卫兵的一代",都深受毛泽东文体的影响。

玛雅:李陀先生在评论作家丁玲时说:知识分子接受毛泽东话语,是因为这个话语本身是"一种和西方现代性话语有着密切关系,却被深刻地中国化了的中国现代性话语"。正因为这一话语解答了现代中国的问题,才使得无数像丁玲这样的知识分子被感召,心甘情愿地进入毛话语体系,并参与具体实践。

祝东力:20世纪80年代后期,文学研究、文艺研究、文化研究乃至整个人文学科领域,开始出现一种新的洋八股,一直持续到今天。其中的根本原因,就是前面一再谈到的,80年代末90年代初冷战结束后,中国知识分子的文化自信严重丧失。写文章的时候,心目中或隐或显总有一个欧美学者的范文,有一个"样板间"。洋八股的根源是洋教条,洋教条的根源是文化自信的丧失。

文风与文化自信心密切相关。为什么要洋腔洋调?就是因为似乎那样才是学术,特别是因为谈论的问题是从欧美照抄照搬过来的,言说的对象也是所谓国际学术界,即欧美的"大V"们。似乎只要是纯正的汉语表达,就不是学术。作家张承志说过,敢不敢朴素化是一个标准。有些著名学者,如果用大白话把话真说明白了,其实会索然无味,因为没什么真正深刻的思想可言。这就像许多当代艺术作品,根本没什么思想和创意,但一定要弄得神秘莫测,让大家看不懂。这就是毛主席在《反对党八股》里说的,"装腔作势,借以吓人。"所以,要改进我们的文风，首先一个前提，就是要恢复我们作为汉语写作者的文化自信。这是首要的问题。

在文化领域
建立符合群众路线的价值观

玛雅：党八股也好，洋八股也好，就是没有"老百姓所喜闻乐见的中国作风和中国气派"。共产党不会说老百姓的话，是因为脱离了人民群众。今天重提群众路线，就是因为曾经忘记了群众路线。

祝东力：你说得没错。20世纪70年代末，中国发生重大转折，革命逻辑被现代化逻辑所取代。在群众路线的问题上，也经历了相应的变化。八九十年代实行市场导向的改革——所谓市场经济就是按照价格信号来配置资源，追求利润最大化，在这个大前提下，政策、制度、文化和价值观，就一定是"亲资本"的。加上现实中的权钱勾结，以及国企改革造成的国有资产流失、几千万职工下岗，还有东亚金融危机后的经济衰退，等等，到90年代后期，很多人都感到失望、失落。同时期，各种群体性事件和社会冲突也随之增多，社会秩序和治理任务发生很大变化，所以从中央到省地县到村，设立了各级维稳机构，为了应对新的形势。

新世纪初，胡锦涛那届领导班子接任，拜谒西柏坡，提出"以人为本"和科学发展观，说明上面也在反思。中共十八大以后，新班子重提群众路线，原来的关键词是"人"，现在是"群众"。

玛雅：今天重提群众路线，和以往有什么不同？

祝东力：传统群众路线所针对的国情，今天已经发生了很大变化。当年的群众路线预设了"党—群""干—群"这种二分法，这是因为在革命战争年代或者社会主义建设时期，社会共同体的结构相对比较简单。今天中国已经进入工业化中后期，特别是在市场经济环境下，社会阶层构成发生了新的变化，出现了"新的社会阶层"中产阶级。中产阶级既不同于"党"或"干部"，也区别于传统的"群众"——群众在今天主要是庞大的底层群体。由于中产阶层的出现，传统的"党—群"或"干—群"二分法，被三分法所取代。

当今社会，可以区分出权力、资本、劳动三种要素，也是三种价值。价值结构对应于社会结构：可以说，在国家权力的右边，是围绕"资本"而形成的中产；在国家权力的左边，是凭借"劳动"而生存的底层。劳动的一方占人口绝大多数，但地位最低，价值最小。今天实行群众路线，不是领导干部走走过场，而是要让政策、制度、文化和价值观，向这个占人口绝大多数的阶层倾斜。

玛雅：群众路线涉及世界观、认识论和工作方法，在文化领域回归群众路线，应该落实在什么地方？

祝东力：具体到文化层面，群众路线不是简单的"文化惠民"，比如送戏下乡、免费图书馆等，那是枝节。在文化领域最重要的举措，是要建立一种符合群众路线的核心价值观，也就是一种"亲劳动"的，而不是"亲资本"的价值观。这就要求在权力、资本、劳动三者之间，真正提高劳动的地位，首先是经济地位，也就是说，要改变分配格局。文化总是经济、政治的反映，经济、政治层面不改变，文化无所反映，就会成为空洞的东西。这才是问题的根本。

玛雅：2019年全国两会期间，习近平对与会的政协文艺界委员谈到，为谁创作、为谁立言的问题，是一个根本问题。文艺工作者要观照人民生活，表达人民心声。你认为，在新时期怎样才能坚持文艺的人民性？

祝东力：就是我说的，要在文艺中确立一种"亲劳动"的价值观，真正表现劳动者的生活，表现他们的艰辛和高尚。为此，就应该允许表现真实的生活，包括适当揭露一些阴暗面，例如资本和权贵对劳动者的侵害和剥夺，也应该允许反映劳动者的呼声与吼声，显示他们的力量。

坚持文艺的人民性还有一个方面，就是保障群众的文化权益。例如现在遍地开花的广场舞，是群众自发组织的文化娱乐活动。各级政府应该力所能及地给予帮助，为这些普通百姓提供必需的基础设施，支持他们开展积极健康的文化活动，丰富精神文化生活。

玛雅：中国现在有超过1.2亿广场舞爱好者。具有中国特色的广场舞为广大群众所喜爱，成为健康中国、全民健身的一张名片。2018年10月纪念改革开放40周年，举行了"全国广场舞北京集中展演"。来自全国各地各民族的舞蹈爱好者欢聚一堂、载歌载舞，我当时身在其中，真切感受到他们的喜悦、幸福和憧憬，以及所传递的正能量。

从另一个角度来说，庆祝改革开放40周年，其实质应该是让改革发展成果更多更公平惠及全体人民。习近平说，"人民群众对美好生活的向往就是我们的奋斗目标。"所谓治国理政，落到关乎老百姓生活的实在处，其实就是让大家过上踏踏实实、开开心心的好日子。

祝东力：说得对。要让改革发展成果更多更公平惠及全体人民，这是坚持改革、深化改革的题中应有之义。

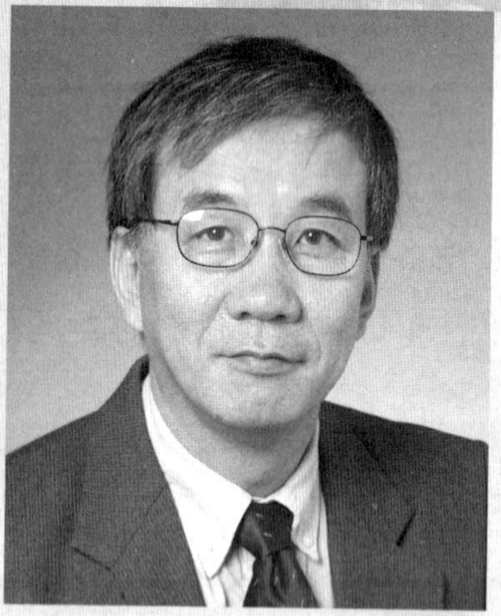

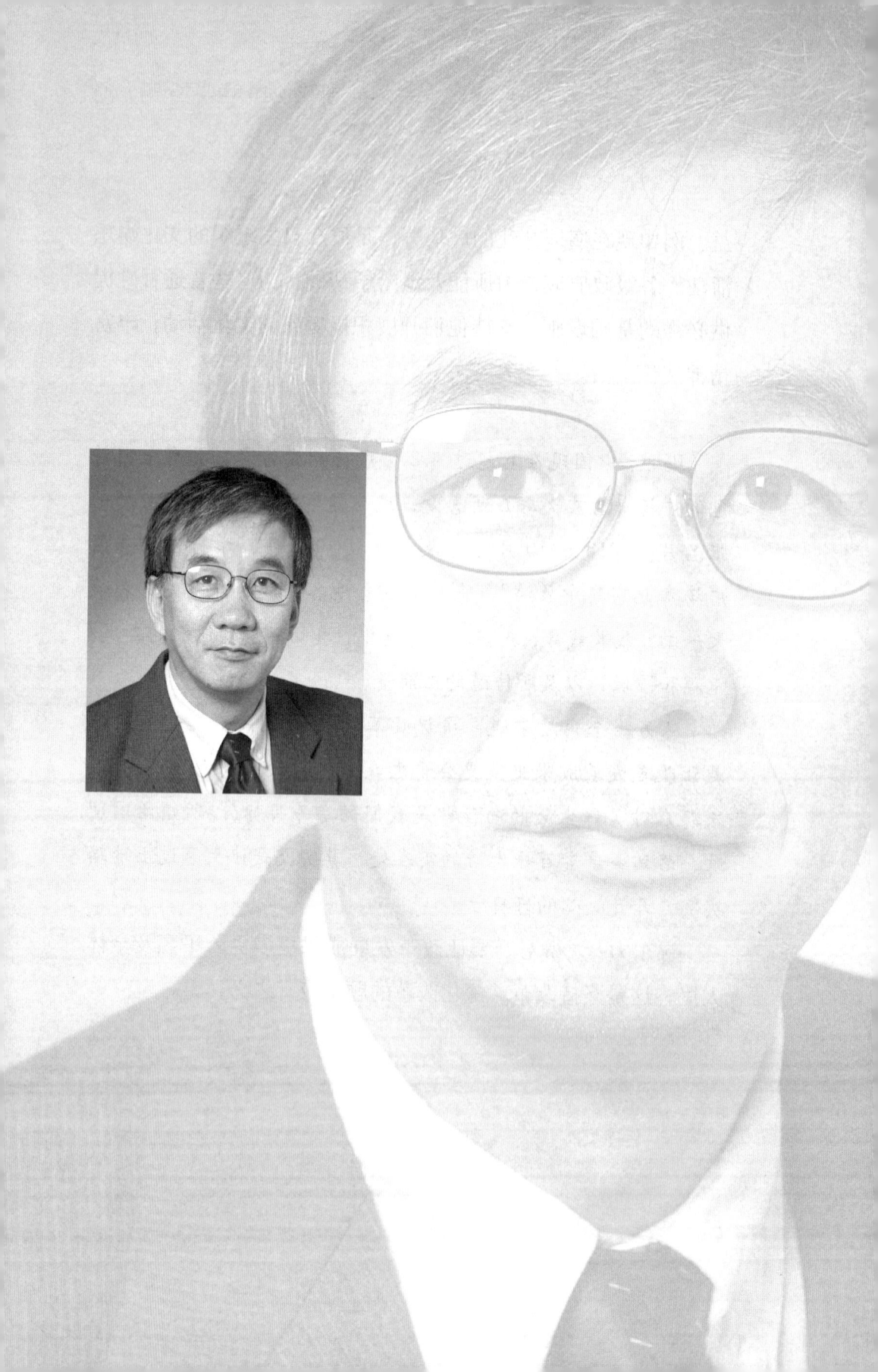

民本主义：
中国人的民主观
实证研究报告

史天健

美国杜克大学政治学系教授、杜克大学中国研究中心主任。主要著作有《北京的政治参与》(Public Participation in Beijing)、《中国人的政治态度与政治行为的带际差别》《中国农村民主》等。

谨以此文纪念史天健先生（1951—2010）。原文作于2009年3月。

超过80%的中国人认为民主比专制好

玛雅：中国经过30年的改革开放，由一个相对封闭单一的社会转变为开放多元的社会，在经济、政治、社会各方面都发生了巨大变迁。相应地，人的观念形态也出现了大的转变。你在美国执教多年，能否从海外观察的视角谈谈中国的民主政治发展，以及人的政治价值观的变化？

史天健：民主是大家都关心的一个问题。中国的民主到底是一个什么现状？我从20世纪90年代前期开始做了不少实证研究。其中规模最大的一次是在2002年，我们在包括中国在内的5个亚洲国家和台湾、香港地区做了一个调查，叫作"人的现代化"，当中有一些关于民主的问题。从这个调查的结果中，我们发现了一个可以说是比较奇特的现象。

我们问中国老百姓，下面这些说法哪一个符合你的看法：民主体制总是比其他政治体制好；在有些情况下，一个专制的政府比民主的政府要好；民主体制也好，专制体制也好，两者都一样？回答的结果是，超过80%的人认为，民主体制比专制体制好，民主体制适合自己的国家。而且从平均数来看，在我们调查的5个国家和2个地区中，中国大陆的老百姓对民主的认同，高于其他任何国家和地区。

民主的适用性

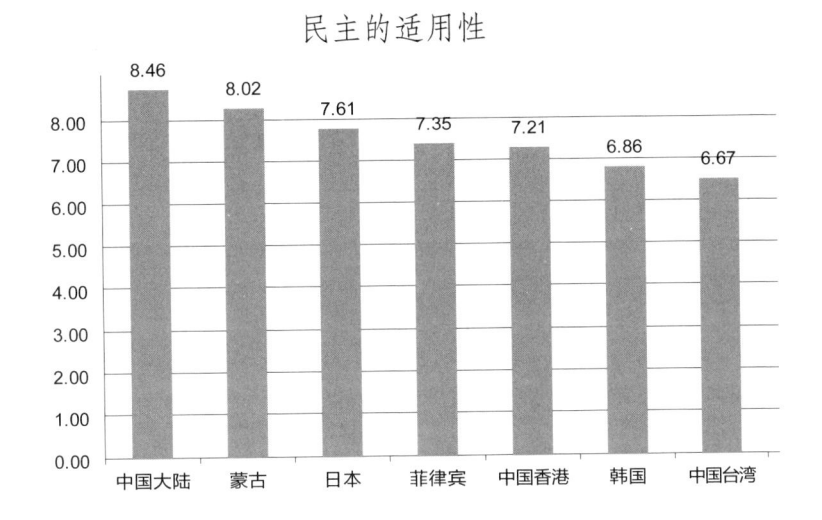

中国大陆	蒙古	日本	菲律宾	中国香港	韩国	中国台湾
8.46	8.02	7.61	7.35	7.21	6.86	6.67

玛雅：这是不是说，大多数中国人认为，应该实行民主政治？

史天健：如果研究只做到这儿，答案自然是肯定的。但是这样的研究并不严谨，因为只了解到人民对民主的需求，而没有了解"民主的供给"。也就是说，大家都认为民主好，那我们国家现在到底有没有民主呢？为了得到答案，我们设计了另外一个问题：如果1代表完全不民主，10代表完全民主，你认为你的国家和地区目前民主发展的程度怎么样？

我们问了1987年、1995年和2002年这三个不同时间中国大陆的民主程度，发现1987年的时候，平均数是三点几；到了1995年，平均数变成五点几；而到2002年，平均数就变成七点几了。从这个回答中我们发现，中国老百姓认为，中国现在民主的供给相当高；在亚洲5国和2个地区中排第二。换句话说,中国的民主供求的差距,并不像人们想象的那么大。

另外一个非常有意思的发现是,在这几个亚洲国家和地区中,只有一个地方,就是台湾,人们觉得民主的供给超过了需求,民主太多了。

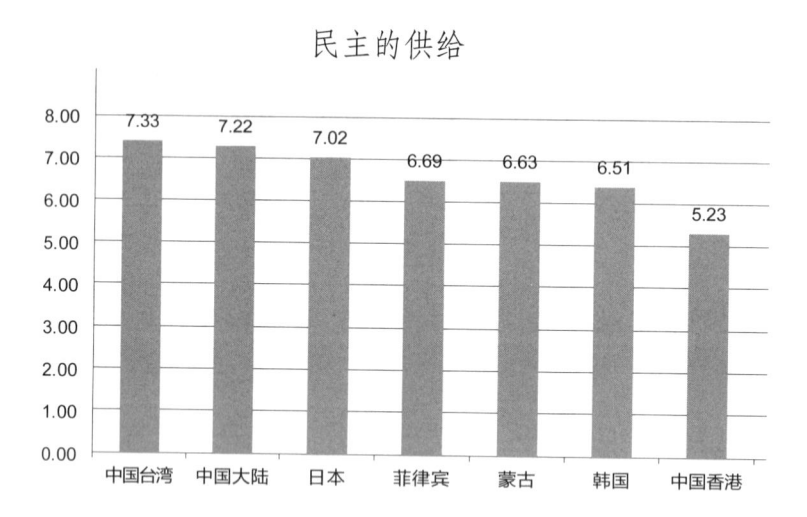

民主的供给

地区	数值
中国台湾	7.33
中国大陆	7.22
日本	7.02
菲律宾	6.69
蒙古	6.63
韩国	6.51
中国香港	5.23

民主供求的差距

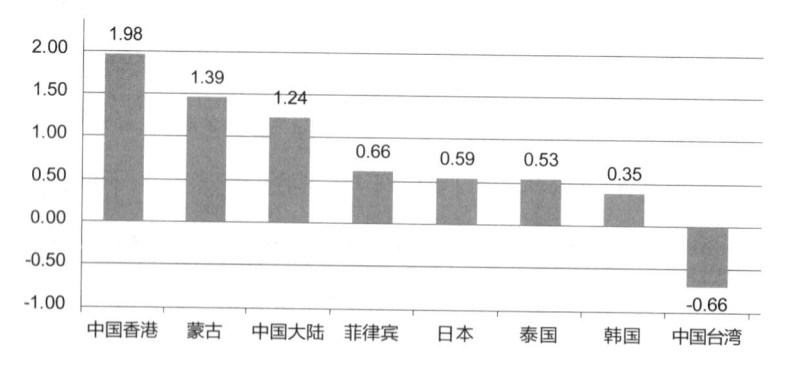

地区	数值
中国香港	1.98
蒙古	1.39
中国大陆	1.24
菲律宾	0.66
日本	0.59
泰国	0.53
韩国	0.35
中国台湾	-0.66

玛雅：这个结果可能出乎很多人的意料，你对这个结果如何解释？

史天健：为什么中国人对本国民主供给的评价，高于多数亚洲国家和地区人民对他们民主供给的评价？为什么中国人对民主的供求矛盾并不像人们想象的那么大？我们有两个理论假说来解释这个现象：第一个是"害怕理论"：因为中国在很多西方人看来不是一个自由的国家，那么在一个所谓非民主的国家做关于民主的调查，老百姓回答问题时可能会害怕，不敢说实话，本来没有民主，他说有民主。

这个假说是可以检验的，方法是用一个指标体系来衡量老百姓是不是害怕；如果害怕，再看这种对政治的恐惧，影响不影响他对这个问题的回答。我们问了一个问题：如果你批评政府，怕不怕被人打小报告？有20%的人说害怕被人打小报告。但是一个人批评政府害怕被人打小报告，不一定导致他不敢回答中国是否民主；从逻辑上讲，害怕的人应该认为中国不民主。我们有一个非常简单的统计学的方法来检验这个问题，就是看一个人对自己国家民主供给的评价和他的害怕之间的相关系数是正的还是负的。如果害怕导致他不说实话，他就会说中国民主，那么对民主供给的评价和害怕之间就应该是正相关。就是说，他越害怕，就越说中国很民主；反之就是负相关，他越害怕，就越应该说中国不民主。我们做出来的结果是负相关，说明害怕这个因素并不能解释这个问题。

中国老百姓要的民主
是民本主义

玛雅：那就是说，中国老百姓对本国的民主供给评价高，还是反映了他们的真实想法？

史天健：从逻辑上讲还有一种可能，就是中国老百姓对民主的定义和西方对民主的定义不一样。我们的第二个理论假说是，老百姓对民主的理解不一样，对民主的需求也就不一样。他们所讲的民主和想要的民主，可能和有些知识分子所追求的民主，或者西方意义上的民主有一些区别。

我们分两步来检验这个假说。首先设计了另外一组问题：有些人认为可以改用其他的方法来治理我们的国家，下面列出四种方法，请问您的看法如何？（1）让人民通过选举，来决定谁来领导国家；（2）废除人大和选举，由专家来决定一切；（3）允许不同的党派之间竞争，来决定谁来执政；（4）由军队来统治国家。

我们把这四个问题分为两组，（1）和（3）我叫它"向往民主"，（2）和（4）叫作"支持独裁"。如果说，反对独裁可能是向往民主的一体两面，那么如果他向往民主，就可以从理论上假定，他一定反对独裁，这两组问题的相关系数就应该是1。但是我们对中国的数据分析发现，这两组问题的相关系数非常小。

对于民主的向往与对于专制的反对（%）

国家／地区	向往民主	反对独裁	向往民主—反对独裁	相关系数
泰国	82.6	43.1	39.5	0.103
日本	67.2	54.3	12.9	0.233
菲律宾	63.6	35.6	28	0.100
蒙古	57.2	36.9	20.3	0.312
中国大陆	53.8	57.9	−4.1	0.332
韩国	49.4	65.1	−15.7	0.184
中国台湾	40.4	50.0	−9.6	0.177
中国香港	40.2	49.4	−9.2	0.207

资料来源：ABSI。

有些人认为可以运用其他方法来治理国家。下列四种方法，您的看法如何？
具体是：非常同意、同意、不同意、非常不同意
A. 让人民通过选举，来决定谁来领导国家
B. 废除人大和选举，由专家来决定一切
C. 允许不同的党派之间竞争，来决定谁来执政
D. 由军队来统治国家

玛雅：这又是怎么回事？中国老百姓向往民主，但是并不反对独裁？这个似乎说不通。

史天健：有一种可能是，中国老百姓对民主的理解和西方的理解不一样。理论上，对民主可以有不同定义：一个是熊彼特或者洛克的程序民主。这种理论把人民与政府的关系定义为交换关系，认为选举是政府唯一的合法性来源。而东方对于民主的理解，往往基于孔孟的民本思想。很多研究者都说，民本思想有民主的因素。但实际上，民本与民主有两个重要的区别：第一，民本把政府和人民的关系定义为君臣关系；第二，政府

的合法性主要在于其政策的优劣，怎么得到权力并不是很重要。对政策的是非标准，也不在于是否符合程序正义，而在于其本质，即它能不能给人民带来实惠。我们把这种对民主的理解称为"实质民主"。

那么中国老百姓对民主是如何理解的？对民主的定义是什么？为了得到答案，我们设计了一个开放题：大家都讲民主，对你来说，民主到底指的是什么？通过对受访者回答的分析，我们发现，只有不到12%的人认为民主是指选举，6.3%的人认为民主是制衡dictator（集权者），这两部分合起来是对程序民主的认知。还有22.9%的人认为，民主指的就是自由。而将近55%的人则认为，民主是政府在做决策的时候，时刻想着人民的利益，征求和听取人民的意见，政府应该为人民服务。这后一种理解，如果按照西方民主理论，或者程序民主的理论，不能叫民主，这叫无害的威权，benevolent dictator。

玛雅：这种对民主认知上的差异，是不是因为中国老百姓没有经历过西式民主，不知道什么是程序民主？

史天健：有人会说，你是在一个非民主国家做调查，老百姓对民主的概念和认知可能都是由于制度引起的。因为他没有经历过民主，所以不可能真正理解什么是民主。但是如果制度变了，人民对民主的理解也会变。

制度原因能不能成立呢？我们将台湾的数据和大陆的数据进行比较，来寻求答案。台湾从1987年开始发展民主，到

2002年已经15年，时间不算短了。如果两地人民对民主的理解类似，那就不能把原因归于政治制度。比较的结果显示，台湾人对民主的认知和大陆基本上是一致的。只有不到14%的人认为民主是选举或制衡，将近五成的人把民主定义为自由平等。同时，33.7%的人回答，民主是政府听取人民的意见，为人民服务。换句话说，相当一部分台湾人在讲到民主的时候，也是孔孟的民本思想。什么叫民主？政府想着人民的利益，为人民服务，这就是民主。这是基于中国传统文化的对民主的理解。

中国大陆与台湾人民对于民主的认知

民主对您意味着什么	大陆 百分比(%)	样本数	台湾 百分比(%)	样本数
自由				
自由／平等	22.9	739	48.6	687
大家长	54.7		33.7	
决策时听取人民意见	13.5	429	13.4	190
主动征求人民意见	17.1	544	5.7	81
共同决策	16.9	538	6.8	96
为人民服务	7.2	229	7.8	111
选举／制衡／民权	17.9		14.4	
选举／政治参与	11.6	371	10.4	147
制衡／权利	6.3	200	4.0	56
不知道	42.1	1340	17.0	241

资料来源：2002 Asian Barometer Study。

总计超过100%，因受访者可以有多项选择。

玛雅：就是现在说的"权为民所用，情为民所系，利为民所谋"。

史天健：可以这么说。但是这个定义和西方的程序民主有相当大的不同。这就说明，制度原因解释不了中国人对民主的理解为什么和西方人不一样。

顺着这个思路，我们又做了一个工作，把程序民主和实质民主分开提问。下面两个说法你觉得哪个更重要：第一，党和国家领导人是由选举产生；第二，党和国家领导人在做决策的时候，时刻想到人民的利益？这二者是必须择一的。结果发现，80%的人都说，程序并不重要，重要的是实质。这是目前中国老百姓对民主认知的最基本的情况。

玛雅：前面你说，台湾人认为，台湾民主供大于求。这也是因为对民主的理解和西方有所不同？

史天健：就是这个原因。如果老百姓要的是实质民主，你给的是程序民主，老百姓还是会认为你不民主。台湾人觉得台湾民主太多了，是因为他想要的，在台湾的制度设计中并没有得到；给他的，并不是他真正想要的。尽管台湾领导人是选出来的，但是一再爆出贪污腐败的事情，没有好好地为老百姓谋福利，老百姓当然不满意。由此我认为，中国未来在发展民主的过程中，可能受到两个因素的影响：一是政治文化——老百姓认为最理想的民主应该是什么样的，这会影响推进民主的过程。第二个，如果执政者对人民的"赋权"不是人民理想中的民主，人民还是不会满意，还会不断地回来找实质民主。

玛雅： 从以上调查分析中，可以得出什么结论？

史天健： 结论有几点：第一，中国人想要民主，但中国老百姓想要的民主，可能更符合孔孟的民本思想，而不是西方意义上的民主，尽管他们用"民主"这个字眼来形容他们的理想。第二，人民是以不同的标准在评价政府，而这种评价并非简单的选举就可以满足。第三，对于政府和政治学者来说，这就构成一个更大的问题：我们在作制度设计的时候，要发展什么样的民主？怎样的制度设计才能满足人民的要求？第四，如果知识精英对民主的需求与人民的要求不一样，到底应该先满足人民的要求，还是符合知识精英的理想？

美国人对中国的认知十分有限

玛雅： 据说你们关于中国民主的调查数据和结果，在美国发表挺难的。为什么？

史天健：这里面当然有意识形态的原因。很多西方学者无法想象，居然多数中国人认为，中国的民主并不像他们所想的那么糟糕。特别是我们的研究报告说，中国老百姓认为中国的民主供给相当高，对共产党和中央政府的信任度也很高。他们在评审我们文章时，来一句 it doesn't sound right，说"这个听着不对"，就把文章枪毙掉了。这其实不是科学的态度。我们的研究报告是民意调查的结果，你可以质疑我的方法，但不能以"听着不对"的理由来否决论文，可是他们就这么做。

玛雅：不让发表你怎么办？

史天健：那就"改头换面"重新再来。比如政治信任，我不说为什么中国老百姓对政府的信任度那么高，我说信任政府官员和信任政府这两个之间有多大差别，为什么不信任政府官员不会导致对整个政府的不信任。这样就比较容易被接受了。但是，有些事实你让他们接受是非常困难的。比如，我们问中国老百姓，你觉得2002年和1978年比，中国的言论自由情况是好了还是坏了？超过80%的人都说比原来好多了，不到5%的人说比原来情况更坏。这个回答我觉得是符合中国实际的，因为对大多数人来说，他不反政府，不搞民运，觉得自己现在想说什么就说什么，想骂谁就骂谁，挺自由的。但是对那些存心给共产党捣乱的人来说，他们也能感觉到压力。但是你跟美国人说，只有不到5%的中国人觉得现在言论更加不自由，他们有些人就会说，怎么可能啊？中国整个是一个大监狱啊！总之，即使你有调查数据，要说服有些人也是非常困难的事情。

玛雅：像你们这种实证研究的结果他们都不信，可见美国人对中国的认知多么有限。

史天健：美国人和中国人的观念很不同。比如在衡量利益的时候，中国人不像美国人，完全是以个人为单位，中国人很多时候是以群体为单位。举个例子，1998年，美国学界有一个比较大的争论，中国的改革到底能不能成功？当时，很多人都认为成功不了，因为最艰难的攻坚战是国企改革，几百万、几千万人下岗，他们觉得不可能做到。现在这件事完成了，没有任何人再怀疑。

当然在这个过程中，也有老百姓闹事。2004年、2005年、2006年那几年，群体性事件每年多达8万起。于是很多美国研究者都说，中国要乱了。但是我老说一个观点：虽然有8万起群体性事件，但你要看在这8万起事件背后，它完成的政治任务是什么。两三千万人下岗，只有8万起事件，你说这是共产党的成功，还是失败？我说当然是成功。

为什么几千万人下岗，只有几万起事件？我们去调查，问那些下岗工人，你觉得应该不应该下岗？他说应该，这是国家的需要。那么你呢？我是受害者。很多人的回答都是：我是受害者，但这是国家的需要，所以我不能只考虑自己的利益。这个逻辑对于美国人来说是不可想象的，怎么会有这种人呢？不是傻子，就是不敢说实话。

玛雅：从中美文化比较来看，你怎么解释这个现象？

史天健：我觉得，通过 2008 年汶川地震救灾就能看出，我们的人民是有集体主义精神的。西方叫作 civic orientation，就是所谓公民意识。西方人说，每个人都是 individualism（个人主义），但社会上的人，特别是精英，要具有公民意识，这样民主制度才能正常运转。但是中国的传统文化要求每一个人都要有集体主义思想。我们从小受的教育就是这样，人不能太自私自利，考虑问题、处理各种关系不能以自我为中心。当然这当中有个度的问题，我们在做事的时候，考虑不考虑个人利益呢？绝对考虑。但是不是完全以个人利益为中心？其实不是。

经过汶川地震，很多中国人认识到，集体主义是我们的优势，而不再是简单地说非黑即白，个人主义就好，集体主义就坏。那么，怎么能把集体主义精神在我们未来的制度设计中，或者在民主化过程中，作为一个积极的因素发挥出来？这个是需要认真思考的。

中国模式的成功
提供了另一个制度选择

玛雅：美国人现在对中国的民主发展怎么看？苏联解体时，他们一片欢呼，说快了，下一个就是中国。现在他们不这么乐观了吧？

史天健：美国人的看法并不全都一样。有些人很悲观，对他们来说，不但"下一个就是中国"的预言实现不了，而且中国将来可能是另一个新加坡。这个"新加坡"会很麻烦，因为它有示范效应。政治最怕的就是有 alternative（其他选择）。只要存在一个可能替代现行制度的选择，人民就会想，是不是换一个制度对我们更好？苏联倒台后，第一个出来说话的是福山，end of history（历史的终结）。没有其他选择了，就民主这一条路了。可是后来发现，中国没有发展西式民主，不但经济慢慢起来了，而且相比在第三波民主化浪潮中转型的国家，发展又快又好，成了一个实实在在的另外的模式。这个模式的存在，对美国人的整个意识形态的基础构成一个很大的挑战。中国模式的存在和成功，意味着向全世界昭告，除了西方市场民主外，还有一个其他可能的选择。这在一方面给其他很多国家做出一个样板，另一方面也让很多西方人认识到，中国不太可能是"下一个"。

玛雅：这种悲观的看法主要是在学界？

史天健：学界和政界都有这个看法，对他的意识形态是个重大挑战。原来他告诉大家，只有一条路。你要想发展，你要想富裕，只有这唯一的一条路。现在中国的经验告诉大家，我这还有一条可能的路呢。

玛雅：西方模式是"市场＋民主"，中国在他们看来是"市场＋威权"。这么庞大的一个"新加坡"起来了，打破了西方模式的神话，所以他说你是"威胁"。

史天健：事实上，"市场＋民主"模式现在也受到质疑。罗伯特·莱恩的 The Loss of Happiness in Market Democracies（《市场民主制度下幸福的流失》）你知道吧？他认为，民主是好，市场是好，既然两个都好，生活在 market democracy（市场民主）制度下的人就应该是世界上最幸福的人。可是实证研究发现，生活在市场民主制度下的人是全世界最不幸福的人。为什么呢？他有两个理论：第一，是收益递减理论。为什么市场提供的物质文明不会让人觉得幸福？因为当你只有三两油的时候，有了五两油，你就高兴得不得了。而当你拥有越来越多，你就不稀罕了，就不觉得幸福了。市场可以使一个社会的物质极大丰富，但当物质文明达到一定程度后，再多的物质也无法让人感到更幸福。第二个理论是，当有了民主，你还得有好多的知识去参与，还得去选举，并且你的选择很多。这让你感到很累，难受得不得了。这本书之所以发人深省，在于它提出，到底是幸福更重要，还是市场和民主更重要。

推进民主要和
中国的实际相结合

玛雅：你在美国教书，跟美国人的想法却不一样。你20世纪80年代就去了美国，被"洗脑"这么多年，你的政治观念就没发生变化？

史天健：我刚去美国的时候，认为自由民主是"普世价值"，我们应该追求西方的自由民主。但是后来发现，好多问题没有那么简单。

玛雅：你跟当时国内很多青年学子是一样的，刚刚接受了西方价值观的影响，十分推崇？

史天健：一样的。后来看得多了，当然也是因为做研究，不断在想问题，就觉得，那种简单地把西方民主移植到中国的想法太天真了，这里边还有太多的问题需要解决。即使我们要追求自由民主，也要跟中国的实际相结合。所谓马列主义与中国实际相结合，推进民主也要跟中国的实际结合起来。我的变化是在这儿。由原来简单地认为自由民主可以解决中国的一切问题到现在认为，我们应该像胡适当年说的那样，要踏踏实实地做一点儿事情，少谈些主义，多研究点儿问题，因为谈主义解决不了中国现在存在的问题。

玛雅：根据你们的研究，你对改革开放以来中国的政治文化，或者人的政治价值观的变化如何判断？

史天健：政治文化会不会变迁，变迁的速度有多快？根据我自己从20世纪90年代前期到现在的研究来看，中国的政治文化基本没有变化。而在同样一个时期内，中国社会、经济、政治都经历了翻天覆地的变化。

玛雅：政治文化没发生变化，培植西方民主也就没有土壤。

史天健：没错。可是我们国家一些积极推进民主化的人总是想，把制度带进去，给老百姓选举权，每个人就都会利用这个权利，追求自己的利益。但是你看中国农村，改革开放后，原来的人民公社垮了，权力和权威没有了。怎么办呢？一帮聪明人，读Huntington（亨廷顿）读得很多，就认为选举可以解决中国的问题。于是就把选举制度引进农村基层，以为老百姓会欢天喜地利用这个制度来解决他们的问题。但是十几年过去后我们发现，在相当多的地方，选举是没有用的，解决不了老百姓的实际问题。

比如农地灌溉，这是农村公共物品供给问题，是大家的共同利益。我现在从外边引入一个新的制度，然后大家都选举某个人当干部。那么我们一定会假定，这个人应该有权威，他跟你要钱修水利，你就应该给他。他只要不贪污，把钱用在正处，你下次还应该选他。但是我们发现，在很多地方，事实并不像我们想象的那样。比如我们调研的一个村子，原来那个村干部很坏，大伙选出一个好人。这个人跟大家说，咱们要浇地，这是大家的事，每户交 10 块钱。可是有两户就是不交，这个人为了大家的利益，就拿出自己的钱替那两户交上，第一年地就这么浇了。到第二年，其他人说，去年有两户人家不交钱地也浇了，那我们为什么要交钱？于是 20 户都不交了。村干部说，这下我交不起了，结果庄稼都旱死了。到第三年，大伙再选一个流氓上来，你交不交，不交我大嘴巴抽你，这才解决问题。

玛雅：这样的事在农村选举中并不少见，说明照搬西方制度的结果难免是"南橘北枳"。

史天健：还有一种情况，即使有了新的政治制度，老百姓还是依靠传统的制度来解决问题。比如宗族，大家有事就去找族长，由他把人动员起来，问题也解决了。而只要传统的制度能够解决问题，没有人费事去选举。

我们的研究发现，从传统制度到新的民主制度，中间要经过一个长期痛苦的博弈。可能我们看到的是，政治文化在逐渐、逐渐地向民主发展。但这不是一天两天、一年两年的事，可能需要几十年的时间才能完成。

玛雅：苏联东欧转型遇到的最大困境，就是政治文化的转变。当时有西方政治学者就说，一部宪法可以用6个月的时间写成，而政治文化的变革，经过60年的时间也未必能够完成。

史天健：所以，即使我们想在中国推进民主化的发展，我们还要回答，到底要推进什么样的民主化和怎样推进民主化的问题。因为中国的民本主义在某种程度上，就是中国人心目中的民主。那为什么我们不去发展和完善我们国家的民本思想和传统？

玛雅：你对未来中国的民主发展有什么预期？

史天健：根据目前的情况来看，我觉得，在未来10年内，不可能有大的政治变化。原因很简单，现在的制度对于大多数人来说，是可以接受的，那为什么要来一个翻天覆地的大转变？

玛雅：你是说，目前这个制度还在有效运转？

史天健：还在运转呀，并且在解决中国的问题。它运转得还可以，虽然有很多问题。那么老百姓就会权衡，如果换一个制度，我的日子会比现在好吗？现在这个制度至少我还可以接受，我的生活水平还在不断提高。

玛雅：所以我奇怪：国内一些所谓的自由派知识分子，为什么把问题想得那么简单，以为中国的一切问题都是因为不民主，好像把西方的一套拿过来，一切问题就都迎刃而解了。

史天健：很多人看到中国的问题，以一个非常简单的两分法来判断：中国的一切问题都是因为不民主造成的，只要引进西方民主制度，就可以解决我们今天面临的大部分问题。我觉得，他们没有下功夫去研究，也没认真动脑子去想问题。简单地引进西方民主真的能解决中国的问题吗？我们凭什么就认为，西方民主能够解决中国的问题？很多所谓的自由派人士学了一些自由主义的基本原理，就认为是放之四海而皆准的；好像自己掌握了真理，用他的理论去套中国的现实，那可真是大无畏！你让他到农村去看看，去做做，一看一做，可能结果就完全不一样了。

玛雅：有人说，中国最近几年要出事儿，也许会出大乱子。你对中国未来的走向和发展乐观吗？

史天健：我比较乐观。从我们的调查来看，出不了大乱子，因为大部分民众是满意的。现在中国没有多少人饿饭，而且一般人满意度相当高，凭什么会出乱子？更重要的是，现在的政府并没有失去"天命"，没有多少中国人支持造反，中国文化也不是造反的文化。

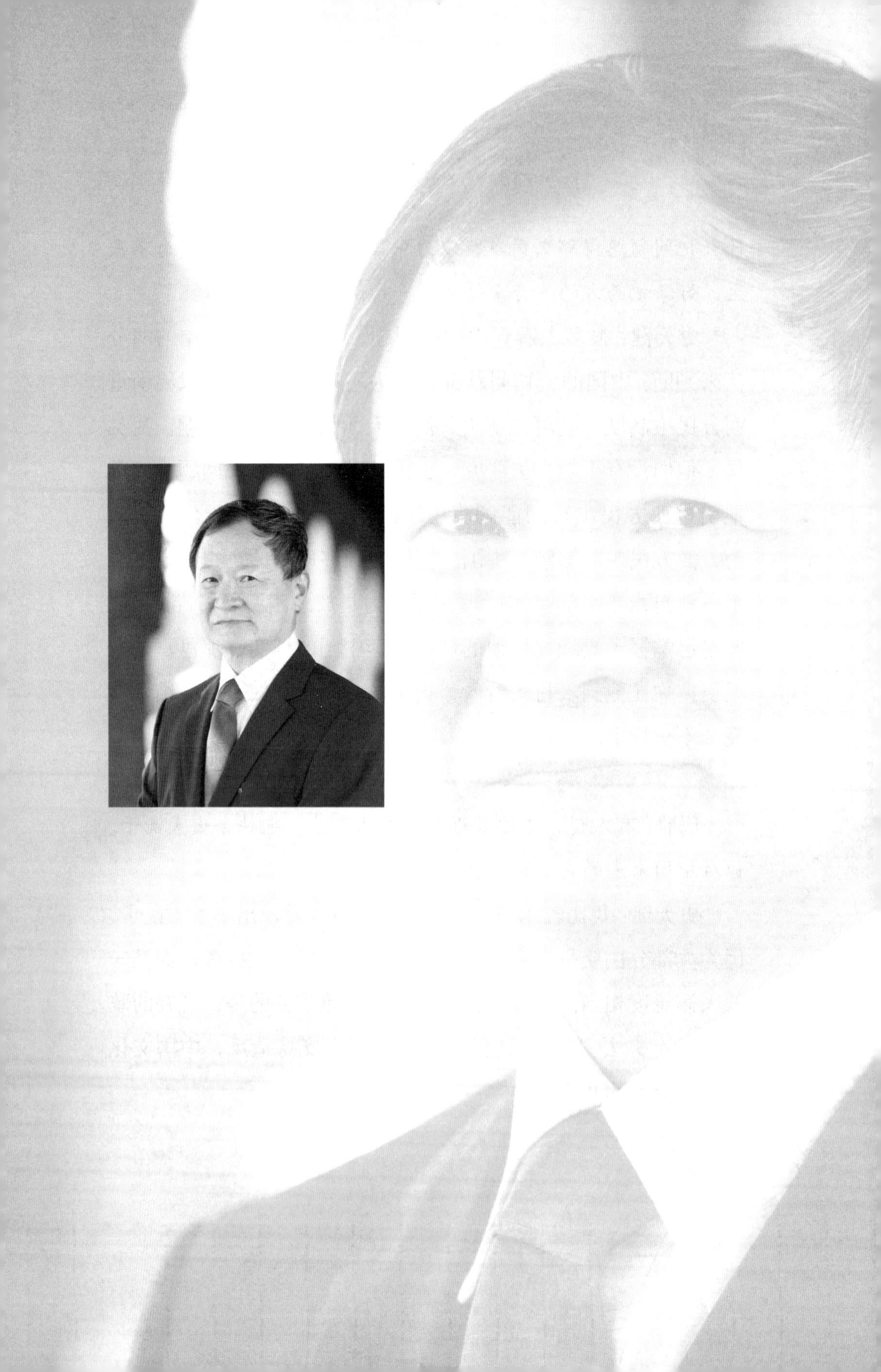

从历史中走来的新中国，
知道向何处去

王湘穗

北京航空航天大学战略研究中心主任、教授。
主要研究方向为国家安全战略。
主要著作有《三居其一：未来世界的中国定位》
《币缘论——货币政治的演化》
《超限战：全球化时代的战争与战法》（合著）
及论文《美式全球化的终结与世界体系的未来》等。

中国历史文化中
有很好的价值理念

玛雅：你在《美式全球化的终结与世界体系的未来》一文中谈到，随着美国体系的衰落，全球化进入退潮期。各国各地区在经济、政治与安全事务中，将更多依赖自身和区域合作，而不是全球合作。面对这样的重大变化以及所带来的挑战，中国如何做到处变不惊，在未来发展中立于不败之地？请谈谈你的看法。

王湘穗：在全球化退潮期，中国要坚持先谋不败而后求胜的战略思想。中国的战略原则应该是，狠下内功，把自己的事情办好。目前最重要的，是丢掉春天很快就会到来的幻想，做好应对危机冬天的长期打算和准备。主要是做好四方面的工作：一是建立自信，二是内修民生，三是外引资源，四是制造为本。

中国共产党提出"四个自信"——道路自信、理论自信、制度自信、文化自信。自信激发独立自主，或者说，能否自立取决于是否自信。以前我们的现代化话语是，西方先进，我们落后，所以要接轨。前几十年我们都是这么想的，人家也确实展示出辉煌的发展成就。但是走到今天我们发现，人家那儿也出了问题，难以为继，而中国的经济发展堪称奇迹，我们起来了。这种进步体现了中国道路、发展模式、思想理论和中华文明的先进性，或者是适应性，是根据形势变化不断调整的结果。我觉得，中国过去40年的最大成功就是适应变化。

玛雅：近年来，学界围绕"中国模式"开展理论辩论。你对中国模式有何评价？

王湘穗：首先一点是，中国模式存在不存在。应该肯定，存在中国模式。近14亿人，根据新中国的实际情况探索了70年，取得了人类历史上难得一见的快速发展，肯定有自己的独到之处。至于中国模式、中国道路行不行？我们自己要有判断，不能被人忽悠。14亿中国人要是照搬西方式的现代化、走西方的路肯定不行。奥巴马当年说了一句实话，世界资源无法支撑中国人按照美国标准过日子。既然如此，中国就只能走自己的现代化道路。

我们说建立自信，核心是文化自觉、文化自信。中国文化能不能适应现代化和全球化的挑战？能不能成为人类发展、文明延续的一种选择？以前西方认为中国经济不行，现在承认中国式市场传统与全球化的混合很有竞争力。事实证明，兼顾资本与劳动、效率与公平、政府与市场、实业与金融、中心与边缘、当前与长远的混合模式，推动了中国这个如此巨大人口规模的国家快速发展，形成了具有全球竞争力的社会主义市场经济模式。尽管这种模式存在诸多问题，但它为处在世界体系边缘地带的国家提供了新的发展路径，也为抑制全球资本追求利润最大化的痼疾提供了一种新的制度模式选择。

玛雅：西方现在承认，中国经济将会赶上美国，成为世界第一。但是认为中国政治不行，软实力不可能赶上西方。

王湘穗：中国与其他文明相处，提倡"讲信修睦"，主张"大国仁而小国智"，而非试图通过所谓软硬实力去征服谁。这种"仁智体系"维持了东亚地区国家间数千年的基本稳定。而那种一切以实力说话的西方国际关系准则，带来的问题比解决的问题还多，中国不必效仿。

《礼记·礼运》中说："大道之行也，天下为公，选贤与能，讲信修睦。故人不独亲其亲，不独子其子，使老有所终，壮有所用，幼有所长，矜寡孤独废疾者皆有所养，男有分，女有归。货恶其弃于地也，不必藏于己；力恶其不出于身也，不必为己。是故谋闭而不兴，盗窃乱贼而不作，故外户而不闭，是谓大同。"这里面包含了民本思想、政治制度、福利社会、和谐社会等等，都体现了人类的政治智慧。

比如天下为公，是很好的政治理想；选贤与能，这是官员选拔方式；老有所终，幼有所长，矜寡孤独废疾者皆有所养，这不是现代福利社会的标志吗？货恶其弃于地也，不必藏于己；力恶其不出于身也，不必为己，这既是绿色生活理念，又有公共道德的要求。盗窃乱贼而不作，外户而不闭，这就是和谐社会。中国的"大同"思想，支撑中国作为世界最大的单一政治体运行了数千年，这其中的合理性在今天依然有着生命力。

当然，我们不是说中国的现状已经完善，没有改善之处。恰恰相反，中国今天面临很多问题，需要认真加以解决。"仓廪实而知礼节"，文化要有基础，要积累，中国的现代文明也在积累中。西方人不要小瞧了中国文化的生命力和创造力，中华文明完全可以提供一种在现代条件下更可持续的发展模式和生存方式。

内修民生，共同富裕

玛雅：事实上，中国模式越来越有吸引力，这说明不同于西方的发展模式是可以成功的。

王湘穗：说得对。我们有这个自信，也有文化自觉、文明自觉。

中国要做的第二件事是，内修民生，共同富裕。这样做有纠偏的意义。改革的前一个时期是经济起飞阶段，特点是要把一切阻碍飞行速度的重物都扔掉。但是飞了三四十年，已经积累了大量问题，比如贫富分化、社会腐败、环境污染等，这时候就需要很好地进行清理。前一时期的改革相对重效益、亲资本，使得资本在中国社会已经表现出明显的强势；现在的政策应该转向重公平、偏民生，让全体人民共享改革发展成果。最近几年做的一些惠民的事很得人心，要继续内修善政、内修民生，实现共同富裕理想。

玛雅：造福人民、共同富裕，是我们党的崇高目标，任何时候都必须坚持。"全面建成小康社会，一个不能少；共同富裕路上，一个不能掉队。"这个能真正做到，中国特色社会主义才有优势。

王湘穗：维护国家统一和近14亿人社会的稳定是中国发展之本，也是最重要的安全目标。把民生修好，14亿人的大市场是世界最大、最具竞争力的统一市场。这是中国的核心竞争力。有此一条，假以时日，中国不但能够自立于世界民族之林，并且能为人类作出更大的贡献。

外引资源，
重点是陆路通道

玛雅：修好民生，走共同富裕之路，中国就能凝聚起上下同心、团结奋进的磅礴力量，就举世无敌。

王湘穗：第三件事是外引资源。中国的现代化要进一步发展，资源制约是现代化进程的最大瓶颈。作为国家的基本政策，应该更多地引进资源，因为制造业国家离不开资源。这也体现了中国的国际战略方向，重点是陆路通道。要跟资源国家建立战略同盟关系，包括俄罗斯、中亚国家、阿拉伯国家和非洲国家。可以把中国的周边战略概括为：西联东固、南融北合。与周边国家开展经济合作，建设东亚经济圈，绕开金融国家和海权国家的干扰和阻击。

玛雅：你说陆路通道是重点，为什么？

王湘穗：因为海上通道中国现在很难控制。美国一些军事战略家提出，中国90%的资源都依赖海外市场和海上通道，遏制中国发展的最好办法是进行离岸封锁——"采取和平时期最大的海盗行动"。这当然是很糟糕的事，是损人不利己的战略设计，但却也提醒我们，作为一个国家来讲，必须对自己的经济重心有所考虑。在全球化经济的博弈中，也需要"先为不可胜，以待敌之可胜"。现在中国需要做的，就是把陆路通道建起来，利用现代运输技术，高速铁路、重载铁路、管道、电力线等，把能源通道建好。这样中国就能立于不败之地，内修民生就有所依恃，否则家里就会断顿儿。

当然，建设陆路通道不仅仅是修铁路、建管道的工程，而且是涉及许多国际政治、经济、安全事务的复杂社会工程，甚至是重构世界政治经济地理中心的重大历史事件。对此，我们不要看轻了，更不要看简单了，而应该作为重大国策来规划设计。要跨部门、跨地方通力合作，不可当成一般的工程项目、经济项目。现在我们遇到的许多问题就是因为自己想简单了，以为和在国内修铁路、管道、电站是一样的，没有考虑到复杂的国际政治背景，结果经常碰壁，却并未真正接受教训。

玛雅：也就是说，从中央到地方各有关部门和各级领导对此要有足够的战略意识和大局意识。目前看，这种意识是不够的。

王湘穗：总体上看，陆上通道的建设我们还能控制，与海权国家控制的海上通道相比，主导权更好把握一些。陆权可以分割，我们与资源国家、通道国家的共同利益更多，也相对容易实现合作，所以即使有困难，也要积极去做。不然就会把战略主导权交给海权国家，或受其制约，或被迫与之正面交锋。对中国来说，海路与陆路的选择既是利害相权，也是有备无患，有备则可利取其重，害取其轻；若无第二手准备，就只有被扼杀一途。

制造业是中国的
立国之本

玛雅：这意味着，以陆权战略来对冲西方的海权战略。

王湘穗：陆上非常重要，因为我们是海陆两栖的国家。中国背靠昆仑山，面对太平洋——这是毛泽东以前就讲过的，所以必须倚陆向海。从地缘的角度看，中国没有美国的两洋之利，却有陆海两通之便。当然，从长远看，中国必须解决海权问题。历史的经验提示我们，一代技术一代海权，在今天，创新海洋工程技术才是颠覆现有海权格局的杠杆。

第四件事是制造为本。实现工业化是中国长期的奋斗目标，中国要坚持以实业为本，金融改革要为发展实业服务。中国拥有世界最完整的工业体系，"全"是中国制造业的最大特点。按照联合国的制造业体系，24个大项、39个中项、525个小项，中国全有。可以说，是从造铁钉到登月车，一应俱全。但问题是我们低级的多，高端的少，航空发动机、芯片，这些真正属于现代工业制造皇冠上的明珠，我们还没摘下，还要继续努力。尽管如此，中国已经具备成为东亚经济圈核心的关键条件——完整的工业体系。中国有这样的体系，别人就会来为你配套，形成完整的产业链。制造业是中国的立国之本，也是东亚经济圈之本。

玛雅：中国经济到了结构性调整的困难阶段，增长速度放缓，制造业增长也有所放缓。不少经济学家对未来时期中国经济发展都不乐观，你怎么看？

王湘穗：中国经济发展减速，除了国内因素之外，更多是全球危机传导的结果。前几十年中国的高速发展，与处于全球化景气周期密切相关。中国大规模制造，通过海外市场的需求拉动，实现了经济的快速发展。随着全球进入危机时期，海外市场已经很难恢复到以前的水平。这是一个基本事实，无论怎么进行调整，都很难迅速形成一个替代市场，所以经济减速在所难免。在全球危机的背景下调整结构是必须的，只有尽快形成国内和周边市场，替代海外市场，才能为已经形成的庞大产能找到出路，实现就业与增长。

在国内需求中，寄希望于消费的快速增长是不现实的，应该主要在国家中长期发展的需求上找出路。有经济学家提出通过城市化或城镇化来拉动需求，基本方向是对的。以中国目前的城市化水平，还有很大的发展潜力。中国的现代化，应该像邓英淘所说，是"为大多数人的现代化"；中国的城市化，也是为大多数人的城市化。为此，要解决9亿农民进城的问题。

城市化需要大量的资源，包括土地、水源以及矿产等，这是重大的制约瓶颈。更何况，城市化会加剧土地、水资源、就业岗位紧缺，使得推进城市化的过程困难重重。也有人提出加强水、土、沙的治理，通过国土整治"再造中国"，改善经济地理环境，改善能源结构，扩大中国宜居空间。还有就是传统的加强"铁公基"建设，加大基础建设投资，拉动经济发展。

玛雅：这些意见是否可行？你本人有何建议？

王湘穗：采取综合性思路、把这几种办法结合起来，也许更具可行性，而且有相互推进的效果。我的建议是，可以把国土的"全域治理"作为纲，把水土沙、"铁公基"、城镇化有机结合起来，通过水土沙治理、"铁公基"建设，为城镇化创造土地资源、水资源条件，改善河流流域环境，扩大就业；通过城镇化，使水土沙治理、"铁公基"建设具有经济性并保持长期需求。这样做，既能避免造空城或"铁公基"的弊端，又能发挥其有利于创造需求的作用。长远来看，这一做法还可以推向周边国家，形成新的更大的统一市场。

历史上，几个先后主导世界体系周期的国家，都经过长期的大规模基础建设的过程，才形成了远高于其他国家的经济规模。中国要成为东亚经济圈的核心，成为对世界经济有影响力的国家，必须要有坚实的根基。经过良好的规划整治，中国960万平方公里的土地，每一片都能成为支撑经济起飞的基地，这才是14亿人生存发展、繁衍生息的美好家园。

金融改革的方向
是更好地服务于制造业

玛雅：经济学界有人分析，现在的世界经济是四个环节：硅谷的创新、华尔街的资本、德国的装备，再加上中国的制造。从利润分享来看，硅谷的创新35%，华尔街的资本30%，德国的装备30%，剩下5%留给中国的制造。也就是说，中国的制造业是不赚钱的。你怎么看？

王湘穗：美国占65%、欧洲占30%的这个分法，体现了现有世界分工体系和力量格局是一种不平等且难以为继的分配方式。经济学界很多人认为，中国应该发展服务业，特别是金融服务业。我认为，中国在相当长一段时间应该坚持完成国家的工业化，不能去玩儿钱。对主要从事实物生产的中国来说，只要有粮食、能源等基础资源在手，保持从事实物生产的能力，全民同心同德，维护好近14亿人的统一大市场，要渡过危机冬天并不困难。困难的是，如何防止已经高度金融化的国家，通过货币体系和金融杠杆来掠夺甚至洗劫中国的实际财富，让中国的实体经济迅速衰落，使中国失去依恃，造成人心混乱、社会动荡。

玛雅：你一直主张，金融改革要为发展实业服务，国家政策也在朝这个方向加强。中共十九大报告指出，深化金融体制改革，增强金融服务实体经济的能力。

王湘穗：这非常对，金融改革的方向应该是更好地服务于制造业。现在的问题是，我们制造业整体的利润水平很低，3%都不到，金融利润很高。比如上市公司，几大银行的利润率超过几百、上千家其他上市公司。这是非常不正常的现象，因为每一分的银行利润率都在侵蚀制造业的利润率。你提到的全球价值链的分配情况，实际上还有发达国家控制世界产业体系后，有意压低制造业利润、提升金融收益的问题。凭什么他们的利润都在30%以上，中国的制造业才5%？在硅谷和华尔街的65%里，还有美军的贡献，并不是知识产权和金融服务真的那么值钱。这是世界权力结构的体现。这也恰恰是美式全球化体系难以维系的原因之一。全球经济体系的基础只值5%，谁还愿意从事制造业？没有实业，金融家吃什么、用什么？这是需要改变的国际经济秩序之一。未来的天下三分，即形成北美、欧洲、东亚三大经济圈，为改变扭曲的全球价值链提供了可能。我们应该在这方面努力，而不是去简单模仿，或者沿着现有的价值链向上爬。

玛雅：学界关于资本项目开放的争论一直很热，你对此有何观点？

王湘穗：在危机情况下显然不应该开放。中国在金融开放上必须留一道安全阀门。为什么？不单纯是经济形势好不好的问题，而在于，当周围有一大堆投机资本盯着你的实业利益的时候，你一定要看紧了。老虎就蹲在门口，你不能让小孩出去。只有到没有这种虎视眈眈的投机资本，或者投机资本受到某种程度抑制的时候，你才可以开放。或者是，当你的小孩长成了武松，拿着梢棍带着刀，谁敢欺负他，他就敢打谁，这个时候就可以开放了。换句话说，不要把资本看成是中性要素；尤其是在危机时期，资本的快速流动往往是导致危机爆发的诱因。对发展中国家来说，资本，特别是国际资本，是冲破主权堤坝的洪流。这一点，只要看看阿根廷的现状就知道，请神容易送神难。

不论是内部环境还是外部环境，如果没有发生变化，就不可一味地说"为了推进改革"，一切都要依从于环境。现在很多国际金融机构都在诱导中国开放，号称这就是接轨。我就遇到过美联储的人，在北京给中国的银行家们授课，核心内容是要中国遵从美国的货币政策。在这个问题上，中国的政治家应该对银行家进行政治约束和思想教育。这种政治性管理的原则是，国家利益高于一切，而不是资本利益至上。

玛雅：国有银行的行长们是为国家管钱，必须把国家利益摆在第一位。这是根本性的问题，已经得到中央高度重视。2019年2月，习近平在中央政治局集体学习时明确指出，要做到"管住人、看住钱、扎牢制度防火墙"。

王湘穗：中国金融改革的方向不是人民币国际化的问题，

金融改革的方向是如何更好地服务于制造业，服务于中国的实业发展。片面地讲人民币国际化，你那个国际化怎么能做得过美欧金融化国家呢？这是指导思想问题。国家存钱多，老百姓存钱也多，可以用比较低的利率来给实业去做，实业就能发展，可现在银行的利息能把私营企业逼死！皮之不存，毛将焉附？中国的实业是中国金融的根基，树都没有了，你那个金融树叶往哪儿长？你又长不到美国那棵树上。何况美国那棵实业大树现在也枯了，中国还能走这条路吗？所以我认为，资本开放不开放，实际上是金融改革和开放的方向问题。为什么开放？为谁开放？为资本，还是为实业？为金融获得超额财富，还是为中国的长远发展、为中国人民的根本福祉？核心问题是在这。

  国内改革的方向要变，内涵要调整。不是推进更快发展，而是稳定内部。不光是调整经济结构，更要调整政治结构，解决利益分配问题。波兰尼早就说过，自我调节的市场理念是彻头彻尾的乌托邦。我们不能片面强调市场决定性，而要加强对市场自发力量的控制和调节。全球危机之时要把安全放在第一位，不审时则宽严皆误。目前中国最重要的安全措施是保持独立自主的精神状态，只有这样才能保持政治主权和财政金融主权。

中国就是中国，
不照搬西方是理所当然的

玛雅： 中共十八大后，中国内政外交发生了很多新变化。从你分析的天下三分的世界大势来看，对这一代领导人未来的执政有何预期？

王湘穗： 我认为是能够适应这个大势的。在战略格局上，改变了把美国作为重中之重的做法，提出新型大国关系。这就要求平等待我，符合自立的原则。中国要自立于世界民族之林，成为其中的平等一员。在美国不讲平等的时候，中国主动推进与俄罗斯的战略合作。中俄关系在往上走，形成能源联盟，合作搞大飞机，从资源合作发展到产业合作。中俄石油贸易使用人民币结算，意味着两国在货币上进行整合，形成一种独立于美国的货币。中俄战略关系在一步步向经济一体化推进。

玛雅： 中俄在经济上互利合作，在国际事务中相互支持。用王毅外长的话说，中俄找到了一条正确的相处之道，成为当今大国关系的典范。

王湘穗： 我们看大局，要有全局在胸。中俄形成背靠背的关系，缔造利益共同体和命运共同体，就真的不怕美国了。以前光靠中国自己，现在中俄联手，从中亚、印度到东南亚，就像下围棋，点了这几个子以后，未来世界的三个经济圈就俨然成形了。

玛雅：从国内情况看，你是否也感到乐观？

王湘穗：国内政治，包括党内政治，新一代领导人特别强调"四个自信"。这很重要。对一个人、一个国家来说，第一位要解决的问题是，我是谁？"四个自信"的提出解决了这个问题：我是中国。然后带来第二个问题，我向何处去？这就顺理成章了。一个从历史中发展而来的新中国，要走中国特色社会主义道路，实现"两个一百年"的愿景。

在这个顺序上有一种比较透彻的对国内问题的把握，包括一些危及中国整体安全稳定的问题。比如，通过清理整顿网络，三下两下就把"大V"们打掉了。国内舆论环境发生变化，消减了"颜色革命"的因素。此前有人想在中国搞街头政治，现在不敢恣意妄为了。再比如反腐，一开始谁都不相信能做到这种程度，后来发现是动真的。这是毛泽东时代之后还没有人做到的，是第二个比较清明的政治时代。这也体现了内修善政的决心和智慧。

玛雅：我感觉，你对这一代领导人挺有信心的。

王湘穗：我比较有信心，原因之一是他们对乡土中国的理解。这种理解，没有真正的肌肤感知，没有真切的血肉相连，是体会不到的。习近平等人年轻时在农村生活多年，接的地气不是用手摸出来的，而是从脚心生出来的。一个管百家饭的大队书记，易于形成不浮夸、不作秀的政治秉性，平实而坚韧。这在中国很重要。一个大国的领导人应该是人民的领袖，而不是精英的领袖。精英的领袖只代表一派，不是这一派就是那一派，人民的领袖才能代表最广大人民的利益。中国是人民共和国，需要人民的领袖，来领导民族复兴伟业，实现几代人的百年梦想。这不是对个体而言，而是领导集体。

玛雅：你说，国家向何处去，首先要弄清我是谁。你是从坚持中国道路、不照搬西方模式的意义上说吗？

王湘穗：中国是个主体，一定要有主体意识，不照搬西方是理所当然的。作为一个独立的国家生命体，想照搬也照搬不了。哪个国家有五千年的文明？先不说辉煌不辉煌、历史上如何如何，就说各种具体条件，你也不可能变成他。中国就是中国，永远不可能成为美国，也不可能成为欧洲。这是第一位的。

由于是你，才有向何处去的问题——你向何处去？欧洲向何处去，是从大西洋那边往这边看，说我要向东去。你说我也要向东去，不就到太平洋里去了？所以，首先你是一个主体，要确定自己的主体意识，然后才是向何处去。现在我们很多人把第一个问题忽略了，只说向何处去，却忘记了自己是谁、处于何地。

一个有文明传统的大国，
应当志存高远

玛雅：美国崛起的时候，还在二战期间就开始对战后世界进行制度设计和秩序设计。中国正在快速崛起，是不是应该有这样的视野？

王湘穗：中国现在正在设计。美国威尔逊时期和罗斯福时期设计的是世界秩序，由美国主导。中国设计的是区域秩序、亚洲秩序，上合就是，亚信也是，中国—东盟10+1、中日韩自贸区都是，这些都需要很好的设计。包括在亚信峰会上一些政治性的磋商，都是设计。和美国1945年搞的那个全球秩序一样，各个方面都有了。如果放在天下三分的大框架下，推动经济区域化和区域合作，每一根柱子都得给立好了。

中国现在应该有比较完整的对未来大势的认识，确立国家战略，然后各部门共同去推进这个战略。要有文化自觉，也要有战略自觉。从对中美关系、中俄关系的把握上看，中共十八大以后明显有侧重点的变化。这就像下棋，如果下出妙手，步步都主动。习近平2013年担任国家主席后首访俄罗斯，2014年再访索契，就是影响世界格局变化的妙手。中俄战略接近使得中国的国际战略这盘棋的大模样很好，长远看，有可能逼着美国对中国崛起由主要进行遏制，逐渐转向接受这个事实。

玛雅：问题是，目前特朗普政府的强硬政策，给中国带来了巨大的挑战。

王湘穗：不否认有些美国政客和军方人士有打压中国的极端想法和计划，但我相信，时日越长，美国越会觉得这些想法太不现实。但是目前看，美国试图压服中国的这种危险没有过去。

玛雅：中国的设计是区域秩序，不是世界秩序，这是否意味着，中国的目标是区域大国，不是世界大国？

王湘穗：中国在现阶段肯定是区域大国，同时也是具有世界影响力的国家。中国的目标应该是成为世界大国，中华文明应该对人类文明的发展作出更大贡献。但如果现在就说中国是世界大国，还为时尚早。现在有一种舆论，认为中国将是与美国争夺世界主导权的国家，这实际上是在捧杀中国。世界是大家的，有事大家来。中国个子大，可以做个儿大的那一部分，但不能越俎代庖，更不能包打天下。中国现在绝不可能当世界的头；三分天下，得一而居之，就很好了。目标要定准，对世界事务的努力却不能松懈。

中国有句话："取法乎上，仅得其中；取法乎中，仅得其下。"俄罗斯就是这样，据说梅德韦杰夫认为，以俄罗斯的资源和能力可以轻松愉快地当世界二流国家。但是普京认为，俄罗斯必须要做世界大国，他的目标是"还你一个强大的俄罗斯"。普京是个大战略家，他明白，以一流国家为目标，也许做不成，但是如果甘当二流，很可能是三流。中国是个大国，特别是有文明传统的国家，应当志存高远。

玛雅：你是说，要有与我们的文明规模、历史规模和人口规模相匹配的大国地位和世界影响力？

王湘穗：如果我们看到，资本主义体系利益最大化的问题导致整个生态失衡，带来全球危机，我们就应该知道，资本通吃利益的全球化走到头了，少数人利益最大化的全球化已经撞南墙。正因此，再次涨潮的新一轮全球化将与以往不同，所形成的世界体系也一定不同。新的全球体系将不再是单一资本主义的世界体系，而是属于70亿世界人民、体现多元文明、共享合作成果的全球体系。

美国斯坦福大学教授伊恩·莫里斯写了一本书，《西方将主宰多久》。核心观点是，人类一万六千年的发展曲线都非常平缓，只是到了西方统治世界的时代才一下子陡然上升。在这种陡然上升的曲线下，我们比祖先的生活好多了，但是陡然上升的曲线是不可持续的，这也说明西方发展模式存在问题。也许以后作为一种新的可持续的文明，它应该是比较平缓的发展曲线，而这可能就是中华文明对人类的责任和贡献。中国作为一个大国，应该有参与重建全球秩序的抱负和行动。

玛雅：就像习近平所说，要为推动构建人类命运共同体贡献更多中国智慧、中国方案、中国力量。

王湘穗：自 2008 年国际金融危机爆发，美式全球化体系出现了全面瓦解的态势。目前世界正处于"后美国时代"格局、周期、体系交替的多重转折点，这一变化可能导致天下三分的局面。在这个重要的历史转折时期，只要我们顺应世界的变化趋势，做出正确的战略选择，中国将成为世界格局中重要的一极，中华文明在人类文明的发展中将具有重大的影响力。

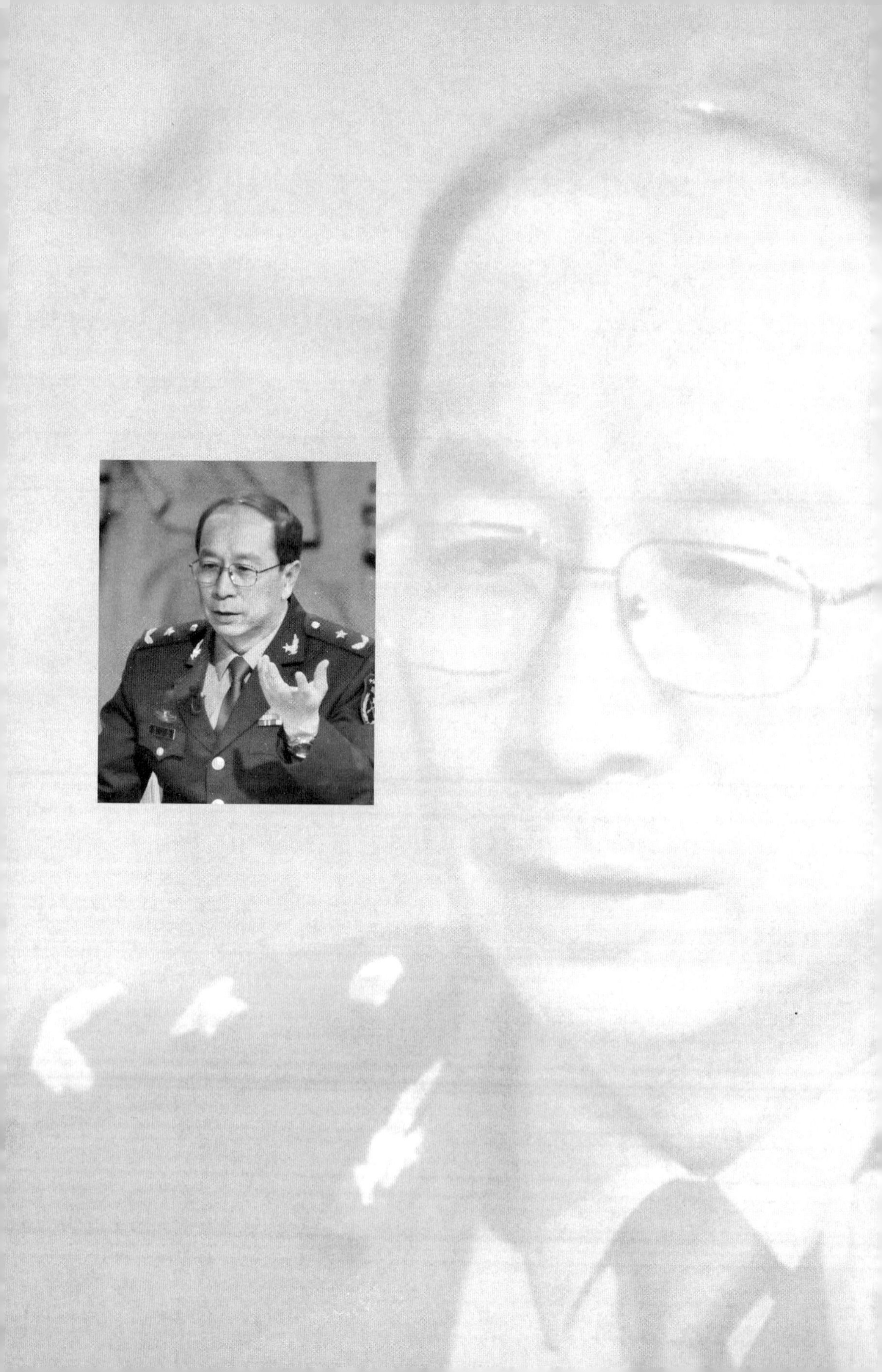

薪火相传：
为了中华民族千秋伟业

金一南

国防战略专家、国防大学教授、少将。主要著作有《苦难辉煌》《浴血荣光》《心胜》等。

中国发展是奇迹，
中国革命也是奇迹

玛雅：《苦难辉煌》历时13年倾心著成，你对党史军史感受深切。你认为，中国的现代化发展是个奇迹，中国革命也是一个奇迹。请谈谈你的理解。

金一南：我先讲个小插曲。国防大学的国际交流班，有一次到上海参观。德国军官汉斯说，他想看孙中山故居。我当时吃了一惊，因为发展中国家的军官到上海，喜欢看浦东、南京路这些繁华的地方，而眼前这个德国军官要看孙中山故居。我问他为什么，他说，据我所知孙中山在中国革命中最早引进的德国顾问，我们德国人对中国革命是有贡献的。我明白了，原来他有寻根的意思。

法国军官路易更让我意外，他想看中共一大会址。今天很多中共党员到上海都想不到去看一大会址，这位法国军官第一次来中国，来上海，却要看中共一大会址。他的话更让我吃惊。他说，你不要忘记，中国共产党是在法租界成立的。当时共产党处境很危险，到处抓你们，租界很安全。你们今天搞成这么大局面，不要忘记我们法国人的贡献。

他的话给我印象非常深刻，但我对党史很熟悉。我跟他说，路易，你别说得太早，我们先去看，看了你就知道了，你还得向我道歉呢。他到一大会址一看，果然是这样。一大开到中后期，突然有几个陌生人推门进来，说是走错了，关上门就走了。当时在场的共产国际人士、荷兰共产党的马林，有丰富的地下斗争经验。他说，情况不好，立即转移。转移时间不长，法国巡捕冲进房子抓人，已经人去屋空。我对路易说，路易，你看看，新生的共产党差点儿被你们一网打尽。我还感谢你？！路易说，哎呀，我还得向你道歉呢！

玛雅：一名德国军官和一名法国军官来中国寻根，你觉得是为什么？

金一南：我觉得，我们有点儿当局者迷，闷头发展，他们旁观者清。他们从外面看我们发展，觉得中共今天搞成这么大的局面，他们来寻根——今天你是个"绩优股"，当初你最困难的时候，我可是注入了资金的，有我的股份，我今天应该有相应的收益和回报。从这个角度也可以看出国际社会对中国崛起的反应，中国今天取得的成就是举世瞩目的。

2004年到2008年五年间，中国经济总量先后超过意大利、英国、法国和德国，成为世界第三大经济体；2010年超过日本，成为世界第二大经济体。我们这种发展速度没有人能想到，也没有人能说清楚。北京大学教授林毅夫说，今天不管是中国还是外国，没有一个经济学者能说清楚，中国为什么能如此快速发展。他引用诺奖获得者弗里德曼的话说，谁能破解中国经济发展之谜，谁就具有获得诺贝尔经济学奖的资格。

玛雅：林毅夫20年前就讨论"中国奇迹"，认为中国的经济规模按购买力平价计算会在2015年超过美国，成为世界第一。中国的经济规模在2014年达到了他的预期。

金一南：从林毅夫本人来看，我觉得他做了个正确的选择。1979年林毅夫渡海回大陆的时候，是对岸金门台军的连长，台湾至今都没放弃对他的通缉令。林毅夫2012年世界银行副行长任满，回到北大继续当教授。他当年如果不从金门游泳过来，今天也许只是台湾著名经济学者，不可能成为世界银行副行长，也不可能有这么好的机会研究全世界都为之着迷的中国大陆经济。

同中国革命一样，中国的建设和发展使多少人获得了名誉，也使多少人丢掉了名誉。中国之谜从革命到建设，均是如此。看好我们的人寥寥无几，当年看好中国共产党的有谁呀？今天看好中国道路、中国特色社会主义的又有谁？说我们好的没几个，都说我们要出问题，要出大问题。

中国共产党的胜利
是机缘和运气吗？

玛雅：一直以来，很多人都在说"中国崩溃"。美国有人预测2008年中国崩溃，结果中国没崩溃，美国金融"崩溃"了。

金一南：那些人一直在说。我们的整个发展历史都充斥着别人的怀疑、质疑甚至诋毁。中国特色社会主义就是在这样的"骂声"中发展进步的。

今天很多人讲，中国共产党胜利了，只用这么短的时间——一个1921年成立的政党，28年夺取全国政权，建立新中国；一支1927年创建的军队，最难的时候只剩下800人，22年后百万雄师过大江。这是怎么回事？国内的大学教授、社科院的学者，甚至还有党史研究者，不少人在说中共胜利的偶然性，把中国共产党的胜利视作一种偶然。

中国共产党的胜利是机缘和运气吗？中国共产党从来不是命运的宠儿，历史给它的磨难，超过给所有其他政治团体和党派。中国共产党所经历的艰辛，我们不用说别的，看看中共一大13位代表各自的走向，就知道这个党取得胜利何其艰难。13位代表中，有牺牲的，有自己走掉的，还有被开除的，从头走到尾的只有两个人——毛泽东，中国共产党中央委员会主席；董必武，中华人民共和国副主席、代主席。所以我说，中共的艰难，我们不要用什么形容词、副词，看看13位代表各自的走向，就知道何其艰难。前面给他铺红地毯了吗？没有。在他前面不是剪彩就是庆典吗？不是。前面是不尽的考验、流血、牺牲、叛卖。

玛雅：在你看来，伟人们留给我们最宝贵的精神财富是什么？

金一南：是历史自觉。你说毛泽东，他是什么人？他凭什么起了如此巨大的作用？他是共产国际指定的中共领导人吗？不是。他是党的上一任领导指定接班的吗？也不是。从1921年中共一大到1935年遵义会议，当中14年间，中国共产党经历了陈独秀、瞿秋白、李立三、向忠发、王明、博古六位领导人，一直秉持共产国际的指示进行革命，磕得鼻青脸肿，碰得头破血流，直到1935年遵义会议才把毛泽东推上中共的领导岗位。选择毛泽东意味着什么？选择毛泽东，就是选择胜利。毛泽东的道路是中国革命胜利的唯一道路。

中国共产党当年成立，在中国政治舞台上是边缘性的力量。而今天，中国共产党能够从中国政治舞台的边缘，走到东方政治舞台的中心，影响和改变世界格局，毛泽东居功至伟，无人取代。虽然毛泽东后来领导中国社会主义建设出现了失误，甚至重大失误，但就是邓小平那句话：中国革命如果没有这个人，我们可能至今还在黑暗中摸索。一个人在一段历史中能够起到如此巨大的作用，世界史上极其罕见。就是这种历史自觉，把本来充其量就是湖南农家出身的一个乡村教员，变成了新中国集建党建军建国于一身的历史巨人。

玛雅：毛泽东这种历史自觉也体现在他那一代人的身上。

金一南：这样的人，我们党有一批：毛泽东、朱德、周恩来……

我常说，一个政党能不能讲运气？如果能讲运气的话，中国共产党有毛泽东、朱德、周恩来这些伟人结合起来的领袖集团，是中共天大的好运。毛泽东对党的路线方针政策的把握，朱德坚决的斗争精神和必胜的革命信念，周恩来大量的组织协调，使这个党臻于完善。中国共产党的力量就是这么来的。

没有伟人就没有伟业，没有真人就没有真理

玛雅：这是中共天大的好运，也是中华民族天大的好运。有这样一批人，才有中国革命的成功，才有中国社会主义建设事业的成功。

金一南：我们今天回顾这一幕，不是一伙小人钻到伟大的事业里，变成伟人了。没有伟人就没有伟业，就像没有真人就没有真理一样。什么叫真人？说真话，办真事，信真理。我们党当时有一批这样的义无反顾的真人。所以我们说，怀抱理想主义去干事业，多数时候会头破血流；如果能成功，必定是伟大的事业。今天的人可以在账房里把各种利害得失算计得清清楚楚，但唯独算计不出伟大来，因为任何伟大都包含着梦想。

我们今天生活上去了，待遇上去了，学历上去了，可是心态下来了。你看互联网上，牢骚多，怪话多，讽刺挖苦，无所不用其极。当年在那样的条件下，那种一定要改造旧世界，争取光明未来的信念，靠什么来实现？不是靠牢骚怪话，是靠自己的行动，靠一腔青春热血改造中国。

玛雅：偌大的中国，成就再大，问题总是有的，大家都发牢骚讲怪话，谁去建设和改造呢？中国今天缺的不是说嘴的人，而是干事儿的人；需要的也不是说嘴的人，也是干事儿的人。

金一南：毛泽东那代人靠的是什么？是巨大的历史自觉，是深切的爱国情怀和每个人的实际行动。

孙中山说，做人最大的事情是什么？就是要知道怎么样爱国。

毛泽东说，中国必须独立，中国必须解放，中国的事情必须由中国人民自己作主张。

邓小平说，我是中国人民的儿子，我深情地爱着我的祖国和人民。

张学良说，我是个爱国狂，国家要我命，我立刻就给，要我的脑袋，拿去就可以。

我去广东省委讲课，很多人回忆，邓小平当年到深圳，站在山坡上看香港。天下着蒙蒙细雨，随行人员谁都不敢上去给小平打伞。小平站在雨中默默看着香港，凝视了五分钟。小平最大的心愿就是在香港回归时，踏上那片土地看看。1997年7月1日香港回归，小平那年2月去世了。

中华民族会深深铭记他们，铭记他们深切的爱国情怀、甘愿为国家牺牲的精神。这是作为一个中国人最根本的东西。

我们今天时代完全不一样了，还需要这样的牺牲吗？反过来说，没有这样的牺牲，我们的时代又属于谁呢？新中国把一盘散沙的中国人聚集起来了，但是在今天，发展差异、生活差异、地位差异、认识差异，这些又使我们分聚众于散。我们能不能，像习近平总书记说的，找到我们民族最大的公约数？如果大家的利益都是对立的，中华民族会不会再一次成为一盘散沙？

玛雅：在种种差异中，最严重的是思想差异。很多人，包括很多党政官员，对"四个自信"不以为然，从骨子里认同西方"普世价值"。习近平强调，增强全党特别是领导干部理想信念的坚定性。没有坚定的理想信念，中国就可能倒在复兴的门槛上。如果那样，怎么对得起在苦难中求辉煌、抛洒热血、牺牲生命的中华英烈们？

金一南：中国共产党能成功，靠的就是信仰的力量。中国历史上有两种人最"可怕"：一种是有信仰的书生，一种是被逼上梁山的草寇；更"可怕"的是这两种人的结合。中国革命大军，就是这两种人的结合。1929年的古田会议，成就了一次凤凰涅槃——一支被人视为草寇的队伍，获取了最先进的思想，成为有崇高信仰的新型人民军队，在中国近代历史舞台上书写了波澜壮阔的篇章。如果没有中国革命，这些人可能一辈子都是面朝黄土背朝天的农民。中国革命改变了他们的命运，他们反过来又改变了中华民族的命运。

而在今天，很多人觉得主义、信仰、理想、事业都是虚无缥缈的；职务变动一次，地位变动一次，待遇也变动一次，这才是最真实、最实惠的。当年的革命者如果是这样想法的一批人，中国革命就不可能成功。

面对老百姓对今天一些党员干部越来越多的怀疑和批评，我有一种强烈的感觉：告诉大家我们的党曾经拥有一大批真人。他们不怕苦、不怕死，不为钱、不为官，只为心中的主义和信仰。他们很多人没有活到胜利的一天，没有赶上评功评奖、授勋授衔，没有来得及给自己树碑立传，也没有机会重归故里光宗耀祖。他们有的，是穿着褴褛的军装，带着满身战火硝烟，消失在历史帷幕的背后。这些人是真正的英雄，是我们这个党这个军队这个民族真正的脊梁。

综观党史军史，在那支翻越万水千山的队伍中，这样的英雄难以计数。正是从他们身上我看到，做追求真理的真人，是我们这个党最宝贵、最根本的传统。正因为有了对真理舍生忘死的追求，才能产生壁立千仞的真人。也正因为有了壁立千仞的真人，才使我们看到了真理的至高与至尊。

一代人有一代人的长征，一代人有一代人的担当

玛雅：有评论说，《苦难辉煌》让人懂得：信仰的精神在于牺牲精神。这是共产党人信仰的精髓！忘记过去就意味着背叛，在和平建设时期，有人忘记了我们的天，这就是我们的民族；有人忘记了我们的地，这就是我们的人民。共产党人要时刻牢记自己的天和自己的地，发扬先烈们的牺牲精神，敢于牺牲名和利，顶天立地实现中国梦。我觉得，这话说得非常好。

金一南：当年在白色恐怖的高压下，共产党人的信仰一度变得多么廉价。多少人因为怕死抛弃了信仰，动摇了，叛变了。然而，正因为坚守信仰要以生命为代价，又使得它变得如此昂贵。

今天中国共产党成为执政党了，入党不用再问"怕不怕

死？"而且还有这样那样的好处，动摇与叛变问题就不存在了吗？历数一下这些年来党内军内出了多少腐败分子，出了多少出卖党和国家机密、卖身投靠国外势力的人，出了多少在金钱面前丢弃原则、背叛入党誓词的人。虽然现在已经不是战争年代，但这些人的问题性质同样是对共产党人信仰的动摇与叛卖。他们在动摇我们的根基，阻断我们的血脉。

还有一些人，高高在上，当官做老爷，不知道我们这个党是怎么走过来的，是靠什么夺取政权。有人竟然说出"你是准备替党说话，还是准备替老百姓说话？"这种荒谬透顶的话。中国共产党能有今天，和老百姓是分得开的吗？这难道还不让我们感到一种深刻的危机吗？

玛雅：这种人忘记了自己的天和地，忘记了共产党的初心。一位网友说得好："《苦难辉煌》这本书留给匆忙的我们、物欲的我们、缺乏信仰的我们很多思考，避免走得太快太远后，忘掉了当初我们出发的理由。"

金一南：这位网友的概括十分精彩。就像习近平总书记在中共十八大小组讨论时说的，我们现在物质条件大大富裕了，国力军力大大强盛了，但是我们的精神怎么样？能说舒舒服服、蹦蹦跳跳、皆大欢喜地进入"两个一百年"吗？没有这种便宜事儿。如果没有民族精神、爱国精神，没有强烈的忧患意识，不抱着付出代价、付出牺牲的想法，我们是完不成这个任务的。

玛雅：幸运的是，中国今天不管是在体制内还是体制外，都有一批宁守家国、深明大义而不动摇的人。2016年我出版了访谈录《家国大义：共和国一代的坚守与担当》，就是表达这代人的心志，也就是担当。之所以称为"共和国一代"，因为这是与新中国共同成长和成熟起来的一代人。回顾这代人的心路历程，自始至终，他们都把个人的理想、事业与整个国家的命运紧紧联系在一起，不论身处顺境还是逆境，都在自觉坚守，自觉担当。在经历风雨和磨砺后，支撑他们始终不悔、至今不渝的内在坚持，是浓浓的家国情怀。

金一南：《家国大义》是一本思想深刻、启迪心智的书。就像我在书的序言中所说，看到这本书，让人蓦然想起毛泽东说的"进京赶考"。1949年3月，中共中央从西柏坡起程前往北平，毛泽东说了这句话。

当年那场"赶考"已经过去了70年，第一代、第二代"赶考者"都已逝去。考试仍在这片土地上继续，填写考卷的已是一代新人，考卷的内容也已完全不同。如果说第一代"赶考者"为中华民族解决了"挨打"问题，第二代"赶考者"解决了"挨饿"问题，那么今天这一代"赶考者"要解决的就是"挨骂"问题——确立中国道路的正当性[1]。

玛雅：习近平说，"一代人有一代人的长征，一代人有一代

---

1 详见本书对黄平的专访。

人的担当。"在我看来，共和国这代人最能体会今天的中国来之不易。他们立志要把老一辈开创的光荣伟业传承下去，为国家利益和人民福祉而坚守与担当。"时穷节乃见"，共和国这代人，他们的信念、思想和情操，正是中国战胜当下危机和迎接未来挑战最宝贵的资源和力量。

金一南：说得对。前人交出了合格的答卷，现在轮到共和国一代了。2015年3月17日，美国前国务卿基辛格在北京对习近平主席说了一句话："真不敢想象，中国终于有一天能够与美国一起讨论整个世界未来的和平与进步了。"作为历史见证人，基辛格眼前走过了中国一代又一代的"赶考者"。这位当年英姿勃勃的美国著名外交家，如今已是96岁垂垂老矣的高龄。实事求是说，我们距基辛格所说的还有一段距离。但长江后浪推前浪，共和国这代人必须为填补这段距离付出努力。共和国一代已经在担当国家大任。

这个党这个军队的力量，
今天仍在延续

玛雅：你说，写作《苦难辉煌》是为了知道，这个党这个军队的力量从哪里来。革命先辈是播种的，我们是收获的，没有他们，就没有我们的今天，他们是中国真正的脊梁。你觉得，在当今中国，这样的真正的脊梁在哪里？

金一南：不论是全面建成小康社会还是实现民族复兴伟业，我们都需要一批像当年那样以追求真理为己任，为了心中的主义和信仰，义无反顾为中华民族而奋斗的共产党人。今天我们看见很多腐败、滥用职权之类让人极不满意甚至愤恨的事，很多人因为这些认为中国共产党、中国人民解放军到了危机的边缘。但是到了前方，不管是新疆、西藏还是南海，我都强烈感受到那种健康的力量。有一批这样的人，今天仍然在踏踏实实地为中华民族的利益奋斗着。

什么叫祖国？什么叫新中国？我们在北京、上海、深圳看中国，看不清楚；在边远地区看中国，看得更清楚。2011年我去了南沙群岛，走遍我军驻守的"七礁八点"。从守礁官兵身上，我真切地感受到我在《苦难辉煌》中所追寻的那种力量。

在向我驻守的最南端礁点——华阳礁——航渡时，小艇搁浅，因在离华阳礁数百米处无法前行。艇上指挥员说：前面两个战士，你们跳下去推船！就在两个战士踌躇犹豫的瞬间，南沙巡防区的少校副参谋长纵身一跃，率先跳进水里。当时我大受震动。什么叫军队？什么叫身先士卒？这就是啊！

不顾周围人劝阻，我第二个纵身跃下。海军湛江保障基地参谋长周晓力大校第三个跃下……我们齐心合力，把小艇推出搁浅区。

上了华阳礁，官兵们说，看到我和周参谋长跳入海水的那一刻，他们感到，前方和后方、上级和下级、将军和士兵融成了一个整体。

玛雅：你们的行动对年轻官兵是最有说服力的教育。

金一南：华阳礁是最南端的礁石，十几个官兵驻守。我问礁长是哪里人，齐齐哈尔人。后来上了南薰礁，又问礁长是哪里人，西安人。什么叫中国？这就是中国。一个是东北人，一个是西北人，在祖国最南端执行勤务。他们的礁盘起什么样的作用？我说叫小棋子，大棋局。只要中央有令，舰队便可立即行动。代价是什么？一批人的献身。为了国家这个大棋盘，这些前方的棋子，牢牢驻守在这些礁盘上。

玛雅：而且是这么年轻的一批人。原本他们可以去追求现代大城市带给他们这代人的机会和前程，而不必在此付出青春。

金一南：应官兵们要求，我在军舰的甲板上给大家讲了一课。讲到苦难与胜利是我们军队武德的来源；讲到新世纪中国国家利益的拓展；讲到西藏边防乃堆拉山口一声"报告首长"，嘴唇就开裂流血的战士；讲到新疆生产建设兵团农十师185团边境团场，有一个每天早晨一个人升国旗的农工。

玛雅：每天早晨一个人升国旗的农工？这是怎么回事？

金一南：新疆农十师有位农工，独自负责耕种一块地。这位农工发现对面俄罗斯每天早上升国旗，他没有国旗，就自己弄个木杆子，扯了一块红布，剪了几个黄星缝上去，每天早上一个人升旗——非常奇特的景象，这就是中国！在今天大家都忙着发家致富的时候，都在追求个人幸福、把个人权利看得高于一切的时候，在西部边陲还有这样一位农工，每天早上一个人迎着朝阳升国旗。

玛雅：这个景象确实太奇特了！对于生活在北京的人来说，第一次看到这样的景象所受到的震撼，也许不亚于已经看习惯的天安门广场升国旗。

金一南：这个故事，我每讲一次都问听讲的人，也问我自己：我们内心每天升起的，是祖国的旗还是个人的旗？当我们每个人内心升起的首先是自己的旗和自己家庭的旗的时候，我们能不能产生这样的呼唤——"我是一个中国人"？当年建党的那批人，一直到今天还有那么一批人，他们追求中华民族的强大、国家繁荣富强，首先是从内心开始的。如果内心里只为自己和家庭献身，没有国家没有民族，是没有动力完成民族复兴大业的。

农十师所在的北屯，2005年我去时，最高是四层楼。四层楼的最顶端有四个大字：祖国万岁！我觉得，这就是从一个最边远的地方发出的中华民族的呼声。

玛雅：爱国主义自古以来就流淌在中华民族的血脉之中，是我们民族精神的核心。

金一南：我们组织国防研读班到新疆罗布泊地区考察，地方很多领导干部看了都非常感慨。总装21基地的试验场10万平方公里，进去没多久，手机没信号了，只能靠程控电话联络。走到一个山沟，一个少校上来报告，脸晒得黢黑，戴着一个白色眼镜：报告，正在研制某某项目。再走到一个山坡，一个上校上来报告，也是脸晒得黢黑，也戴着个眼镜。地方干部一问，这位清华大学毕业，那位复旦大学毕业。他们非常吃惊，如今孔雀东南飞，人才都集中在沿海地区，没想到在祖国西部的大漠深处，竟然还有这些中国一流大学的毕业生，在这种人迹罕至的地方研制新型装备，为中华民族的肌体增补钙质。

这就是今天的中国。有贪污的，有腐败的，有把财产倒腾到国外的，有以持外国护照为荣的。但是还有一批人，在默默地做着他们认为应该做的事。这些人不正是今天中华民族真正的脊梁吗？

玛雅：他们的故事让我相信，你写《苦难辉煌》所要找寻的这个党这个军队的力量，今天还在延续。

金一南：当年的两弹元勋邓稼先病重，第一次乘坐红旗车围着天安门广场转了一圈。他问夫人许鹿希，再过十年、二十年，还会有人记得我们吗？我觉得，对邓稼先之问的最好回答，是中国第一架隐形战斗机歼-20的生产者成都飞机公司的座右铭：祖国终将记住那些奉献于祖国的人，祖国终将选择那些忠诚于祖国的人。

我那天在军舰上给官兵们讲完课，编队指挥员最后提议，由我带领大家连呼三遍"祖国万岁！"。全场一片振奋，带有青春气息的强烈声波在漆黑的夜晚向远方荡漾。那是一个十分寂静的海区，周围没有一条船，没有其他任何人能听到我们呼喊。但我不怀疑，这呼声会深深印在全体官兵的心中。那是一个巨大的让人热血沸腾的青春气场，我现在还记得那一张张年轻的面庞。

《解放军报》总编辑黄国柱有番话讲得好：不论你对80后、90后怎么看，将来我们的位置、我们的工作都要转交给他们，这是不可抗拒的历史规律。在这个过程中，我们要把我党历史上那些最有价值的部分，最有感召力的部分，最能凝聚我们党、我们国家、我们民族的强大精神元素传下去，才能使我们的事业永葆青春活力，永远不改变我们江山的颜色。

玛雅：正如习近平在纪念五四运动一百周年讲话中所说，"中国共产党立志于中华民族千秋伟业，必须始终代表广大青年、赢得广大青年、依靠广大青年,用极大力量做好青年工作,确保党的事业薪火相传,确保中华民族永续发展。"

金一南:今天看中华民族的救亡与复兴之路,令人无限感慨。我们曾经是奴隶,否则不会有1840—1949年的百年沉沦;我们也拥有英雄,否则不会有1949—2050年的百年复兴。从1840年到2050年这二百年中,中华民族的命运发生了并将要发生何等波澜壮阔的变化,这一伟大变化又是多少代人流血牺牲奋斗的结果。今天当我们在追求"两个一百年"崇高愿景的时候,我们的思维、认知和理论,必须跟上这一波澜壮阔的实践。

再过几天就是中国共产党98岁诞辰。90多年来,真正的共产党人从来没有放弃对自己理念的追求。共产党人的理念不管怎样变化和发展,我们核心不变的,就是今天长安街新华门影壁上的五个字:为人民服务。共产党的宗旨,最根本的就是这个。背离了这一点,我们无法想象党的生命力;坚持这一点,是党的生命力的全部来源。

作为共和国一代人,我们曾经与那些伟人同时代。我们今天站在他们的肩膀上,我们必须让后人也能站上我们的肩膀。一代又一代人不懈努力,不懈奋斗,实现多少代人百年来梦寐以求的愿望:中华民族伟大复兴的中国梦。

图书在版编目(CIP)数据

当惊世界殊：走向复兴的人民中国 / 玛雅著. --
北京：外文出版社, 2019.11
ISBN 978-7-119-12252-6

Ⅰ.①当… Ⅱ.①玛… Ⅲ.①社会科学－文集 Ⅳ.①C53

中国版本图书馆CIP数据核字(2019)第265902号

出版指导：胡开敏
责任编辑：杨　璐
装帧设计：吾昱设计
印刷监制：章云天

当惊世界殊：走向复兴的人民中国

玛　雅

© 2019外文出版社有限责任公司

出版发行：外文出版社有限责任公司
地　　址：中国北京百万庄大街24号　邮政编码：100037
网　　址：http://www.flp.com.cn　电子邮箱：flp@cipg.org.cn
电　　话：86-10-68998085
　　　　　86-10-68995852
印　　刷：鸿博昊天科技有限公司
开　　本：787mm×1092mm　1/16
印　　张：35
装　　别：平装
版　　次：2020年1月第1版　2020年1月第1版第1次印刷
书　　号：ISBN 978-7-119-12252-6
定　　价：56.00元